Kleine Bibliothek 7

Politik Wissenschaft Zukunft

prv

Hassan Nazari

Der ökonomische und politische Kampf um das iranische Erdöl

Pahl-Rugenstein Verlag

ISBN 3-7609-0013-5

Herstellung: Druckerei Peter Millard & Co KG, Köln.
Schutzumschlag: Dmitrij Werschbizkij.

VI. DIE STELLUNG DER IRANISCHEN ERDÖLINDUSTRIE IN DER GESAMTEN POLITIK UND ÖKONOMIE DES LANDES

DER IRAN UND SEINE NACHBARLÄNDER

Zeichnung Nr. 1

VORWORT

Das Erdöl ist wegen seiner spezifischen Eigenschaften für die Industrie und das Verkehrswesen sowie für Wissenschaft und Technik von ungeheurer Bedeutung. Die Erdölindustrie stellt einen der konzentriertesten Industriezweige dar und umfaßt eine Reihe von Groß- und Verkehrsunternehmen, die enorm viel Kapital erfordern. Das Erdöl und die Erdölprodukte spielen eine sehr große Rolle in der modernen wissenschaftlich-technischen Revolution. Über 600 verschiedene Produkte werden aus Erdöl und Gas hergestellt, und an mehr als 5000 Produkten sind sie unmittelbar beteiligt.
Als Brennstoff sind Erdöl und Erdgas der Kohle um fast das Doppelte überlegen. Ihre Förderungskosten sind niedriger als bei Kohle. Erdöl und Gas rücken in der Brennstoff-Energie-Bilanz der großen Industriestaaten an die vorderste Stelle. Gegenwärtig versucht man in den Industrieländern mit Hilfe breiter wissenschaftlicher Forschungsarbeit auf dem Gebiet der Petrolchemie noch mehr Produkte aus dem Erdöl und Gas für die Industrie und das Bauwesen, für den täglichen Bedarf und auch für die Ernährung zu gewinnen.
Die Erdölindustrie besitzt einige selbständige Zweige, wie Erkundung und Gewinnung, Verarbeitung, Transport und Absatz. Außerdem steht sie mit dem Maschinenbau in engem Zusammenhang, da es ohne ihn weder Entwicklung noch Fortschritt in der Erdölindustrie geben kann. Die Erdölproduzenten-

länder, die keine Schwerindustrie besaßen, konnten keine komplette Erdölindustrie gründen. Solche Länder, meistens Entwicklungsländer, waren immer von großen Industriestaaten, besonders von den gigantischen Erdölgesellschaften abhängig.
Der Kampf um Erdöllagerstätten und Absatzmärkte für Erdölprodukte führte nach einigen Jahrzehnten dazu, daß die Erdölindustrie in der Welt monopolisiert und in den Händen einiger weniger Riesenunternehmen konzentriert wurde, die den Produzenten, Käufern und Regierungen vieler Länder ihre Bedingungen diktierten. Die ungeheure Bedeutung des Erdöls in Friedens- wie in Kriegszeiten treibt die Erdölgiganten dazu, ihre eigenen und fremde Regierungen mit allen Mitteln zu zwingen, sich für ihre Interessen bei der Erzielung des hohen Profits und der Durchsetzung ihrer Monopolherrschaft über die Erdöllagerstätten und Absatzmärkte einzusetzen.
Die Erdölindustrie des Irans bildete sich zu Beginn des 20. Jahrhunderts heraus, d. h. zu einem Zeitpunkt, da das Land seine Souveränität fast völlig eingebüßt hatte. Das Entstehen der Erdölindustrie war im Iran nicht das Ergebnis der Entwicklung der Produktivkräfte des Landes selbst, weshalb es auch seit Entstehung dieser Industrie eng mit dem ausländischen Markt verbunden war. Die iranische Erdölindustrie wurde von außen her, mit Hilfe der englischen Unternehmer geschaffen. Jahrzehntelang bediente sich das englische Kapital des Irans als Rohstoffbasis, förderte die einseitige Entwicklung der gesamten Wirtschaft des Landes und verstärkte dessen politische und wirtschaftliche Abhängigkeit. Vergleicht man die gesamte Industrieproduktion des Landes mit der Produktion der Erdölindustrie, dann gewinnt man ein krasses Bild von der einseitigen Entwicklung des Irans und seiner Abhängigkeit vom ausländischen Kapital. In dem Jahre 1962 wurde die gesamte Industrie- und Bergbauproduktion des Landes auf 88 Mrd. Rial und die der Erdölindustrie auf 102 Mrd. Rial geschätzt. 1967 ist sie entsprechend auf 156 Mrd. und mehr als 160 Mrd. Rial [1]) gestiegen (davon 92,1 Mrd. Rial für den Export). Dasselbe Mißverhältnis ist auch bei den Kapitalinvestitionen zu beobachten.

1) *Ettelaat*, 6. Februar 1968.

Im Laufe von 13 Jahren (1954—1966) wurden insgesamt 52,02 Mrd. Rial allein in die Erdölindustrie gesteckt, während die iranische Regierung in der Zeit von 1955 bis Ende 1967 insgesamt 31,6 Mrd. Rial in alle Zweige der Industrie investierte. Wenn man die Politik der Großmächte im Iran begreifen will, muß man die Entstehung und Entwicklung der Erdölindustrie ständig verfolgen. Auf diese Weise wird es möglich, die gesamte Wirtschaft und Politik des Irans sowie ihre künftige Richtung zu verstehen. Im vorliegenden Buch habe ich versucht, die Entstehung und Entwicklung der iranischen Erdölindustrie im Zusammenhang mit den wirtschaftlichen und politischen Ereignissen darzulegen. In der Hoffnung, daß diese Arbeit einige bedeutende Fragen der Erdölindustrie und der Wirtschaft des Landes für die deutschsprachigen Leser, die Industrie- und Finanzgesellschaften sowie für die Wirtschaftsforscher erläutern kann.

Der Verfasser

I. DIE GÜNSTIGEN FAKTOREN ZUR ENTSTEHUNG UND ENTWICKLUNG DER ERDÖLINDUSTRIE IM IRAN

Die iranische Erdölindustrie ist durch die englischen Unternehmer entstanden, und zwar in unmittelbarem Zusammenhang mit dem Beginn des 20. Jahrhunderts, mit der Verschärfung des Kampfes zwischen den Großmächten und der Entwicklung der Verbrennungskraftmaschinen, Dieselmotoren usw. In dieser Periode gehörte der Iran zu den schwachentwickelten Agrarländern und war eine bedeutende Kampfarena des zaristischen Rußlands und Großbritanniens. Beide Länder versuchten immer mehr, wichtige und profitable Konzessionen von der iranischen Regierung zu erhalten. Die bedeutendste Konzession am Beginn des 20. Jahrhunderts war die Erdölkonzession 1901, die zur Entstehung und Entwicklung der Erdölindustrie im Iran führte.

Es steht außer jedem Zweifel, daß günstige Faktoren diesen Prozeß beschleunigt und erleichtert haben:

a) das Vorhandensein von reichen Erdölvorkommen,

b) Vorhandensein von billigen Arbeitskräften,

c) das Bedürfnis der Erdölindustrie nach großer Investition und die Geringfügigkeit und Schwäche des einheimischen Unternehmertums,

d) günstige geographische Lage der Erdölgebiete,

e) die anglophile Politik der herrschenden Kreise des Irans.

Untersuchen wir kurz jeden der genannten Faktoren.

a) Das Vorhandensein von reichen Erdölvorkommen

Den Bewohnern des Mittleren Ostens war es seit älteren Zeiten bekannt gewesen, daß es in ihrem Gebiet Erdölvorkommen geben soll. Die älteren Historiker und Geographen haben in ihren Werken verschiedentlich über das Erdöl berichtet. In jener Periode benutzte man das Erdöl für Kriegszwecke, als Brennstoff, zur Asphaltierung der Straßen und Tempel und schließlich als Heilmittel. Bis Mitte des vergangenen 19. Jahrhunderts wurde das Erdöl nicht im großen Maßstab verwendet und spielte keine wesentliche Rolle in der Wirtschaft. In der zweiten Hälfte des 19. Jahrhunderts begann man mit der Nutzung des Erdöls und seiner Produkte. In dieser Zeit begannen auch umfangreiche Erkundungsarbeiten. Die Entdeckung der iranischen Erdölvorkommen erfolgte gegen Ende des 19. Jahrhunderts. Infolge seiner umfassenden Untersuchungen in der Umgebung von Susa stieß der französische Archäologe Jacques de Morgan auch auf Erdöl in dieser Gegend. Zu Beginn des 20. Jahrhunderts wurden die Erdölreserven im Gebiet von Khusistan durch den englischen Geologen G. B. Reynolds auf 700 Millionen Tonnen geschätzt.[2]) Der im Jahre 1920 veröffentlichte Bericht der Bergbaubehörden der Vereinigten Staaten von Amerika über die Welterdölvorkommen weist nach, daß sich über 31,4 Prozent der gesamten Erdölreserven in Asien befinden.[3]) Diese Angaben waren jedoch noch nicht exakt, da sich die Bemühungen zur Entdeckung der Erdölvorkommen noch im Anfangsstadium befanden. Die umfangreichen Erkundungsarbeiten der gewaltigen amerikanischen Erdölfirmen im Raum des Mittleren Ostens während des zweiten Weltkrieges und danach ergaben, daß die vorhandenen Erdölreserven bedeutend über den angenommenen Mengen lagen. Die ökonomischen Publikationen der Vereinten Nationen der Jahre 1951—1952 machen deutlich, daß sich von den 13,6 Milliarden Tonnen Erdölreserven der Welt über 6,9 Milliarden Tonnen,

---

2) *Sir Arnold Wilson:* South West Persia (A political officer's Diary 1907—1914), London 1941, S. 20.

3) *A. Manukjan, K. Kazarez:* „Der kapitalistische Erdölmarkt". Moskau 1953, S. 40.

d. h. über 51,1 Prozent, im Mittleren Osten befinden. Die weiteren Untersuchungen der nächsten Jahre ergaben jedoch bedeutend höhere Zahlen. So wurden im Jahre 1954 die Erdölreserven dieses Raumes auf 11,5 Mrd. t, im Jahre 1957 auf 23,0 Mrd. t und am Ende 1966 auf mehr als 32,2 Mrd. t geschätzt.[4]) Den in der darauf folgenden Zeit veröffentlichten Publikationen zufolge sind fast 72 Prozent der gesamten Erdölreserven der Welt im Raum des Nahen und Mittleren Ostens vorhanden. Der iranische Anteil an dieser Summe beträgt 5,99 Mrd. t oder 12,5 % der Weltreserven und 19 % des Nahen und Mittleren Ostens (die Weltreserven betragen Ende 1966 mehr als 42,4 Mrd. t).[5])

Außer dem erforschten Erdölvorkommen im Süd-Westen des Irans sind noch bedeutende Reserven im Zentrum des Landes, in der sogenannten kontinentalen Hochebene, vorhanden, deren Mengen nicht exakt festgelegt sind. Eine Schweizer Expertengruppe unter der Leitung von A. Gossé arbeitete vier Jahre im Dienst der Iranischen Nationalen Erdölgesellschaft und untersuchte in den 50er Jahren über 250 000 km² des Landes. Nach einem Bericht dieser Gruppe auf dem IV. Internationalen Erdölkongreß im Jahre 1955 in Rom sind in verschiedenen Regionen des zentralen Irans, u. a. auch in der kontinentalen Hochebene, gewaltige Erdölreserven vorhanden, deren Erforschung unabdingbar ist.[6])

Etwa ein Jahr nach dem genannten Kongreß, d. h. im August 1956, erreichte man am Bohrloch Nr. 5 in der Nähe von Kum jene Tiefe, in der gewaltige Mengen Erdöl verborgen waren. Das war ein neues, hoffnungsvolles Unternehmen. Die im Jahre 1953 durchgeführten Schürfungen bewiesen schon damals das Vorhandensein von Erdöl in dieser Gegend. Entsprechend den Angaben der Iranischen Nationalen Erdölgesellschaften begann am 26. August 1956 die Erdöleruption an diesem Bohrloch. In dieser Zeit betrug die infolge der Eruption herausströmende

[4]) The Oil and Gas Journal, 30. Dezember 1957.
Petroleum Press Service, Januar 1958.
Financial Times, März 1958.

[5]) Petroleum Press Service, January 1967, Oil and Gas Journal, December 26, 1966.

[6]) Kurzer Bericht vom IV. Internationalen Erdölkongreß, Moskau 1955, S. 30—31.

Menge Erdöl pro Tag an diesem Bohrloch etwa 80 000 Barrel Erdöl und über 7 Millionen Kubikmeter Erdgas [7]). Bis zur Stillegung des Ausbruches betrug dessen Höhe etwa 200 Fuß [8]). Trotz der Tatsache, daß im ganzen Land reiche Erdölvorkommen vorhanden sind, werden zur Zeit hauptsächlich die Reserven im Süd-Westen des Landes ausgebeutet. Der derzeitige Ausbeutungsbereich liegt zwischen dem Irak, dem Persischen Golf und dem Zagros-Gebirge. In diesem Raum wird das Erdöl hauptsächlich in der Provinz Khusistan und auch in der Provinz Kermanschah ausgebeutet. Die Bohrlöcher dieser Gegend zeichnen sich durch ihre enorme Produktivität aus. Die durchschnittliche Jahresproduktivität eines Bohrturmes betrug im Jahre 1951 über 396 900 t, im Jahre 1957 über 403 400 t, im Jahre 1966 fast 728 000 t, während in Venezuela ein Bohrturm eine jährliche Produktivität von 17 800 t und in den Vereinigten Staaten weniger als 700 t aufzuweisen hat. Es ergibt sich die Feststellung, daß ein iranischer Bohrturm 40 mal mehr als ein venezuelanischer und 1000 mal mehr als ein amerikanischer Bohrturm leistet. Indessen ist der Umfang des iranischen Erdölgebietes unermeßlich groß. Das zur Zeit benutzte Erdölgebiet in Masdshed-e-Soleiman ist beispielsweise 15 Meilen, in Haftgel 20 Meilen und in Gatschsaran 15 Meilen lang [9]). Es muß erwähnt werden, daß fast alle Bohrlöcher des Mittleren Ostens, u. a. die des Irans, eruptiven Charakter besitzen. Das Erdöl wird hier aus einer Tiefe von 260, 1500 und 2500 m gewonnen. Alle diese Vorzüge ermöglichen es, daß das Erdöl mit dem geringsten finanziellen Aufwand ausgebeutet wird, wodurch die englischen, amerikanischen und anderen fremden Erdölgesellschaften kolossale Gewinne einstecken.

b) Das Vorhandensein von billigen Arbeitskräften

Abgesehen von den reichen Erdölvorkommen war das Vorhandensein von billigen Arbeitskräften ein wichtiger Faktor für

[7]) Zeitung „Kejhan" vom 27. September 1956.
[8]) The Petroleum Times, September 1956.
[9]) *Dr. D. H. Lees:* „Erdöl im Mittleren Osten", Teheran 1947, S. 11.

das Eindringen des fremden Kapitals in den Iran. Das intensivere Zusammenwirken der Landwirtschaft und des Handels sowie die Verschärfung der Ausbeutung der Bauern führten dazu, daß ein großer Teil der Kleinproduzenten ihrer Ländereien und Arbeitsmittel beraubt wurden. Die Einfuhr der ausländischen Waren führte ferner zur Ruinierung der Handwerker; sie verloren ebenfalls ihre Arbeitsmittel. Der Prozeß der Zersetzung der Kleinproduzenten und Handwerker im Iran war seit Jahrzehnten im Gange und dauert immer noch an. Er brachte Hunderttausende neuer Lohnarbeiter hervor. Die landlosen Bauern und die Kleinproduzenten, die der ungeheuren Ausbeutung und Tyrannei der Khane und Gutsbesitzer nicht standhalten konnten, mußten zur Sicherung ihrer Existenz in die Städte gehen oder den Weg nach dem Ausland einschlagen. Es wurde bereits erwähnt, daß das Eindringen der ausländischen Unternehmen im Iran eine Ruinierung der Hausindustrie und Manufaktur verursachte. Um der Konkurrenz der ausländischen Waren Widerstand zu leisten, sahen sich die Besitzer der Manufakturbetriebe gezwungen, die Anzahl der Beschäftigten zu reduzieren, ihren Lohn zu senken, die Arbeitsstunden zu erhöhen und nach Möglichkeit mehr Frauen und Kinder in ihren Betrieben zu beschäftigen. Die Beraubung der ländlichen Kleinproduzenten erfolgte parallel mit einer reihenweisen Ruinierung der städtischen Kleinproduzenten. Dieser Prozeß führte ebenfalls zur Entstehung von Arbeitern und billigen Arbeitskräften. Da es zu dieser Zeit noch keine maschinelle Industrie gab, konnten die Arbeiter auch nicht dort beschäftigt werden. Den iranischen Arbeitern blieb nichts anderes übrig, als zu emigrieren, um ihre Existenz zu sichern. Die offizielle Statistik weist nach, daß im Jahre 1891 allein im iranischen Aserbaidshan 15 615 Paßanträge für die Übersiedlung nach Rußland verzeichnet wurden. Im Laufe von fünfzehn Jahren erhöhte sich diese Zahl auf 59 124. Im Jahre 1904 wurden allein in den vier nördlichen Städten des Landes — Tabriz, Rascht, Maschhad und Rezaijeh — insgesamt 70 755 Pässe ausgestellt, wovon 90 % Arbeitern gehörten [10]).

10) *G. N. Ilinski:* „Agrarverhältnisse des Irans am Ende des 19. und zu Beginn

Das sind jedoch alles Zahlen der offiziellen Statistik, die durch die Behörden und ausländischen Konsulate veröffentlicht wurden. Die effektiven Zahlen liegen bedeutend höher, da es auch Zehntausende gab, die ohne einen Ausreisepaß das Land verließen. Man kann mit Sicherheit sagen, daß pro Jahr über hunderttausend Menschen emigrierten.
Der niedrige Lebensstandard und die Beschränktheit der Verkaufsmöglichkeit der Arbeitskraft zwangen die Arbeiter, um nicht des Hungers zu sterben, ihre Arbeitskraft gegen einen erbärmlichen Lohn zu verkaufen. In einem so rückständigen Land wie dem damaligen Iran war von einer geeigneten häuslichen Unterkunft und von den sonstigen geistigen und kulturellen Bedürfnissen der Werktätigen keine Spur zu finden, da diese angeblich nicht zu den Lebensbedürfnissen gehörten. Der Lohn eines iranischen Arbeiters war deshalb bedeutend niedriger als der eines Arbeiters der Industrieländer, obwohl diese Arbeiter ihrerseits ebenfalls durch die Kapitalisten ihrer Länder ausgebeutet wurden. Alle diese Faktoren führten zu einer Verbilligung der Arbeitskraft im Iran. Das Vorhandensein von billigen Arbeitskräften war ein günstiger Faktor für das Eindringen der ausländischen Unternehmer in den Iran, um hier riesige Profite einheimsen zu können.

c) Das Bedürfnis der Erdölindustrie nach großer Investition und die Geringfügigkeit und Schwäche des einheimischen Unternehmertums

Das Bedürfnis nach großen Kapitalinvestitionen in der Erdölindustrie einerseits und die begrenzte Zahl und die Schwäche der iranischen Industrieunternehmer andererseits waren ein weiterer wichtiger Faktor zur Entstehung der iranischen Erdölindustrie.
Die rapide Entwicklung der großen Industrie und des Verkehrs- und Transportwesens in der zweiten Hälfte des 19. und am An-

des 20. Jahrhunderts". In: Veröffentlichungen des Orientalischen Institutes der Sowjetischen Akademie der Wissenschaften, Band VIII., Moskau 1953, S. 121.

fang des 20. Jahrhunderts beeinflußte ihrerseits das Aufblühen der Erdölindustrie. Die Entwicklung von neuen Maschinen, Entdeckung von neuen Aggregaten, Verwendung von Masut als Treibstoff für Schiffe und Lokomotiven, Erfindung des Automobils, Verwendung von Gasolin, Benzin und anderen Maschinenölsorten und die Benutzung des Erdöls in der chemischen Industrie erhöhten die Bedeutung des Erdöls in der Wirtschaft und auf dem Gebiet der militärischen und kriegerischen Operationen. Die allseitige Benutzung des Erdöls in der Industrie, Landwirtschaft und im Verkehrs- und Transportwesen forderte eine rasche Entwicklung des Grundstoffes Erdöl. Am Ende des 19. Jahrhunderts wird die Technik der Schürfungsarbeiten in den Vereinigten Staaten und in Rußland vervollkommnet. Die Rotationsmethode verdrängte die Einschlagmethode, und die primitiven Pumpen wurden durch moderne, mit Kompressoren betriebene Pumpen ersetzt. Die Entwicklung der Erdölindustrie zu einem Spezialgebiet verursachte neue und gewaltige Veränderungen innerhalb dieses Industriezweiges. Die Erdölindustrie wurde zu einem der wichtigsten Zweige der Volkswirtschaft der entwickelten Industrieländer. Die Vervollkommnung und Erneuerung der Technik in der Erdölindustrie und die Entdeckung von immensen Vorräten verschafften neue Möglichkeiten zur Erhöhung der Arbeitsproduktivität und Senkung der Herstellungskosten. Die Verwendung des Erdöls in den anderen Industriezweigen erhöhte hier ebenfalls die Arbeitsproduktivität, was die Unternehmer zu einer erhöhten Ausnutzung des Erdöls in der Industrie und im Transport- und Verkehrswesen veranlaßte. Gegen Ende des 19. Jahrhunderts wurden allmählich die mit Steinkohle arbeitenden Maschinen durch Maschinen und Aggregate ersetzt, die mit Masut und Gasolin angetrieben wurden. Es ist bemerkenswert, daß der Heizwert des Erdöls 57 Prozent höher als der der Steinkohle ist. Diese natürliche Eigenschaft verschaffte dem Erdöl ungeahnte Verwendungsmöglichkeiten.Die aus dem Erdöl gewonnenen Produkte sind in der Industrie und im Transport- und Verkehrswesen unersetzbar geworden. Bis vor dem ersten Weltkrieg wurden lediglich 5,6 Prozent der gesamten Weltenergie aus dem Erdöl gewonnen. Die Entwicklung der Erdölproduktion erfolgte kontinuierlich. So wurde diese Produktion in den Jahren 1880 bis 1920 von 4,1 Mill. t auf 97 Mill. t gesteigert. Eine solche rapide Steigerung war bis dahin in keinem Industrie- oder Erzabbauzweig zu verzeichnen [11]). Die sprunghafte Entwicklung der Erdölgewinnung führte zu einer Vervollkommnung der vorhandenen Raffinerien, der Pipelines und der Transporttanker. Die Erdölindustrie forderte neue, gewaltige Kapitalinvestitionen. Bis vor dem zweiten Weltkrieg betrug in den Vereinigten Staaten der finanzielle Aufwand für ein 760 m tiefes Bohrloch etwa 1775 Dollar, und für ein 1000 m tiefes Bohrloch wurden 20 000 bis 66 000 Dollar benötigt [12]). Die noch tieferen Schürfungen benötigten auch noch mehr Mittel. Es wurden beispielsweise für die tiefen Schürfungen bis zu 500 000 Dollar einkalkuliert [13]).

Der Aufbau der Erdölraffinerien forderte gewaltige Investitionsmittel. Für eine Raffinerie mit mittlerer Kapazität werden bis zu hundert Millionen Dollar benötigt. Genau so verhält es sich mit den Erdölleitungen und Tankschiffen. Es wird ersichtlich, daß man mit geringem Kapital diese Summe nicht aufbringen kann. Nach der Gründung der Nationalen Erdölgesellschaft im Iran wurden innerhalb von zwanzig Monaten über sechzig Millionen Rial für Erkundungszwecke, für den Kauf von technischen Ausrüstungen und Forschungseinrichtungen ausgegeben. Allein für die Probetürme des Bereichs wurden 51 Millionen Rial verbraucht [14]).

Diese ungeheuren Ausgaben, die für den Aufbau der Erdölindustrie notwendig sind, erlauben es den kleinen Erdölgesellschaften nicht, langwierige Erkundungsarbeiten durchzuführen. Sie werden im Laufe der Zeit gezwungen, ihre Konzessionen den größeren, finanzkräftigeren Gesellschaften abzutreten. Man kann das Fazit ziehen, daß nicht jeder Unternehmer oder Staat in der Lage ist, eine Erdölindustrie im großen Rahmen aufzu-

---

11) *Michael Brooks:* „Oil and foreign Policy", London 1949, S. 35.

12) Technisch-ökonomische Kennziffern der Erdölindustrie der kapitalistischen Länder. Moskau 1940, S. 21—22.

13) *Dr. Homajunfar:* „Erdöl in der Welt und im Iran". Teheran 1945, S. 184.

14) Monatsschrift Ettelaat, Nr. 40, Juli 1951, S. 5—6.

bauen, da die Ausbeutung des Erdöls und dessen Verarbeitung zu weiteren Produkten große Investierungen erfordert. Eben diese Tatsache erlaubt es den großen Magnaten, mit der Übernahme der Industrie zugleich weitere wichtige Industriezweige in ihren Händen zu konzentrieren, die kleinen Produzenten und sogar die schwächeren Staaten unter ihre Herrschaft zu bringen und somit riesige Profite zu erzielen.
Zur Entstehungszeit der iranischen Erdölindustrie war das einheimische Unternehmertum äußerst schwach, ihm standen außerdem verschiedene Hindernisse im Wege (wie z. B. die Feudalverhältnisse und die Herrschaft der ausländischen Mächte usw.). Deshalb waren die iranischen Unternehmer außerstande, einen so bedeutenden Industriezweig wie die Erdölindustrie zu gründen.

d) Günstige geographische Lage der Erdölgebiete

Die geographische Lage der Erdölgebiete war ein weiterer günstiger Faktor, der die ausländischen Unternehmer beim Transport des Erdöls zum Weltmarkt unterstützte. Die geographische Lage gilt natürlich nicht als ein Hebel, der imstande wäre, eine Produktionsweise in eine andere umzuwandeln. Die geographische Lage ist eine der Bedingungen der gesellschaftlichen Entwicklung. Sie beeinflußt das Entwicklungstempo der Gesellschaft, dieser Einfluß ist jedoch nicht bestimmend und ausschließlich, da die gesellschaftlichen Veränderungen und Umwälzungen sich bedeutend schneller vollziehen, als eine Änderung in der geographischen Lage eintreten könnte. Die Untersuchung dieses Problems veranschaulicht, daß die mächtigen Gesellschaften solche Regionen in ihre „Einflußsphäre" verwandelten, die billige Arbeitskräfte, reiche Rohstoffvorkommen und eine günstige geographische Lage haben, weil dadurch die Transportkosten vermindert und riesige Profite erzielt werden können. Es ist nicht zufällig, daß die englischen Unternehmer zuerst mit der Ausbeutung der Erdölvorkommen im Südwesten des Landes begannen. Die geographische Lage dieses

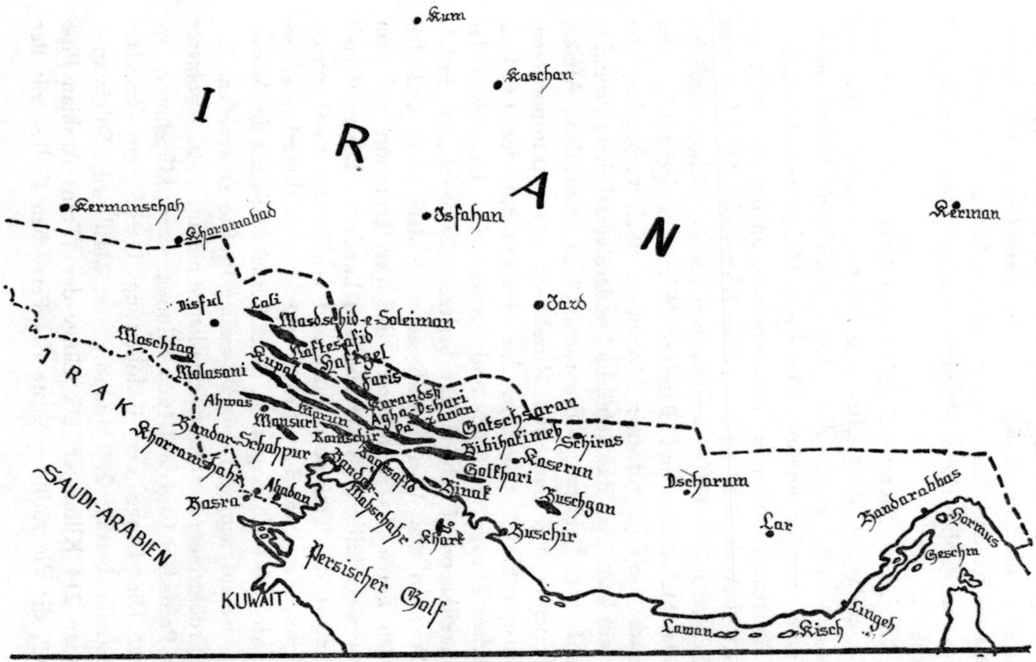

Das Erdöl- und Gasgebiet im Südwesten des Irans

Zeichnung Nr. 2

Bereiches gewährleistet eine Reduzierung der Transportkosten und trug somit zur Erhöhung der Profite bei. Die Provinz Khusistan, die Entstehungsstätte der iranischen Erdölindustrie, liegt zwischen dem Irak, Zagros-Gebirge, Isfahan, Fars und dem Persischen Golf. Diese Provinz verfügt über 88 600 km^2 Fläche [15]).

Die Gipfel des Zagros-Gebirges liegen 1500—2500 Meter und das Flachland 4 Meter über dem Meeresspiegel. Der Bau von Pipelines wird durch diese Lage erleichtert, Hilfspumpenstationen werden unnötig. Der beste Hafen und Ankerplatz des Persischen Golfes ist in Khormussa, an der Mündung des Schatt el Arab, d. h. an der Küste Khusistans. Hier hat man solche gewaltigen Häfen wie die von Abadan, Khorramschahr, Bandar-Mahschahr und Bandar-Schahpur aufgebaut *). Der Persische Golf ist mit allen Meeren der Welt verbunden; von hier aus kann man das Rohöl und andere verarbeitete Produkte nach Indien, Pakistan, Südostasien, China, Australien, Afrika, Südamerika und nach den Mittelmeerländern transportieren. Khusistan bildet außerdem den Brückenkopf der Luftlinie zwischen Europa und Süd- und Südwestasien. Ungeachtet der ausgezeichneten Produktivität besitzen die iranischen Erdölvorkommen den Vorteil, daß sie nahe dem Meer und den Flüssen liegen. Es ist bekannt, daß der Transport auf dem Wasserwege billiger als der auf dem Lande ist. Dieser Vorteil verringert die Transportkosten und erhöht die Konkurrenzfähigkeit des iranischen Erdöls auf dem Weltmarkt; es ermöglicht den Erdölmagnaten, unter Berücksichtigung der Monopolpreise auf dem Erdölmarkt, riesige Profite zu erzielen.

Die Erdölgebiete und Bohrtürme liegen maximal 300 Kilometer vom Persischen Golf und 1600 Kilometer vom Mittelmeer entfernt. Die Länge der Erdölleitung Gatschsaran—Bandar-Mahschahr beträgt 267 und die von Masdshed-e-Soleiman—Abadan 214 Kilometer. Die Länge der „Trans Arabian Pipe Line", die die südliche Küste des Persischen Golfes mit der

---

15) In der Broschüre „Ein Blick auf Khusistan" wurde die Fläche dieser Provinz mit 157 000 km^2 angegeben.

*) Siehe Zeichnung Nr. 2.

östlichen Küste des Mittelmeeres verbindet, beträgt 1720 Kilometer. Außerdem fließt der Fluß Karun durch Khusistan. Dieser Fluß, der bis 350 Kilometer vor seiner Mündung schiffbar ist, ermöglicht den Transport der Maschinen, Ausrüstungen, Schürfungsgeräte usw. auf dem Wasserwege.

e) Die anglophile Politik der herrschenden Kreise des Irans

Es ist notwendig, am Ende dieses Kapitels noch die anglophile Politik der herrschenden Kreise des Irans zu behandeln, da diese Kreise für die Tätigkeit der englischen Firmen die notwendige gesetzliche und juristische Immunität herbeigeführt haben. Die nach England gerichtete Politik der herrschenden Kreise des Irans hat eine lange historische Vergangenheit. Dieses Problem tritt schon zu Beginn des 16. Jahrhunderts, d. h. in der Zeit in Erscheinung, als die „Eastindian Company" Indien unter ihren Einfluß bringt und beginnt, den Handel mit den asiatischen Ländern und auch mit dem Iran zu erweitern. Am Anfang des 19. Jahrhunderts wird der Einfluß Englands auf den Hof der Kadscharen verstärkt, da die strategische Position des Landes für Großbritannien eine große Bedeutung gewinnt. Das ist unmittelbar auf die langjährigen Kriegshandlungen Englands gegen Napoleon und auf den Vormarsch des zaristischen Rußlands nach Indien zurückzuführen. Die ungleichen und unvorteilhaften Verträge, die die iranische Regierung nach dem Krieg im Jahre 1856—1857 mit England abschloß, brachten den englischen Unternehmern und Kolonialisten uneingeschränkte Privilegien. Auf Grund dieser Verträge wurde der Handel mit England erweitert, der Zollsatz für englische Waren auf 5 Prozent der Warenwerte gesenkt, es wurde das Exterritorialitätsrecht zuerst Großbritannien und dann anderen europäischen Ländern eingeräumt.
Seit der zweiten Hälfte des 19. Jahrhunderts steigerte sich weiterhin der ausländische Einfluß auf den iranischen Hof. Der Schah und seine Minister wurden Ausführende der ausländischen Mächte. Nasseroddin-Schah schreibt in seinen Erinnerun-

gen: „Will ich nach dem Norden des Landes fahren, protestiert der englische Botschafter; will ich nach dem Süden, protestiert der russische Botschafter. Pfui einem Königreich, in dem der König weder nach dem Norden noch nach dem Süden seines Landes fahren darf" [16]).

Dieses Geständnis des Schahs zeigt, in welcher Situation er sich befand. Das Regime der Khane und der innere Wirrwarr unterstützten die ausländische Politik. Es gelang den Engländern und Russen, unter den Fürsten, Großgrundbesitzern, Ministern und hohen Regierungsbeamten einige Agenten zu gewinnen. In dieser Periode war der Iran finanziell und politisch von ausländischen Banken abhängig. Die permanenten Reisen der Schahs der Kadscharen-Dynastie nach dem Ausland, der Unterhalt des Harems, die unzähligen Diener und Lakaien, der Bau von neuen Schlössern und andere Ausgaben forderten ungeheure Summen. Um diese Ausgaben zu decken, überließen die Schahs der Kadscharen-Dynastie verschiedenartige Konzessionen den Ausländern, wobei sie nicht an die Unabhängigkeit des Landes dachten. Die Regierungen Englands und des zaristischen Rußlands strebten danach, die Schlüsselpositionen im Staatsapparat durch ihre Agenten besetzt zu halten und dadurch ihre Lage zu festigen. Nachdem es England gelungen war, Mirza Hosseinkhan Moschirroddole auf den Stuhl des Kanzlers zu setzen, schrieb Lord Curzon: „In Teheran hat man noch nie eine solche Sympathie für England feststellen können" [17]).

Eben in der Kanzlerzeit dieses Moschirroddole konnte Baron Reuter eine Konzession (1872) erlangen, die auf siebzig Jahre befristet war. Auf Grund dieser Konzession nahm ein Ausländer für 70 Jahre die gesamten Produktionsstätten, die Förderung von Öl und Gas, den Bau der Eisenbahnen und den Zoll in seine Hände. Zur Unterzeichnung dieser Konzession verlangte der Schah 40 000 Pfd. Sterling als Bestechungsgeld. Die Engländer haben nicht nur die Minister und Staatsbeamten mit Geld korrumpiert und gekauft, sie haben auch zur Ver-

---

[16]) *H. Makki,* Kurzer Abriß über das politische Leben Ahmed Schah-Khadshar, Teheran 1944, S. 5.

[17]) *Lessani,* Das schwarze Gold oder das Unglück des Irans, Teheran 1950, S. 5.

hinderung der öffentlichen Unzufriedenheit die Priester und religiösen Würdenträger in ihre Abhängigkeit gebracht, um damit ihre eigene Sicherheit zu erhöhen. Diese Tatsache war ein Faktor, der das Eindringen der Engländer in das Land beeinflußte und bei der Erlangung der Konzessionen durch britische Unternehmer eine große Rolle spielte.
Nach dem Baron Reuter hat im Jahre 1884 die Rechts- und Kooperationsgesellschaft M. A. Hotz [18]) eine Konzession über die Ausbeutung des Erdöls erlangt. Auf Grund dieser Konzession wurden auch auf den südlichen iranischen Inseln Erkundungsarbeiten durchgeführt. Der hierbei zu verzeichnende Mißerfolg der Geologen führte zur Einstellung der Arbeiten. Einige Jahre später, d. h. im Jahre 1900 besuchte Ketabtschi-Khan, der Direktor des iranischen Zollamtes, London, um mit dem früheren englischen Botschafter in Teheran über die iranischen Erdölvorkommen zu verhandeln. Ketabtschi-Khan war über das wissenschaftliche Buch des französischen Archäologen Jacques de Morgan bezüglich der Erdölreserven im Südwestens Irans informiert. In London wurde der Zolldirektor durch den ehemaligen Botschafter mit William Knox d'Arcy, einem Magnaten, bekannt, der in Australien aufgewachsen war und in London seinen Wohnsitz hatte. D'Arcy versprach dem Zolldirektor, auf diesem Gebiet über 500 000 Pfund Sterling zu investieren. Nach einigen Monaten kam der Zolldirektor mit den Vertretern d'Arcys in Teheran an. Einige Zeit später wurden von d'Arcy zwei Geologen in den Südwesten des Irans geschickt. Ketabtschi-Khan, als ein hoher Staatsbeamter, war über die Vorgänge hinter den Kulissen, Einfädelungen, Intrigen, Korruption des kaiserlichen Hofes sowie über die Moral der iranischen Aristokraten und Staatsbeamten gut unterrichtet. Er war in der Lage, und es gelang ihm auch, die Verhandlungen mit dem Kanzler Atabak A'sam erfolgreich durchzuführen. Bei dieser Frage spielte der englische Gesandte Sir Arthur Harding eine wichtige Rolle. Nachdem die Bestechungssummen unter den einflußreichen Staatsbeamten und dem kaiserlichen Hof aufgeteilt worden waren, konnte d'Arcy

18) *A. Lessani*, angef. Werk, S. 3.

am 28. Mai 1901 mit der iranischen Regierung das Abkommen über die Ausbeutung des Erdöls unterzeichnen. Die Tätigkeit d'Arcys und seiner Experten war erfolgreich. So wurde die Grundlage der iranischen Erdölindustrie geschaffen.

II. ENTSTEHUNG UND ENTWICKLUNG DER ANGLO-IRANIAN OIL COMPANY (AIOC), IHRE UMWANDLUNG IN EINE DER GRÖSSTEN ERDÖLGESELLSCHAFTEN DER WELT

1) *Die Erdölkonzession vom Jahre 1901 (d'Arcy-Konzession), die Entstehung der AIOC*

Die Geschichte der Entstehung und Entwicklung der AIOC ist die Geschichte der fünfzigjährigen Herrschaft der englischen Magnaten im Iran. In Großbritannien hat sich die maschinelle Industrie früher als in den anderen Ländern entwickelt. Die Entwicklung der Produktivkräfte, die freie Konkurrenz sowie der Raub der Kolonien führten zu einer raschen Konzentration der Produktion des Geldkapitals in diesem Land und ermöglichten die Investitionen außerhalb Englands. Großbritannien, das am Anfang des 20. Jahrhunderts fast über die halbe Welt herrschte, hatte im Kampf um die Rohstoffquellen mehr Chancen als seine Rivalen. Der Besitz der Kolonien gab den Magnaten Englands die Gewähr für die Erlangung profitabler Konzessionen. Anfang des 20. Jahrhunderts war der Iran fast vollständig zur Kolonie Englands und des zaristischen Rußlands geworden. Die ökonomische und politische Position Großbritanniens und der Einfluß der englischen Diplomatie auf den iranischen Königshof gewährleisteten den englischen Unternehmern eine Erdölkonzession mit einem Monopolrecht für die Tätigkeit der britischen Firmen auf $^3/_5$ des Territoriums des Irans.

Am 28. Mai 1901 hatte William Knox d'Arcy [19]) eine sehr bedeutende Erdölkonzession von der iranischen Regierung erhalten. Das Abkommen über die Erdölkonzession enthielt unter anderem folgende wichtige Punkte:
Der Besitzer der Erdölkonzession erhielt für 60 Jahre eine besondere Erlaubnis zur Erforschung der Erdöl-, Gas- und Asphaltvorkommen. Weiterhin wurde diese Erlaubnis auch auf die Förderung und Verarbeitung des Erdöls sowie auf die Entwicklung der Erdölindustrie im Iran (auf 500 000 Quadratmeilen), ausgenommen die Nordbezirke des Landes wie Aserbaidshan, Gilan, Masandaran, Gorgan und Khorassan, ausgedehnt. Er bekam ebenso das Monopolrecht zum Bau von Erdölleitungen auf den Erdölgebieten, die sich bis zum Persischen Golf erstreckten, zum Aufbau von Erdöltürmen, -tanks, -pumpen, Raffinerien usw. Die iranische Regierung mußte dem Konzessionär die für den vorgenannten Zweck benötigten Brachfelder zur Verfügung stellen. Auch wurde d'Arcy das Recht erteilt, Boden zu angemessenen Preisen bei den Grundbesitzern zu kaufen. Der Boden, der dem Konzessionär zur Verfügung stand, und auch alle Erdölprodukte, die ins Ausland exportiert wurden, waren frei von Steuern und Zoll. Die Ausrüstung, die notwendigen Materialien für die Suche nach Erdöl und Gas, für die Förderung, die Verarbeitung sowie die Materialien für die Erdölprodukte und die Erweiterung der Erdölindustrie waren ebenfalls frei von Zoll. Die Direktoren der Gesellschaft wurden vom Konzessionär ernannt. Nach der offiziellen Gründung der Erdölgesellschaft mußte der Konzessionär der iranischen Regierung im Verlaufe eines Monats 20 000 Pfd. Sterling in bar und 20 000 Pfd. Sterling in Aktien übergeben [20]). Weiterhin war im Abkommen festgelegt, daß

---

19) *William Knox d'Arcy* wurde im Jahre 1869 in Newton Abbot (England) in einer Advokatenfamilie geboren. Im Jahre 1886 zog er mit seinen Eltern nach Australien um. Dort beschäftigte er sich mit der Suche nach Gold und entdeckte einige Goldminen. Als er in Australien zu Reichtum gekommen war, kehrte er nach London zurück. In London wurde er einer der großen Aktionäre der britischen Banken und Aktiengesellschaften.

20) *M. Fateh* schrieb in seinem Buch „50 Jahre iranisches Erdöl“, Teheran 1956, S. 254, folgendes: „Als ‚Geschenk‘ erhielten der Kanzler Atabak 10 000 Pfd. St., der Außenminister Nasrollahkhan Moschiroddole 5000 Pfd. St. sowie der Minister für Industrie Nisammoddin Ghaffari 5000 Pfd. St. in Aktien.“

der Konzessionär und alle Gesellschaften, die in Zukunft organisiert werden, verpflichtet sind, der iranischen Regierung 16 % ihrer jährlichen Profite zu geben. Alle Arbeiter der zu gründenden Gesellschaften müssen Angehörige des Irans sein, mit Ausnahme der Verwaltungsbeamten, der Ingenieure und des technischen Personals. Nach Ablauf der Erdölkonzession werden alle Bauten, Gebäude und Ausrüstungen dem Iran übergeben [21]).

Außerdem gelang es d'Arcy von Mosaffar-oddin-Schah einen Erlaß zu erhalten, der inhaltlich etwa wie folgt lautet:

Unter Berücksichtigung der Verdienste des Ingenieurs William Knox d'Arcy und der engen Freundschaft, die Persien und Großbritannien miteinander verbindet, übergeben wir d'Arcy und seinen Erben sowie allen seinen Mitarbeitern und Freunden für die Zeit von 60 Jahren das unbeschränkte Recht, nach seinem Wunsch geologische Forschungen durchzuführen und auf dem ganzen Territorium Persiens die Verarbeitung des Erdöls vorzunehmen, wobei alle Ausrüstungen und Bodenschätze sein völliges Eigentum sein sollen [22]).

Wie aus der Konzession hervorgeht, nahm das englische Finanzkapital das Monopolrecht für die Erdölförderung und den Aufbau der Erdölindustrie auf einem Gebiet, das vielfach größer als das Territorium Großbritanniens war, für sich in Anspruch. Das d'Arcy-Abkommen zeigt anschaulich, wie es der englischen Regierung gelungen ist, eine große profitbringende Konzession abzuschließen, die es den britischen Magnaten erlaubte, fast alle Erdölschätze des Irans zu rauben.

Nach dem Erhalt der Erdölkonzession wurde die Erkundung erst im Osten des Landes (Tschahe-Sorkh-Bezirk an der Grenze zwischen dem Iran und der Türkei) durchgeführt, und im Sommer 1903 wurde in 507 Meter Tiefe der erste Gas- und Ölvorrat gefunden. Da das Erdölvorkommen nicht groß genug war und der Transport des Rohöls auf einer Strecke von 1000

---

21) Die Erdölkonzession vom Jahre 1901 bestand aus 18 Paragraphen, ausgefertigt in zwei Sprachen — Französisch und Persisch — und wurde vom Kanzler Atabek-A'sam und dem Außenminister Moschiroddole unterzeichnet. Erdöldokumente, I. Band, Teheran 1951, S. 5—9.

22) Zeitung Dad, 23. 12. 1948.

km damals ökonomisch nicht rentabel gewesen wäre, stellte man den Geologen erneut die Aufgabe, ein anderes Erkundungsgebiet ausfindig zu machen. Dieses Gebiet war zuerst Mamatun, danach Masdshed-e-Soleiman. Die Erkundung nach Erdöl dauerte auf diesem Gebiet noch 5 Jahre, erst am 28. Mai 1908 ist man bei geologischen Bohrungen im Bezirk Masdshed-e-Soleiman (225 km nord-östlich von der Hafenstadt Khorramschahr) in einer Tiefe von 1200 Fuß (336 Meter) endlich auf einen reichen Erdölvorrat gestoßen. Die erste Bohrung F 7 ergab täglich 450 000 Gallonen [23]) (jede Gallone — 4,546 Liter).

Nach der Entdeckung dieser reichen Erdölvorkommen wurde im April 1909 die Anglo-Iranian Oil Company Ltd. (AIOC) gegründet (bis 1935 Anglo-Persian Oil Co. Ltd.).

Das ursprüngliche Kapital der AIOC betrug 3 Mio. Pfd. Sterling, davon 1 Mio. Preference Share (privilegierte Aktien) und 2 Mio. einfache Aktien zu je 1 Pfd. Sterling. Anfangs gehörte der größte Teil der Aktien zur „Burmah Oil Company", die eine wichtige Gesellschaft Englands auf dem Gebiet des Erdöls darstellte und deren Hauptaktionäre d'Arcy und Lord Strathcona waren. Außerdem war die AIOC mit den zwei größten britischen Banken — „National Provintial Bank", „Midland Bank" — sowie mit der Kolonial Bank, der Company des Suezkanals und auch mit den großen Kolonialhandelsgesellschaften wie „Hudson Bay" und „Dalgeti" eng verbunden.

Die Direktoren der drei britischen Erdölgesellschaften — AIOC, Royal Dutch Shell und Burmah Oil Company — waren an der Leitung von 178 anderen Gesellschaften beteiligt, darunter befinden sich: 22 große Aktiengesellschaften und Privatbanken, 44 Investitionstrusts und landwirtschaftliche Firmen, 25 Versicherungs- und Schiffbaugesellschaften, 18 chemische Industriegesellschaften, 23 metallverarbeitende und Maschinenbaubetriebe, darunter auch die Flugzeugindustrie. Es waren auch die Flaschen- und Juteindustrie sowie die Handelsgesellschaften darin einbezogen [24]).

---

[23]) *Sir Arnold Wilson,* South West Persia, London 1941, S. 42—43.

[24]) *S. Aaronowitch,* Das britische Monopolkapital, Moskau 1956, S. 30—31. (Übersetzung aus dem Englischen)

In unserer Epoche verflechten sich auch auf manchen wichtigen Gebieten der Ökonomie privates und staatliches Eigentum miteinander. Die AIOC war gerade eine von diesen großen Gesellschaften, die durch die Verschmelzung des privaten und staatlichen Kapitaleigentums entstanden. Diese Verschmelzung des staatlichen und privaten Eigentums in der Erdölindustrie hatte politische und technische Gründe. Der Anlaß zur Beschleunigung dieser Verschmelzung war Anfang des 20. Jahrhunderts die immer näher rückende Gefahr des Krieges, der infolge der ungleichmäßigen Entwicklung der verschiedenen Industrieländer auszubrechen drohte. Infolge dieser ungleichmäßigen Entwicklung traten neue Staaten, wie Deutschland, USA, Japan usw. auf. Die neuen Industrieländer forderten eine Neuaufteilung der Kolonien und eine Veränderung „der Einflußsphären". Solche Forderungen bedeuteten in erster Linie eine Gefahr für die Kolonien Großbritanniens. Der gefährlichste Rivale Englands war Deutschland, das sich mit aller Kraft zur Neuaufteilung der Kolonien durch den Krieg vorbereitete.

Großbritannien sah sich gezwungen, nicht nur politische Bündnisse mit den Gegnern Deutschlands einzugehen, sondern auch sein militärisches Potential, vor allem seine Kriegsmarine zu verstärken. Die Ausrüstung der Kriegsmarine mußte besonders qualitativ verbessert werden. Die qualitative Ausrüstung der Kriegsmarine war mit der technischen Frage, mit dem Brennstoff, eng verbunden. Anfang des 20. Jahrhunderts, als sich die Gefahr des Krieges näherte, versuchte die englische Admiralität, eine feste Brennstoffquelle für die neugebauten Kriegsschiffe zu finden. Die neuen technischen Fortschritte am Ende des 19. und Anfang des 20. Jahrhunderts ermöglichten es, die Kriegsmarine mit neuen Maschinen auszurüsten. Die neuen Kriegsschiffe wurden allmählich mit Dieselmotoren ausgerüstet und brauchten statt Kohle Masut. Diese mit Masut ausgerüsteten Kriegsschiffe hatten eine höhere Geschwindigkeit und eine größere Manövrierfähigkeit im Krieg. Die britische Regierung hatte damals beschlossen, die Kriegsmarine von Kohle auf Masut umzustellen, um den Vorrang gegenüber der deutschen

Marine zu behalten. Das war der technische Grund, der die britische Regierung zwang, eine wesentliche Veränderung, die vor allem von der Erdölindustrie abhängig war, bei ihrer Kriegsmarine vorzunehmen. In diesem Zusammenhang wurde im Jahre 1904 ein Komitee für Erdöl in der britischen Admiralität gegründet. Dieses Komitee hatte durch verschiedene Magnaten wie Lord Strathcona und durch Banken und Gesellschaften d'Arcy finanziell unterstützt, und nach der Gründung der AIOC nahm es direkte Verhandlungen mit dieser Erdölgesellschaft auf. Über diese Verhandlungen und die Bedeutung des Erdöls für England hat W. C. Churchill, Minister der Kriegsmarine, am 17. Juli 1913 im Parlament folgendes geäußert: Die Regierung Englands hat im Laufe vieler Jahre eine große politische Aktivität entwickelt, um die Erdölquellen des Irans für die Leitung Indiens zu gewinnen und um die Würde des britischen Reiches zu erhalten. Die Regierung Englands hat besonders das Ziel verfolgt, die Aktien der AIOC nicht in ausländische Hände geraten zu lassen.

Weiterhin äußerte er, daß England Besitzer von Erdöl werden oder wenigstens ein Minimum an Erdölprodukten, das für die Existenz Britanniens notwendig sei, erhalten müsse [25]).

Nach dieser offiziellen Äußerung Churchills hat eine spezielle Kommission Ende 1913 die Erdölgebiete des Irans besichtigt. Im Mai 1914 wurde ein Abkommen zwischen der englischen Regierung und der AIOC geschlossen, nach dem das Kapital der Erdölgesellschaft auf 4 000 000 Pfd. Sterling erhöht wurde. Am 17. Juli 1914 waren die Aktien der AIOC folgendermaßen aufgeteilt:

Britische Regierung	2 001 000	oder	43,5 %
Burmah Oil Co.	1 069 000	oder	23,2 %
Britische Unternehmer und Gesellschaften	1 530 000	oder	33,3 %
Insgesamt	4 600 000		100 %

Auf diese Weise hat die britische Regierung das Kontrollrecht

25) *Homajunfar*, Das Erdöl in der Welt und im Iran, Teheran 1945, S. 91.

der AIOC erhalten. Die Verhandlungen über die Erdölindustrie, wie ein englischer Schriftsteller und Politiker schrieb, waren ein bedeutsames Ereignis in der Geschichte des britischen Reiches. Dieses Ereignis kann man nur mit dem Kauf der Aktien des Suezkanals im Werte von 4 000 000 Pfd. Sterling durch Disraeli im Jahre 1875 vergleichen. Aber der Unterschied zwischen beiden Ereignissen besteht darin, daß Churchill diesen Kauf mit einer zweimal niedrigeren Summe getätigt hat [26]).

Der Besitz des Kontrollpakets der AIOC gab der britischen Regierung eine entscheidende Position in der Leitung der Erdölgesellschaft. Nach Paragraph 81 der Statuten der AIOC hat der Finanzminister das Recht, im Vorstand der Erdölgesellschaft zu sitzen oder stattdessen auch zwei Vertreter zu ernennen. Nach Paragraph 91 darf die Regierung bei umstrittenen Fragen, die die Interessen des Imperiums berühren, Einspruch erheben. Die britische Regierung hat nur nicht das Recht, sich in kommerzielle Fragen der Company einzumischen. Die Position der englischen Regierung in der AIOC wurde von Jahr zu Jahr stärker, und die britische Erdölgesellschaft hatte eine große politische Macht hinter sich und konnte sich besser in die iranischen Angelegenheiten einmischen.

2) *Umwandlung der AIOC in eine der größten Erdölgesellschaften der Welt. Das Anwachsen des Grundkapitals in der iranischen Erdölindustrie und die negative Wirkung der Company auf den Iran*

Nach dem Erwerb der Konzession durch d'Arcy war jedoch die Tätigkeit der AIOC insofern erfolgreich, als dadurch die Grundlage für die iranische Erdölindustrie geschaffen wurde. In der Periode des Verfalls der feudalen Verhältnisse und bei der Verwandlung des Irans in ein halbkoloniales Land, d. h. am Anfang des 20. Jahrhunderts, drangen die englischen Firmen in die iranischen Erdölreserven ein.

Die englischen Magnaten konnten infolge ihrer Macht das

[26]) *Michael Brooks*, Oil and foreign policy, London 1949 — Moskau 1949, S. 60.

Alleinrecht über die Ausbeutung des Erdöls erlangen. Durch die Investitionen, brutale Ausbeutung der iranischen Arbeiter und Ausplünderung der Erdölvorkommen konnten die britischen Unternehmer riesige Profite einstecken und eine unvorstellbare Aktivität bei der Förderung, Reinigung und dem Transport des Erdöls an den Tag legen. Durch die Ausbeutung der iranischen Arbeiter und Erdölreserven waren die Engländer in der Lage, eine der größten Erdölgesellschaften der Welt zu gründen und lange Zeit das Land unter ihrer Herrschaft zu halten. Diese Erdölgesellschaft wurde längere Zeit zu einer der Hauptbarrieren auf dem Weg der Entwicklung der iranischen Wirtschaft und Kultur. Die enge Verbindung zwischen der AIOC und den großen Banken, Gesellschaften sowie dem Staatsapparat und die Nachfrage nach den Erdölprodukten beschleunigten die Entwicklung der AIOC.

Der erste Schritt bei der Ausnutzung des Rohöls mußte die Herstellung von Ölprodukten sein. Deshalb wurde im Jahre 1912 in Abadan die erste Erdölraffinerie in Betrieb genommen. Der Bau der Raffinerie und ihre Entwicklung ermöglichten die Erhöhung der Erdölförderung sowie die Herstellung von Erdölprodukten. Während des ersten Weltkrieges und danach entwickelte sich die Erdölindustrie im Iran noch bedeutsamer. Zu dieser Entwicklung trug folgendes bei: 1. Die Verbreitung der Dieselmotoren, die Erdölprodukte brauchten; 2. Die Verstaatlichung der Erdölindustrie in Rußland nach der Oktoberrevolution. Das gesamte Kapital der britischen Firmen in der Erdölindustrie Rußlands betrug Ende des ersten Weltkrieges 172,8 Mio. Rubel, d. h. 67 % des gesamten ausländischen Kapitals, das insgesamt 257,9 Mio. Rubel umfaßte [27]).

Die englischen Erdölfirmen, die ihr Eigentum und ein reiches Erdölgebiet in Rußland verloren hatten, mußten ihre Tätigkeit im Iran erweitern, um die erforderlichen Erdölprodukte für die Wirtschaft und Marine Englands zu erhalten.

---

27) *B. J. Achundow*, „Zur Frage des ausländischen Kapitals in der Erdölindustrie Bakus in der Periode vor der Revolution", Berichte der Akademie der Wissenschaften der Aserbaidshanischen SSR, Nr. 24, Baku 1953, S. 81.

Nach dem ersten Weltkrieg beginnt die AIOC rasch zu wachsen. Die Company dehnte ihre Tätigkeit auf viele Länder des Erdballes aus.*) Von Jahr zu Jahr nahm das Kapital an Umfang zu, und die AIOC dementsprechend an ökonomischer und politischer Macht. Die Folge davon war, daß sie bald zu den größten Erdöltrusts der Welt zählte. Die wachsende Bedeutung des Erdöls und der Erdölprodukte als Ware ermöglichte eine weitere Steigerung der Erdölgewinnung [28]):

Jahr	in Tonnen	Jahr	in Tonnen
1912	43 775	1932	6 878 973
1913	243 000	1933	8 171 198
1914	388 000	1934	8 455 073
1915	482 000	1935	8 741 000
1916	597 000	1936	8 915 721
1917	993 000	1937	11 229 195
1918	1 198 000	1938	11 280 695
1919	1 384 000	1939	11 327 215
1920	1 669 000	1940	10 445 030
1921	2 223 000	1941	8 741 564
1922	2 966 000	1942	11 884 272
1923	3 361 000	1943	12 513 917
1924	4 313 000	1944	15 265 631
1925	4 652 000	1945	18 310 898
1926	4 759 000	1946	19 858 471
1927	5 326 000	1947	20 418 000
1928	5 763 000	1948	25 269 000
1929	5 808 874	1949	27 235 000
1930	6 377 608	1950	32 258 000
1931	6 616 353	1951	16 431 000

Bis zur Verstaatlichung der Erdölindustrie zieht die Steigerung der Erdölgewinnung eine Erweiterung der Erdölleitungsnetze und eine Vergrößerung der Erdölraffinerien in Abadan nach

---

*) Siehe Beilage Nr. 1

[28]) „Asre egtesad" (Ökonomisches Jahrhundert), Teheran, 11. August 1951, S. 1; Petroleum press service, 1952, S. 200—201.

sich. Das Erdöl floß durch 18 Erdölleitungen mit einer Gesamtlänge von 2400 km und einer Gesamtjahreskapazität von 32 Mill. t (1950).

Erdölleitungen, die vor der Verstaatlichung der Erdölindustrie im Iran gebaut wurden [29]):

Gebiete der Erdölförderung	Jahr des Bauabschlusses	Länge in km	Rohrdurchmesser in Zoll	Richtung der Erdölleitung
Mesdsched-e-	1911	214	10	Abadan
Soleiman	1916	214	10	Abadan
	1917	214	12	Abadan
Haft-Gel	1929—1938	219	12	Abadan
		219	12	Merid
		200	12	Kut-Abdollach
		98	12	Kut-Abdollach
Gatschsaran	1940	267	12	Abadan und Bandar-Mahschahr
Agha-Dschari	1945—1948	156	12	Abadan
	neue Erdöl-	156	12	Abadan
	leitungen mit einer Gesamtlänge [30])	156	12	Abadan
	im Mai 1950	156	12	Abadan
Nafte-Safid	1945	51	10—12	Weis
Nafte-Schah	1935	235	3	Kermanschah

Durch diese Erdölleitungen wird das Rohöl in erster Linie nach Abadan geleitet, wo die größten Erdölraffinerien der Welt stehen (Abadan liegt auf einer Insel, die 68 km von der Mündung des Flusses Schatt el Arab entfernt ist). 1912 wurde mit dem Bau der Erdölraffinerien in Abadan begonnen, und 1914 wurde das erste Werk dieser Art in Betrieb genommen [31]). Innerhalb von 40 Jahren entwickelte sich aus dem kleinen Dorf Abadan eines der gewaltigsten Erdölzentren des Mittleren

---

29) Handbuch „Wirtschaft und Außenhandel des Irans". S. 69.
30) Zeitung „Kejhan" vom 24. Mai 1950.
31) *Sir A. Wilson*, angef. Werk, S. 43.

Ostens und der größte Hafen des Irans. Heutzutage umfassen diese Werke mit ihren hunderten dazugehörigen Erdölbehältern einen Raum von mehr als 4 Mill. m^2. Außer einer Elektrostation und verschiedenen Reparaturwerkstätten errichtete man in dieser Stadt 10 der größten Erdölraffinerien. In Abadan werden jährlich bis zu 1,25 Mill. t hochoktanigen Flugzeugbenzins hergestellt. Hier gibt es 26 Anlegestellen, darunter 16 Verladestellen, die so gebaut sind, daß gleichzeitig 2—3 Arten von Erdölprodukten in einen Tanker gepumpt werden können. Die Verladenorm für helles Erdöl liegt bei 500—750 t pro Stunde, die für dunkles bei 1000—1250 t pro Stunde.

Die gesamte Verladekapazität dieser Anlegestellen beträgt mehr als 1,0 Mill. t. Erdöl pro Monat, das entspricht ungefähr 150 Tankern. Zwei Anlegestellen sind für Importwaren mit einer Verladenorm von monatlich 15 000 t vorgesehen. Die Verladung von Asphalt beträgt 1000 t pro Tag [32]).

Das Rohöl wird auch aus dem Hafen Bandar-Mahschahr weiterbefördert, wo es ebenfalls Erdölraffinerien mit einer Jahresproduktion bis zu 2,5 Mill. t gibt [33]). Nach der im Jahre 1951 erfolgten Verstaatlichung der iranischen Erdölindustrie wurde hier mit dem Bau zweier neuer Anlegestellen begonnen, nach deren Fertigstellung die Verladekapazität des Hafens 9 Mill. t Erdöl pro Jahr betragen soll [34]).

In Kermanschah gab es außerdem noch ein kleines Werk mit einer Kapazität von 140 000 t Erdöl, das seine Produkte auf dem inländischen Markt verkaufte. Während die Kapazität dieser Werke zu Beginn des Jahres 1941 noch 23 Mill. t jährlich betrug, stieg sie bis Anfang 1952 auf 35 Mill. t an. Der Anteil der iranischen Erdölraffinerien in der kapitalistischen Welt betrug 1952 4 % der gesamten Erdölverarbeitung der Welt (die Kapazität der Raffinerien in den kapitalistischen Ländern betrug im Jahre 1952 mehr als 860 Mill. t. Im Nahen und Mitt-

---

32) Siehe Zeitung „Ettelaat“ vom 16. Oktober 1954.
33) *J. M. Smekhow*, „Die Erdölgewinnung der kapitalistischen Länder“, Moskau 1953, S. 89.
34) Zeitung „Kejhan“ vom 10. November 1954, S. 7.

leren Osten beträgt die Kapazität fast 61 Mill. t, mehr als 50 % davon war im Iran) [35]).

Die AIOC verfügte auch über eigene Transportschiffe. Sie gründete die „British-Tanker-Company", die für die Ausfuhr von Erdöl aus dem Iran sorgte. Die zunehmende Gewinnung und Ausfuhr von Erdöl aus dem Iran steigerte die Aktivität dieser Tankercompany. Gegen Ende des ersten Weltkrieges überstieg die Ladefähigkeit der Tanker dieser Gesellschaft nicht 200 000 t, im Jahre 1924 hingegen besitzt die AIOC schon 60 Tanker mit einer Gesamtladekapazität von 500 000 t [36]). 25 Jahre später, d. h. also im Jahre 1949, bestand die Tankerflotte bereits aus 121 Tankern mit einer Gesamtladekapazität von 1 430 000 t, und Ende 1951 besaß die AIOC sogar 155 Tanker mit einer Gesamtladekapazität von 1 950 000 t. Außerdem wurden von ihr noch 21 Tanker mit einer Ladefähigkeit von 426 000 t in Bauauftrag gegeben und zusätzlich Tanker mit einer Ladefähigkeit von 2 Mill. t gepachtet [37]).

Mit Hilfe dieser Tanker exportierte die AIOC Erdöl und Erdölprodukte aus dem Iran in viele Länder der Welt. In einem Zeitraum von 40 Jahren ließ sich die Company in den verschiedensten Ländern nieder; sie gründete dort Tochtergesellschaften, Kontore, Filialen usw., wie z. B. die „Iraq Petroleum", die „Erdölcompany in Kuweit", die „Chemiecompany in Schottland" u. a. m. Die AIOC besitzt auch in den skandinavischen Ländern, in Westdeutschland und Italien ihre Filialen. Das Gesamtkapital der oben erwähnten Gesellschaften beträgt etwa 170 Mill. Pfd. Sterling (im Jahre 1951).

Die englischen Magnaten vergrößerten ihre Unternehmen durch grausame Ausbeutung der iranischen Arbeiter und Ausplünderung der Erdöllagerstätten und verwandelten die AIOC in einen der gewaltigsten Monopolkonzerne der Welt. Die Beteiligung der AIOC in vielen Tochtergesellschaften diente dazu, die Macht der Erdölmagnaten riesenhaft zu vermehren und ermöglichte es, jede Art von dunklen Geschäften straflos zu betreiben.

---

35) „Der kapitalistische Erdölmarkt", S. 74, 76, 81.

36) *N. Karpow*, „Die Wirtschaft des heutigen Persien", 1928, S. 44.

37) Petroleum Press Service, Juli 1952, S. 238.

Dieses Beteiligungssystem erleichterte es, die Bilanz zu verschleiern, undurchsichtig zu machen und die Menschen dadurch zu betrügen. Wie M. Brooks anführt, wurden auf Kosten der iranischen Regierung, die an der „First Exploitation Company" als Konzessionär beteiligt war, folgende Operationen durchgeführt: Die „First Exploitation Company" verkaufte das Erdöl zu einem Preis von 1 Schilling 8 Pence bis 2 Schilling 6 Pence pro t. Die „Bachtjari Oil Company" hingegen verkaufte es ohne jegliche Verarbeitung zu 8—12 Schilling pro t an die Anglo-Persische Erdölgesellschaft. Diese Manipulationen boten den Engländern die Möglichkeit, die Geldbezüge, die die iranische Regierung von der „First Exploitation Company" erhielt, beträchtlich zu kürzen [38]).
Die gesamten Selbstkosten der Erdölgewinnung im Iran liegen bekanntlich bei ungefähr 70 Cent pro t, d. h. sie sind 15 mal niedriger als in den USA, der Arbeitslohn der amerikanischen Arbeiter dagegen ist 10—15 mal höher als der der iranischen Arbeiter. Trotz dieser geringen Selbstkosten wurde das Erdöl aber zu hohen Monopolpreisen verkauft, wodurch den englischen Firmen ein Gewinn von Hunderten von Millionen Pfd. Sterling sicher war. Wie aus der iranischen Presse hervorging, strich die AIOC während ihrer Herrschaft im Iran einen Gewinn von ungefähr 5000 Mill. Dollar ein [39]). Der Reingewinn der AIOC, den sie aus den von ihr geförderten über 350 Mill. t iranischen Erdöls erzielte, betrug etwa 1030 Mill. Pfd. Sterling. In den Jahren von 1949—1951 lagen die Gewinne dieser Gesellschaft bei 260 Mill. Pfd. Sterling (1949 — 65,5 Mill. Pfd. St., 1950 — 118,7 Mill. Pfd. St., 1951 — 75,9 Mill. Pfd. St.) [40]). Diese Zahlen zeigen deutlich, daß die Einfuhr englischen Kapitals in die iranische Erdölindustrie im ersten Stadium nach Gründung der AIOC eine gewisse Rolle spielte, daß die Erweiterung und Umwandlung letzterer in einen der größten Konzerne der Welt aber auf Kosten der unbezahlten Arbeit der iranischen Arbeiter und auf Kosten der Ausplünderung der

---

38) *M. Brooks*, angef. Werk, S. 67.
39) Zeitung „Ettelaat" vom 25. November 1950.
40) Petroleum Press Service, Juli 1952, S. 238.

Erdölquellen des Irans vor sich ging. Je mehr das Kapital wächst, desto höher werden die ausländischen Investitionen, die dem im Ausland erzeugten und kapitalisierten Mehrwert entstammen. Die AIOC steigerte den Mehrwert nicht nur durch das von außen eingeführte Kapital, sondern auch durch die Kapitalisierung des in der iranischen Erdölindustrie auf Grund von Ausbeutung der iranischen Arbeiter und Ausplünderung der Erdölquellen des Landes geschaffenen Mehrwerts. Die Erhöhung des Grundkapitals dieser Company ging folgendermaßen vor sich: Als die Anglo-Persische Erdölgesellschaft gegründet wurde, war das Anfangskapital der beiden Tochtergesellschaften von d'Arcy — der „First Exploitation Company" und der „Bachtjari Oil Company" — wie folgt aufgeteilt [41]):

1) „First Exploitation"	478 460 Pfd. Sterling
Aktien von Iranern	65 540 Pfd. Sterling
Insgesamt	544 000 Pfd. Sterling
2) „Bachtjari Oil Company"	
Aktien der „Anglo-Persischen Erdölgesellschaft"	388 000 Pfd. Sterling
Aktien von Iranern	12 000 Pfd. Sterling
Insgesamt	400 000 Pfd. Sterling

1909 betrug das Kapital der Company 3 Mill. Pfd. Sterling; 1914 stieg es auf 4 Mill. Pfd. Sterling und 1925 auf 20 Mill. Pfd. Sterling an. 1937 betrug das Grundkapital der AIOC nominell 33 Mill. Pfd. Sterling, wozu auch das Kapital gerechnet wird, das für die ausgegebenen Aktien in Höhe von 32 843 752 Pfd. Sterling erzielt wurde. Diese Summe war in privilegierten Aktien in Höhe von 12 706 525 Pfd. Sterling und in gewöhnlichen Aktien in Höhe von 20 137 500 Pfd. Sterling herausgebracht worden [42]). Der Börsenpreis für sämtliche Aktien der AIOC (gewöhnliche und privilegierte) belief sich 1950 auf ungefähr 300 Mill. Pfd. Sterling. Vor der Ver-

[41]) *M. Djamalzadeh,* „Unermeßlicher Schatz" oder „Die Lage der iranischen Wirtschaft", Berlin 1917, S. 61.

[42]) *M. S. Iwanow,* „Die Industrie im heutigen Iran", Bote der Leningrader Universität, 1951, Nr. 5, S. 89.

staatlichung der iranischen Erdölindustrie (1951) bestand das Grundkapital der AIOC aus über 210 Mill. Pfd. Sterling. Ende 1952 betrugen die Aktiven der AIOC, wie aus Veröffentlichungen hervorgeht, 945 Mill. Dollar. Die englische „Times" schrieb sogar, daß die „Zahlen ihrer Bilanz so konservativ sind, daß sie kaum einen Sinn besitzen" [43]).

Nach einer Erklärung des iranischen Finanzministers Amini vom Anfang August 1954 beliefen sich die Kapitalanlagen der AIOC in der Zeit von 1942—1951 allein in Abadan auf 73 960 000 Pfd. Sterling und in den Erdölbetrieben des übrigen Irans auf 48 531 000 Pfd. Sterling [44]). Aus der Erklärung des Außenministers Englands geht hervor, daß die Mitglieder des Konsortiums (das 1954 aus 8 großen Erdölgesellschaften der USA, Englands, Frankreichs und Hollands gebildet wurde) der AIOC einen Preis von 214 Mill. Pfd. Sterling für ihre Unternehmen im Iran gezahlt haben [45]).

Die angeführten Zahlen zeigen, daß auch das Grundkapital dieser Company — außer den Unternehmen der AIOC im Iran — in anderen kapitalistischen Ländern aus einigen hundert Mill. Pfd. Sterling besteht [46]).

Vergleicht man den Anstieg des AIOC-Kapitals mit dem des Gewinns, dann zeigt es sich, daß das Grundkapital dieser Company nach einer bestimmten Zeit durch den erzielten Profit ersetzt wurde. Gegenwärtig stellt das gesamte Kapital der AIOC im wesentlichen kapitalisierten Profit dar. Die oben angeführten Zahlen beweisen eindeutig, daß die Masse des von den Engländern in den Iran eingeführten Grundkapitals weit geringer war als die Kapitalmasse der AIOC, ihrer Tochtergesellschaften und Filialen im Ausland; denn das Kapital dieser Company im Jahre 1951 umfaßte enorme Summen kapitalisierten Profits.

---

43) „Der kapitalistische Erdölmarkt", Moskau 1953, S. 30.

44) Zeitung „Ettelaat" vom 7. August 1954.

45) Zeitung „Kejhan" vom 4. November 1954.

46) Wie *Harvey O'conner* in seinem Buch „The Empire of Oil" schrieb, hat die AIOC ihr ursprüngliches Kapital im Betrag von 100 Mill. Dollar schon vor 25 bis 30 Jahren wieder herausgeholt, und seitdem haben ihre Bruttoprofite das ursprüngliche Kapital 25 mal übertroffen. (Deutsche Übersetzung), Berlin 1959, S. 264.

3) *Die Annullierung des Vertrages von 1901 und der Abschluß eines neuen, für den Iran erschwerten Abkommens im Jahre 1933*

Nach dem ersten Weltkrieg versuchte die AIOC mit aller Macht, dem Iran einen neuen Vertrag aufzuzwingen. Dieser Entschluß entsprang der starken Unruhe, die die AIOC wegen der ständig wachsenden antienglischen Bewegung im Iran empfand. Der Vertrag mit d'Arcy war bekanntlich 1901 abgeschlossen worden, zu einer Zeit also, da im Iran noch die Despotie herrschte. Einige Jahre danach wurde im Lande die konstitutionelle Monarchie proklamiert (1906). Nun werden nach der iranischen Verfassung Gesetze und Verträge erst nach Bestätigung durch den Medshlis rechtskräftig. Aber der Konzessionsvertrag mit d'Arcy war nicht durch den Medshlis bestätigt worden. In Anbetracht dessen hätte die Öffentlichkeit des Landes, besonders nachdem die Sowjetunion alle zwischen der zaristischen Regierung und dem Iran abgeschlossenen, nicht gleichberechtigten Verträge annulliert hatte, ebenfalls die Aufhebung des d'Arcy-Vertrages oder zum mindesten die Beseitigung seiner Monopolstellung verlangen können. Da das anglo-iranische Abkommen von 1919 noch größere Unzufriedenheit hervorrief, lud der Premierminister Woßug-od-Dowle eine Wirtschaftskommission aus England in den Iran ein, an deren Spitze Ermitage Smith stand. Zu den Aufgaben dieser Kommission zählte auch die Überprüfung des d'Arcy-Vertrages und der Abschluß eines neuen Vertrages mit der AIOC. In einem Brief an den Premierminister Sepahdar-A'sam, der 1920 nach Woßug-od-Dowle an die Macht gelangte, wies E. Smith darauf hin, daß die englische Regierung zu einem neuen Abkommen mit dem Iran bereit sei, da sie daran interessiert sei, daß die Position der Erdölgesellschaft erhalten bleibe. Nach dem neuen Vertrag werde die AIOC verpflichtet sein, der iranischen Regierung 400 000 Pfd. Sterling im Verlauf von 40 Jahren auszuzahlen — bei günstiger politischer Lage würde die Konzessionsgebühr noch erhöht werden können.

Der Direktor der AIOC erklärte, daß die Company ihre Tochtergesellschaften nicht berücksichtigen und dem Iran nur das Rohöl zu einem im Persischen Golf üblichen Preis abkaufen werde, falls die iranische Regierung den neuen, im Juni 1920 vorgelegten Vertragsentwurf nicht akzeptiere [47]).

Auf Betreiben der AIOC hin stellte die englische Regierung auch die Finanzhilfe für den Iran ein. Zu guter Letzt sah sich die iranische Regierung gezwungen, Smith nach London zu entsenden, um das Abkommen mit der AIOC zu erneuern. Doch auch dieses Abkommen wurde — wie seinerzeit das von 1919 — nicht vom Medshlis ratifiziert.

Auf Verlangen der Volksmassen lud die iranische Regierung bald darauf den Buchprüfer William McLintok aus London zur Überprüfung der Finanzlage der AIOC ein. Nach Prüfung der Finanzlage kam McLintok zu dem Schluß, daß

1) noch vor Abzahlung der Geldverpflichtungen dem Iran gegenüber ohne dessen Wissen eine bestimmte Summe als Amortisierung abgeschrieben worden war;

2) die Verpflichtungen gegenüber bestimmten Aktionären und die Übertragung von Geldern auf solche Tochtergesellschaften wie „British Tanker“ so lange fortgesetzt worden waren, wie die Abschreibungen zugunsten der iranischen Regierung liefen;

3) die Company der iranischen Regierung die Baugebühren für die Erdölleitungen vorenthalten hatte;

4) auf Kosten der iranischen Regierung, die an der „First Exploitation Company“ als Konzessionär und Aktionär beteiligt war, folgende Manipulationen vorgenommen worden waren: Die „First Exploitation Company“ verkaufte die Tonne Erdöl zu einem Preis von 1 Schilling 8 Pence bis 2 Schilling 6 Pence an die „Bachtjari Oil Company“, die ihrerseits die Tonne Erdöl ohne jegliche Verarbeitung zu 8—12 Schilling an die AIOC verkaufte. Die beiden Gesellschaften stellten in Wirklichkeit eine Organisation dar. Diese Manipulationen boten ihnen jedoch die Möglichkeit, die Einnahmen der iranischen Regierung seitens der „First Exploitation Company“ beträchtlich zu schmälern;

---

47) *Lessani*, angef. Werk, S. 95—96.

5) jährlich große Summen für die Erweiterung der beiden Gesellschaften ausgegeben worden waren. Alle diese Ausgaben gingen jedoch zu Lasten der „First Exploitation Company", deren Aktionär die iranische Regierung war;
6) die Khane des Bachtjari-Stammes 3 % Dividenden von der „First Exploitation Company" bezogen hatten. Die AIOC trachtete nun danach, diese 3 % der Regierung des Irans abzuziehen;
7) die AIOC das Erdöl an das Marineministerium Englands zu herabgesetzten Preisen verkauft hatte und dadurch die Einkünfte der Konzessionäre verringert worden waren [48]).

Die Folge dieser Überprüfung war, daß die Unzufriedenheit im Iran noch mehr wuchs. Die AIOC sah sich deshalb gezwungen, die Bestätigung des neuen Vertragsentwurfes bis zur Festigung der Position der neuen Regierung nach dem Staatsstreich im Februar 1921 zu verschieben. Als Oberbefehlshaber und Premierminister Reza-Khan Schah vom Iran wurde, traten die AIOC und die englische Regierung vom Jahre 1925 an mit ihm in direkte Verhandlungen. Die AIOC zog die Verhandlungen in die Länge, um die schwere Lage des Landes auszunutzen und von der iranischen Regierung all das zu erhalten, was ihr in früheren Verhandlungen nicht gelungen war. Über den Schriftwechsel und die Unterredung beschwerte sich die iranische Regierung beim Rat des Völkerbunds. In einem Brief vom 12. 8. 1928 beklagte sich der Minister des Schah-Hofes bei der englischen Regierung, daß die Verhandlungen keinerlei Ergebnisse zeitigten. Aus diesem Grunde erschien Lord Cadman — Generaldirektor der AIOC — in Teheran, um an Ort und Stelle Druck auszuüben und eine Verlängerung der Frist für die Erdölkonzession durchzusetzen. Die Angelegenheit erwies sich aber als weit komplizierter, als es Cadman angenommen hatte. Nach dessen Rückkehr begab sich der Minister des Schah-Hofes nach Europa, um die Verhandlungen mit der AIOC fortzusetzen. In den Jahren 1930 und 1931 wurde anfangs in der Schweiz, später dann in London weiter über die

[48]) *M. Brooks*, angef. Werk, S. 66—67.

Überprüfung des d'Arcy-Vertrages verhandelt, aber auch hier kam es zu keinem Ergebnis. Schließlich sandte Lord Cadman am 7. 8. 1931 ein Schreiben an die iranische Regierung, in welchem er von der Unmöglichkeit der Überprüfung des d'Arcy-Konzessionsvertrages sprach.

Nach dieser Erklärung übte die AIOC im Jahre 1932 starken finanziellen Druck auf den Iran aus. Sie entrichtete für das Jahr 1931 eine Konzessionsgebühr in Höhe von 306 000,8 Pfd. Sterling, während der Iran im Jahre 1930 1 288 000 Pfd. Sterling erhalten hatte, und das, obwohl die Erdölförderung im Jahre 1931 höher lag als in den vorausgegangenen Jahren. Ähnlich verhielt es sich während der ganzen Weltwirtschaftskrise von 1929—1933.

Die englischen Magnaten vertrauten darauf, daß die damals übel bestellte finanzielle Lage des Irans zum einen, und die aktive Unterstützung ihrer Agenten im Staatsapparat zum anderen, die iranische Regierung dazu bewegen werde, gegen den Willen des iranischen Volkes einen neuen Vertrag mit der AIOC abzuschließen. Die Regierung des Irans beschloß, Protest gegen die starke Kürzung der Abgaben einzulegen. Außerdem trachtete sie danach, die momentane internationale Lage auszunutzen, um ihren Anteil an den Gewinnen der AIOC zu vergrößern. Aus diesen Erwägungen heraus annullierte sie am 27. 11. 1932 die d'Arcy-Konzession von 1901. Die Aufhebung der d'Arcy-Konzession wurde im ganzen Iran mit großer Genugtuung aufgenommen. Später entpuppte sich diese Maßnahme der Regierung allerdings als Schwindel und diente nur dazu, einen neuen Verstoß gegen die nationalen Interessen des iranischen Volkes vorzubereiten.

Zur Annullierung der d'Arcy-Konzession erklärte der stellvertretende Minister für Auswärtige Angelegenheiten Großbritanniens, Eden, Anfang Dezember 1932 im Unterhaus, der Gesandte Englands in Teheran habe dem iranischen Minister eine Note überreicht, in der „die Handlung der iranischen Regierung, den Vertrag für null und nichtig zu erklären, als unzulässige Vertragsverletzung Persiens“ bezeichnet werde, die die Regierung Se. Majestät als ein ernsthaftes Vergehen ansehe.

Es wurde die Forderung erhoben, die Erklärung über die Annullierung des Vertrages sofort mit der Versicherung zurückzunehmen, daß die persische Regierung alles nur Mögliche tun werde, um eine friedliche Regelung dieser Frage herbeizuführen. Die Regierung Se. Majestät werde ohne Zögern alle notwendigen gesetzlichen Maßnahmen ergreifen, um ihre Rechte und unbestrittenen Interessen zu verteidigen, und sie werde es nicht dulden, daß die AIOC irgendwelchen Schaden davontrage und man sich in deren Angelegenheiten in Persien einmische [49]).

Als Antwort auf die englische Note traf die iranische Regierung im Dezember 1932 folgende Feststellung: Die Konzession wurde der AIOC gezwungenermaßen vom Iran gewährt, die Höhe der Abgaben an den Iran wurde falsch berechnet. Dem Iran wurde nicht erlaubt, in die Geschäftsbücher Einsicht zu nehmen. Während des ersten Weltkrieges erfolgte trotz mehrfacher Mahnung seitens des Irans keine Gebührenzahlung für die Erdölförderung. Die Company weigerte sich, eine Einkommenssteuer zu zahlen. Die ungeheuren Ausgaben der Company in anderen Ländern der Welt gingen auf Kosten der iranischen Erdölindustrie. Die AIOC schränkte die Ausbeutung der iranischen Erdölquellen ein, verstärkte aber die der Erdölbetriebe außerhalb des Irans. Im Jahre 1931 weigerte sich die Company, ihren Vertreter zu Verhandlungen über den Abschluß eines neuen Vertrages zu entsenden.

Die Erklärung der iranischen Regierung, die von der iranischen Presse veröffentlicht wurde, befaßte sich auch mit der Tatsache, daß die AIOC bis 1931 einen Reingewinn von 171 Mill. Pfd. Sterling, die iranische Regierung aber nur einen von 11 Mill. Pfd. Sterling erzielt habe. Hätte die AIOC dem Iran lediglich eine Zollgebühr gezahlt, so hätte die iranische Regierung eine Summe von 20 Mill. Pfd. Sterling erhalten [50]).

Um die Interessen der AIOC zu wahren, richtete die englische Regierung eine zweite Note an den iranischen Minister für

---

49) *M. Brooks,* angef. Werk, S. 73—74.

50) Ebenda, S. 74—75. Wie Teheran behauptet, hatte es von 1911 bis 1920 überhaupt keine Konzessionsgebühren erhalten; von 1921 bis 1930 etwa 60 Millionen Dollar. *H. O'conner,* angef. Buch, S. 264.

Auswärtige Angelegenheiten. In dieser Note erklärte sie, daß England in dem Falle, daß die AIOC geschädigt würde oder eine Einmischung in ihre Angelegenheiten erfolge, es sich vorbehalte, entsprechende Maßnahmen zum Schutze der Interessen der Company und seiner Staatsbürger zu ergreifen. In derselben Note forderte die englische Regierung den Iran auf, seinen ultimativen Brief über die Annullierung des Vertrages zurückzunehmen, anderenfalls werde die englische Regierung den Fall vor das Internationale Gericht in Den Haag bringen. Gleichzeitig sandte die englische Regierung Kriegsschiffe in den Persischen Golf, mit der Absicht, den Iran einzuschüchtern, und wandte sich um Beurteilung der Sache an den Rat des Völkerbunds, dessen Mitglieder größtenteils auf ihrer Seite standen. Nach einigen Sitzungen kam der Rat des Völkerbunds zu folgender Entscheidung:

1) Die iranische und englische Regierung sind damit einverstanden, die Angelegenheit bis zur Mai-Sitzung des Völkerbunds im Jahre 1933 nicht mehr vor den Rat zu bringen. Diese Frist kann — falls nötig — im gegenseitigen Einvernehmen verlängert werden.

2) Beide Seiten sind damit einverstanden, daß die AIOC sofort in Verhandlungen mit der iranischen Regierung tritt, wobei vereinbart werden muß, daß die jeweiligen juristischen Standpunkte anerkannt bleiben.

3) Beide Seiten sind damit einverstanden, daß die juristischen Standpunkte einer jeden Seite, die in ihren Memoranden und mündlichen Erklärungen dem Rat gegenüber dargelegt worden sind, Rechtsgültigkeit behalten. Falls die Verhandlungen über eine neue Konzession ergebnislos ausgehen sollten, wird die Frage noch einmal vom Rat aufgegriffen werden, wobei jeder Seite das Recht zuerkannt wird, die Verteidigung ihrer Interessen wahrzunehmen.

4) Auf Grund der Versicherung der iranischen Regierung, die in ihrem Telegramm vom 19. 12. 1932 an den Vorsitzenden des Rates zum Ausdruck kommt, wird angenommen, daß die Arbeiten und Operationen der AIOC für die Dauer der Verhandlungen und bis zu deren endgültigem Abschluß in derselben

Form weitergeführt werden, wie sie bis zum 24. 11. 1932 durchgeführt wurden [51]).

Die englische und iranische Delegation billigten diese Entscheidung und begannen, miteinander zu verhandeln. Das Ergebnis dieser Verhandlungen zwischen Lord Cadman und den Vertretern des Irans (Tagi-zade, Forugi, Davar und Ala) war das am 29. 4. 1933 getroffene Abkommen folgenden Inhaltes:
„Zwecks Erteilung einer neuen Konzession anstelle der d'Arcy-Konzession von 1901 wird von der Regierung des Irans vorliegende Konzession erteilt und von der AIOC akzeptiert. Die iranische Regierung erteilt der Company das freie Recht auf Erkundung und Gewinnung von Erdöl, das Monopolrecht auf Raffinierung und Verarbeitung des von ihr geförderten Erdöls sowie dessen Bereitstellung für den Handel. Der AIOC wird das Monopolrecht auf Beförderung des Erdöls zu Handelszwecken und auf Verkauf der Erdölprodukte im Iran oder Ausland nicht gewährt. Die Gesamtfläche der bis zum 31. Dezember 1938 zur Verfügung stehenden Ländereien darf 100 000 Quadratmeilen nicht übersteigen. Die AIOC wird das Recht auf den Bau von Erdölleitungen und auf Nutzung der unbebauten Ländereien zu einem Preis eingeräumt, der dem in der Umgebung üblichen Preis entsprechen muß. Der Company wird das Recht zuerkannt, kostenlos Kalk, Sand, Erde, Steine und andere Baumaterialien zu nutzen, die sich auf dem konzessionierten und staatlichen Gelände befinden.
Die AIOC hat das Recht auf Bau und Erweiterung der Eisenbahnlinie, des Telegrafen-, Telefon- und Flugnetzes sowie auf den Ausbau von Hafenanlagen. Die Company hat das Recht, ohne jede Lizenz alle für den Bedarf ihrer Angestellten notwendigen Gegenstände und sämtliche für ihre Tätigkeit im Iran benötigten Ausrüstungen ohne Entrichtung von Tarifen oder Steuern einzuführen.
Für die exportierten Erdölprodukte brauchen auch keine Tarife, Zollgebühren und Steuern gezahlt zu werden. Die AIOC hat an die iranische Regierung folgende Geldbeträge zu entrichten:

---

51) Zeitungen „Iran" und „Ettelaat" v. 15. u. 16. April 1933.

Vom 1. Januar 1933 an jährlich eine Konzessionsgebühr in Höhe von 4 Schilling für jede t Erdöl, die im Iran verbraucht oder aus dem Iran ausgeführt wird; weiterhin 20 % dessen, was über die Summe von 671 250 Pfd. Sterling hinausgeht und für die Verteilung an die Besitzer gewöhnlicher AIOC-Aktien vorgesehen war. Die Gesellschaft ist in den ersten 30 Jahren ihrer Tätigkeit im Iran von jeder Art von Steuern befreit. Allerdings sind folgende Beträge an die Regierung des Irans zu zahlen:

In den ersten 15 Jahren 9 Pence für jede Tonne Erdöl bis zu 6 Mill. t und 6 Pence für jede Tonne, die über die angeführten 6 Mill. t hinaus gefördert wird. In den folgenden 15 Jahren 1 Schilling für jede Tonne von 6 Mill. t geförderten Erdöls. Die AIOC ist bis 1963 frei von jeder Art von Steuern an die Regierung und die Lokalbehörden; nach dreißig Jahren, also von 1963 ab, muß sie jedoch alle existierenden Steuern bezahlen. Die iranische Regierung hat das Recht, einen Vertreter für das Direktorium der AIOC zu stellen, der als Vertreter der Schahinschah-Regierung gilt. Die Company hat dem iranischen Vertreter bei der AIOC jährlich 2000 Pfd. Sterling zukommen zu lassen. Sobald im Iran Spezialisten und Verwaltungsfachleute vorhanden sein werden, muß die AIOC für derartige Arbeiten Iraner einstellen. Das nicht-technische Personal der Gesellschaft hat ausschließlich aus iranischen Staatsbürgern zu bestehen. Nach dem Entwurf sind jährlich eine Anzahl ausländischer Spezialisten zu entlassen und an ihre Stelle in kürzester Frist Iraner zu setzen. Die AIOC hat jährlich einen Geldbetrag in Höhe von 10 000 Pfd. Sterling für Iraner, die in England auf dem Gebiet der Wissenschaft und Technik der Erdölkunde ausgebildet werden sollen, zu bewilligen. Für den Bedarf des Inlandmarktes und der Regierung hat die Gesellschaft Benzin, Kerosin und Masut zu Preisen zu liefern, die nach dem arithmetischen Mittel aus den in Rumänien und dem Golf von Mexiko geltenden Preisen berechnet werden (mit 25 %iger Ermäßigung für die Regierung des Irans). Der übrige Bedarf ist in gleicher Weise, aber mit 10%iger Ermäßigung zu decken.

In den letzten 10 Jahren der bestehenden Konzession oder

aber 2 Jahre nach Verkündung der Aufhebung des Vertrages, darf die AIOC ihre Immobilien nicht verkaufen oder jemand anderem übertragen, mit Ausnahme der ihr unterstellten Institutionen. Die Frist des angeführten Vertrages wurde auf den 31. 12. 1993 festgesetzt.

Auf diese Weise gelang es der AIOC, durch Drohungen, Erpressung und Bestechung dem Iran einen neuen Vertrag aufzuzwingen, wonach die Ausplünderung der Erdölreichtümer des Irans fortgesetzt werden konnte. Um diesen Vertrag unter Dach und Fach zu bringen — sagte ein Abgeordneter — gab die AIOC ungefähr 3 Mill. Pfd. Sterling zur Bestechung von Medshlis-Abgeordneten, Ministern usw. aus [52]).

Der Abschluß des Vertrages von 1933 und die Verlängerung seiner Dauer auf noch weitere 60 Jahre, d. h. bis zum Jahre 1993, zeigt eindeutig, wie eng die führenden Kreise des Irans mit der AIOC verbunden und wie sehr sie von ihr abhängig waren. Die Hauptziele, die beim Abschluß des neuen Abkommens verfolgt wurden, waren die Legalisierung der Monopolstellung in der Ausbeutung der Erdölquellen des Landes und die Verlängerung der Dauer der d'Arcy-Konzession. Alle übrigen Artikel, wie territoriale Begrenzung auf 259 000 km^2, Erhöhung der Konzessionsgebühr, Ausbildung von Iranern usw. waren glatter Betrug. Die AIOC erfüllte im Laufe der folgenden 17 Jahre, d. h. bis 1951, nicht eine ihrer Verpflichtungen, die im Vertrag von 1933 enthalten waren.

Trotz der Begrenzung des Konzessionsgebietes nach Artikel 4 des Abkommens konnte die AIOC alle brachliegenden und auch bebauten Ländereien des Irans zu niedrigem Preis erwerben. Gemäß Artikel 6, 7 und 10 der Konzession sicherte sich die AIOC das Recht auf zollfreie Ein- und Ausfuhr und auf alleinige Ausbeutung der Erdölquellen, wofür sie nur eine unbedeutende Gebühr an den Iran zu entrichten brauchte. Ähnliche Vorteile räumten ihr auch die Artikel 11, 12, 14 usw. ein. Jeder dieser Artikel gibt der Gesellschaft das Recht, die Reichtümer des Landes und seine Völker auszubeuten.

---

[52]) „Erdöl und Bahrein", Rede Abbas Eskandaris im Parlament, Teheran 1952, S. 22.

Der harte und einseitige Charakter des Abkommens von 1933 ist nicht nur aus seinen Artikeln ersichtlich. Die 17jährige Tätigkeit der AIOC war ein klarer und anschaulicher Beweis dafür, daß dem iranischen Volk auf Grund des genannten Abkommens ein ungeheurer Schaden seitens der englischen Magnaten zugefügt wurde.

Mitte November 1944 sagte der Medshlis-Abgeordnete Dr. Mossadegh in seiner Rede vor dem Parlament, daß durch die Verlängerung des Vertrages von 1933 dem Iran ein Schaden in Höhe von mehr als 16 Milliarden Rial (126 Mill. Pfd. Sterling) erwachsen sei.

„Es gibt in der Weltgeschichte kein Beispiel dafür, daß ein Staatsangehöriger seinem Lande einen Schaden von 16 Milliarden Rial durch einen Vertrag zugefügt hätte (er bezog sich dabei auf Tagi-zade, Finanzminister von 1933, der das Abkommen der AIOC unterzeichnet hatte)“ [53]).

Die oben genannte Summe bezog sich auf den Stand der Erdölförderung von 1933 und kann deshalb keinen Aufschluß über den wirklichen Schaden geben, der durch den Vertrag verursacht wurde. In den nach Abschluß des Vertrages folgenden 18 Jahren (bis Mitte 1951) führte die AIOC ungefähr 300 Mill. t Erdöl aus dem Iran aus und erzielte dafür einen Reingewinn von ungefähr 860 Mill. Pfd. Sterling. Die AIOC zahlte allein an Einkommenssteuer ungefähr 250 Mill. Pfd. Sterling an die englische Regierung, der Iran dagegen erhielt von der Company insgesamt nur 110 Mill. Pfd. Sterling in Form von Gebühren und Steuern usw. Wäre ein gleichberechtigter Vertrag mit der AIOC abgeschlossen worden und hätte die iranische Regierung eine gleich hohe Einkommenssteuer wie die englische Regierung erhalten, dann wären dem Iran seitens der AIOC mindestens 650 Mill. Pfd. Sterling anstelle der 110 Mill. Pfd. Sterling zugeflossen. Deshalb beläuft sich der Schaden, der für den Iran durch den Vertrag von 1933 entstanden ist, nicht auf 126 Mill. Pfd. Sterling, sondern in Wahrheit auf 500 Mill. Pfd. Sterling [54]).

---

[53]) Zeitung „Dad“ vom 10. März 1949.

[54]) „Das Roheinkommen der Anglo seit 1914 wird von den Iranern auf fünf

Einer der Medshlis-Abgeordneten sagte ganz richtig, daß sich die Meisterschaft der AIOC darin zeige, wie sie es verstanden habe, den Anschein zu erwecken, das Abkommen von 1933 werde dem Iran einen doppelt so hohen Gewinn wie die d'Arcy-Konzession einbringen. Nach 17 Jahren aber stelle sich heraus, daß der Iran zweimal weniger erhalten habe, als ihm nach der d'Arcy-Konzession zugestanden hätte [55]).

4) *Die Anglo-Iranian Oil Company — Der Hauptbebel der kolonialen Politik Großbritanniens im Iran*

Nachdem die englischen Magnaten das Monopolrecht auf Ausbeutung der iranischen Erdöllagerstätten erhalten und die AIOC gegründet hatten, vertrat die britische Diplomatie im Iran die Interessen dieser Gesellschaft und machte sie zum Haupthebel ihrer Kolonialpolitik im Iran. Die AIOC mischte sich in alle inneren Angelegenheiten des Irans ein. Sie entsandte ihre Anhänger als Abgeordnete in den Medshlis, ernannte Minister, Generalgouverneure und andere einflußreiche Beamte des Staatsapparates mit Hilfe ihrer Sterlings. Die AIOC erfuhr auf diese Weise jede nur mögliche Unterstützung seitens der von ihr gekauften Elemente in der iranischen Regierung. Einige Staatsbeamte des Irans verrieten die Interessen des iranischen Volkes und setzten ihre verbrecherische Tätigkeit in bezug auf die Erdölreichtümer des Landes jahrzehntelang fort. Die Erdölbezirke des Irans wurden politisch, wirtschaftlich, verwaltungstechnisch und zollmäßig vom übrigen Lande isoliert. Deshalb nannte man die AIOC im Iran den „Staat im Staat".
„Die AIOC erinnert an einen Staat", — so schreibt die italienische Journalistin Macciocchi — „der seine eigene Regierung, seinen ‚Königshof', sein Beamtentum, seine Flotte, seine Untertanen, seine Züge, seine Dampfer und Flugzeuge

Milliarden Dollar geschätzt, von denen der englischen Admiralität durch verbilligtes Heizöl 500 Mill. Dollar zugute kamen; das britische Schatzamt bekam $^{1}/_{5}$ Milliarde Dollar als Steuern, die Aktionäre 350 Mill. Dollar als Dividenden, die Gesellschaft $^{2}/_{7}$ Milliarde Dollar für Abschreibungen und Erweiterungen." *H. O'conner*, angef. Buch, S. 264.

55) Offizielle Zeitung des Schahinschah-Staates vom 29. 10. 1950, S. 6.

besitzt. Der Generaldirektor der AIOC ist der König dieses Staates. Ihm gehörte ein prächtiges Haus, dessen Türen sich einmal in jeder Woche — nur freitags — den Untertanen öffneten. Der Direktor und seine Frau empfingen ihre Gäste mit königlicher Würde und reichten ihnen die Fingerspitzen zur Begrüßung. Sie unterhielten sich nur mit den Angestellten, die wichtige Posten bekleideten, und mit deren Frauen, was als Zeichen besonderen Wohlwollens galt“ [56]).

Dieser „Staat“ war besonders während des ersten Weltkrieges und in der Zeit danach gewachsen und erstarkt. Als der erste Weltkrieg begann, besetzten die englischen Truppen zu $^3/_4$ das Territorium des Irans. Die englische Regierung erklärte dazu, daß der Grund für diesen Schritt die Verteidigung der iranischen Erdölindustrie sei. Ohne Erlaubnis des Irans landeten die britischen Truppen und machten den südlichen Teil des Landes zur Kriegsbasis im Mittleren Osten. Das Vorgehen der deutschen Unterseeboote gegenüber den Alliierten erschwerte sehr die Lieferung von Erdöl aus Amerika und erhöhte deshalb die Bedeutung des iranischen Erdöls für England. Der Aufenthalt der britischen Truppen im Iran und die von den Engländern gegründete Organisation der „Südpersischen Schützen“ sicherte ihnen für die Dauer des ersten Weltkrieges und für die folgenden Jahre ihren Einfluß im Iran.

Der Sieg der Oktoberrevolution jedoch machte England einen Strich durch seine Rechnung im Nahen und Mittleren Osten. Er gab der nationalen Befreiungsbewegung in diesen Ländern starken Auftrieb in ihrem Kampf gegen die Kolonialmächte. Die Oktoberrevolution setzte der Eroberungspolitik des Zarismus ein Ende und unterstützte den Kampf des iranischen Volkes gegen die Engländer. Nachdem das zaristische Rußland seine Position im Iran verloren hatte, beschloß Großbritannien, die Situation auszunutzen und das Land in eine Vollkolonie zu verwandeln. Zu diesem Zweck wurde alles mögliche unternommen, um die revolutionäre Bewegung im Norden des Irans zu ersticken. Dazu kommt, daß England noch gegen die starke Konkurrenz der amerikanischen Erdölmonopole, deren

---

56) *Maria Macciocchi*, „Iran im Kampf“, 1953, S. 92.

Aktivität in dieser Periode besonders zunahm, anzukämpfen hatte.

Wie allgemein bekannt, war die Politik der englischen Regierung nach dem ersten Weltkrieg darauf gerichtet, einen Staatenbund vom Mittelländischen Meer bis Indien, der unter dem wirtschaftlichen und politischen Einfluß Großbritanniens stehen sollte, zu gründen. England mußte diese Politik betreiben, um seine volle Herrschaft in den Ländern des Nahen und Mittleren Ostens und die militärische Intervention gegen die Sowjetrepubliken zu garantieren. In diesem Plan Englands nahm der Iran einen besonderen Platz ein. Nach dem ersten Weltkrieg war der Iran nicht nur von englischen Truppen besetzt, sondern hatte auch seitens der iranischen Regierung, die ihre Politik mit Unterstützung Englands fortsetzte und dafür aus der Schahinschaher Bank monatlich 225 000 Pfd. Sterling in Form von Subsidien bezog, allerhand zu erleiden. Am 9. August 1919 unterzeichnete die iranische Regierung unter dem Druck Großbritanniens außerdem ein Abkommen, das den Iran faktisch zum Protektorat Englands stempelte. Diesem Abkommen entsprechend mußte die englische Regierung auf Kosten der iranischen Regierung Posten für Wirtschaftsräte schaffen, die den gesamten Verwaltungsapparat des Landes in ihre Hände nehmen sollten; ihr oblag es auch — wieder auf Kosten des Irans — Offiziere, Pferde und die gesamte Ausrüstung für eine zu bildende „mächtige Armee" zu stellen, die natürlich gegen die demokratische Bewegung des Irans eingesetzt werden sollte. England gewährte dem Iran eine Anleihe, nahm als Entgelt dafür alle Einnahmequellen des Landes unter seine Kontrolle und verwandelte den Iran auf diese Weise in eine Kolonie. Die iranische Regierung mußte die Anleihe in Höhe von 2 Mill. Pfd. Sterling mit einer jährlichen Abzahlung von 7 % für die Dauer von 70 Jahren annehmen und England die Zolleinnahmen und andere Arten von Einkünften als Garantie überlassen [57].

Das englisch-iranische Abkommen von 1919 war ein entscheidender Schritt auf dem Weg zur Unterjochung des Irans und zur Erhaltung der Monopole der AIOC in diesem Land. Die

---

[57]) *M. Brooks*, angef. Werk, S. 63.

englische Diplomatie stellte 130 000 Pfd. Sterling zur Verfügung, damit dieses Abkommen unterzeichnet wurde. Von dieser Summe erhielt der Premierminister Woßug-od-Dowle 200 000 Tomane, der Minister für Auswärtige Angelegenheiten Firuz Mirza (Nosrat-od-Dowle) 100 000 Tomane, der Finanzminister Akbar-Mirza (Saram-od-Dowle) 100 000 Tomane und die Zeitungsredakteure und angesehene Vertreter des öffentlichen Lebens, die das Abkommen befürworteten, noch einige tausend Tomane [58]). Die britische Regierung begann, das Abkommen sofort in die Tat umzusetzen, da sie befürchtete, daß der iranische Medshlis es nicht ratifizieren würde. Die Engländer nahmen, um die Bedingungen des Abkommens ungehindert verwirklichen zu können, eine Kasachendivision, die einzige reguläre Streitmacht des Landes, unter ihr Kommando und versahen sie mit Waffen und Munition. Die Pläne der Engländer waren ganz hinterlistig. Vermutlich wollten sie sich die gesamte iranische Armee unterwerfen, falls es ihnen gelingen sollte, das Formalabkommen im Medshlis durchzubringen. Anderenfalls beabsichtigten sie voraussichtlich, einen Militärputsch mit Hilfe der Kasachendivision zu inszenieren und dann eine Regierung zu bilden, die die Interessen Englands und der AIOC im Iran wahrnehmen und sichern und eine Annäherung des Irans an Sowjetrußland verhindern konnte.
Die englischen Diplomaten hielten ihre Pläne keineswegs geheim und äußerten sich ganz offen darüber. Der Minister für Auswärtige Angelegenheiten Englands, Curzon, erklärte am 16. November 1920 auf einer Sitzung des Oberhauses, daß die Regierungen Englands seit hundert Jahren bestätigt hätten, daß der Iran ein Land sei, in welchem Großbritannien wichtige und ständige Interessen besitze [59]). Es sei deshalb das beste für den Iran, sein Schicksal mit unserer Hilfe zu bestimmen [60]).
Ein anderer englischer Diplomat im Iran — Percy Cox — bemerkte gleichzeitig dazu, daß „Persien eine starke Hand brauche

---

58) *I. H. Makki,* „Kurzer Abriß über das politische Leben Ahmed Schah Kadschars", Teheran 1944, S. 99—100.
59) *H. Makki,* angef. Werk, S. 102.
60) ebenda, S. 108.

und Großbritannien das einzige Land sei, das ihm helfen könne" [61]).

Die englische Regierung lud den iranischen Schah nach London ein, um sich die endgültige Zustimmung des Medshlis zur Ratifizierung des Abkommens von 1919 zu sichern. Doch auch das führte nicht zu den erwarteten Ergebnissen. Die nationalistische Bewegung gegen Großbritannien zeigte sich stärker, als die Engländer angenommen hatten. England setzte deshalb seinen politischen und diplomatischen Druck auf den Iran mit dem Ziel fort, seine Position in diesem Land zu behaupten und weiter zu festigen. Als sich die iranische Delegation zur Pariser Friedenskonferenz begab, erhob die englische Regierung gegen die Teilnahme des Irans an der Konferenz Einspruch. Lord Curzon erklärte in Übereinstimmung mit der Meinung der herrschenden Kreise Englands: „... daß sie sich nicht mit einem Land befassen dürfe, welches am Krieg nicht teilgenommen habe, daß die britische Armee im Iran die Ordnung wiederherstellen werde und daß die Bitte des Irans nach Anerkennung seiner Souveränität zum Gegenstand von Verhandlungen zwischen dem Iran und der britischen Regierung gemacht werden müsse" [62]).

Die veränderte internationale Lage nach dem 1. Weltkrieg, insbesondere aber der Sieg Sowjetrußlands über die Interventen und der Aufschwung der revolutionären Bewegung im Iran bereiteten den Engländern große Schwierigkeiten bei ihrem Vorhaben, das Land zu unterjochen. Die Verfasser des angloiranischen Abkommens von 1919 begriffen allmählich, daß dessen Realisierung nur zu einer Stärkung der revolutionären Bewegung im Iran führen würde. Deshalb unternahm die englische Regierung den Versuch, den Iran durch einen Staatsstreich zu unterjochen. In Teheran wurde ein sogenanntes „Eisernes Komitee" gegründet, an dessen Spitze Said Zija-od-din-Tabatabai stand. Das „Eiserne Komitee" sollte mit Hilfe der Kasachen den Staatsstreich in der Hauptstadt des Irans durchführen. Am 21. Februar 1921 drangen Teile der iranischen

---

61) Zitat aus dem angef. Werk von *M. Brooks*, S. 63.
62) *M. Brooks*, angef. Werk, S. 108.

Kasachendivision unter Führung Reza-Khans in Teheran ein und führten den Staatsstreich durch. Die AIOC stellte für die Organisierung dieses Putsches ungefähr 1 Mill. Pfd. Sterling zur Verfügung. Und Said Zija-od-din-Tabatabai bildete damit eine neue Regierung, das sogenannte „Schwarze Kabinett“. Das „Schwarze Kabinett“ hatte folgende beiden Aufgaben zu bewältigen: die revolutionäre Bewegung im Lande zu ersticken und die Annäherung des Irans an Sowjetrußland zu verhindern. Es sah sich jedoch außerstande, diese Aufgabe zu erfüllen. Breite Schichten der iranischen Bevölkerung, darunter sogar viele Gutsbesitzer und Kaufleute, forderten die Wiederherstellung normaler wirtschaftlicher Beziehungen zu Sowjetrußland. „Die Ursache dafür ist darin zu suchen, daß der Abbruch der Beziehungen zu Rußland den Großgrundbesitzern und Kaufleuten der nördlichen Provinzen des Irans, die viele Jahre lang wirtschaftlich eng mit Rußland verbunden waren, großen Schaden zufügen würde. Der Abbruch der Beziehungen zu Rußland würde den Außenhandel stark einschränken, die Saatflächen verringern und die Einkünfte der Großgrundbesitzer und Kaufleute senken“ [63]). Diese sozial-wirtschaftliche Lage hat die Unterzeichnung des sowjetisch-iranischen Vertrages von 1921 begünstigt. Dieser Vertrag verhinderte außerdem die Realisierung der aggressiven Absichten der ausländischen Großmächte im Iran. In dieser Periode waren die AIOC und die englische Regierung mit der iranischen Regierung in ständiger Verbindung und finanzierten regelmäßig die iranische Armee. Im Herbst 1924 organisierte die AIOC im Süden des Irans (in Khusistan) einen reaktionären Aufstand des Scheichs Khazaal, der die Bildung einer Marionettenregierung im Süden des Landes zum Ziel hatte. Dadurch versuchte England, die iranische Regierung zu zwingen, seinen Plan zu akzeptieren. Die englischen Vertreter in Buschir und später auch in Ahwaz, verhandelten heimlich mit dem iranischen Premier und Oberbefehlshaber der Armee, Reza-Khan, über die Verlängerung der Frist für die Erdölkonzession und für die Schahinschah-Bank, über den Abschluß eines neuen Erdöl-

63) *M. S. Iwanow*, Grundriß der iranischen Geschichte, Moskau 1952, S. 288.

vertrages, über die Ausgaben für die iranische Armee, die Schaffung einer neuen Pahlevi-Dynastie usw.[64]). Auf diese Weise half die AIOC den militärischen Vertretern des Irans, ein solches Regime zu errichten, das die Interessen der AIOC und der herrschenden Kreise des Landes schützte. Das diktatorische Regime hielt sich bis Mitte 1941. In diesem Zeitraum stimmte der iranische Medshlis vorbehaltlos allen Gesetzen zu, die den Interessen der herrschenden Kreise dienten. Ebenfalls in dieser Periode unterzeichnete die iranische Regierung gegen den Willen der Volksmassen ein neues Konzessionsabkommen mit der AIOC (1933). Viele Tatsachen zeugen davon, daß zahlreiche Staatsbeamte des Irans sowie Medshlis-Abgeordnete, Zeitungsredakteure und andere, die eng mit den Vertretern Großbritanniens verbunden waren, für die englischen Firmen gearbeitet haben. Im April 1952 veröffentlichte die iranische Regierung 9 Dokumente, die den Beweis für die unverfrorene Einmischung der englischen Diplomaten in die inneren Angelegenheiten des Irans liefern. Aus diesen Dokumenten geht klar hervor, daß die englischen Diplomaten die Regierung des Irans zwangen, Parteigänger Englands zu Ministern, Gouverneuren usw. zu ernennen [65]). Es ist selbstverständlich, daß diese Dokumente kein vollständiges Bild über den Fragenkomplex geben können, der mit der Tätigkeit der AIOC zusammenhängt. Sie berühren nur einige Momente der Methoden bei der groben Einmischung Englands in die politischen und wirtschaftlichen Belange des Irans.

Infolge des Aufschwunges der nationalen Bewegung und des verstärkten Kampfes der Arbeiter gegen die Unternehmer setzte die AIOC während des zweiten Weltkrieges und in der Folgezeit den Iran weiter unter Druck und gründete eine ganze Anzahl von Parteien und Vereinen, wie z. B. die „Sozialistische Partei", den „Verband der Südstämme" und den „Bauernverband", die zum Kampf gegen die Erdölarbeiter bewaffnet wurden. Sie überfielen während der Streiks und Demonstrationen

---

[64]) Siehe *H. Makki,* „Tarikhe bist salee Iran" (Die 20jährige Geschichte des Irans), Teheran 1946, S. 246—270.

[65]) Siehe Zeitung „Ettelaat" v. 7. April 1952 u. 2. April 1952.

der Arbeiter auf Anweisung des AIOC-Vorstandes die Streikenden und Demonstranten, zerschlugen deren Organisationen, raubten die Häuser der führenden Arbeiter aus und brannten sie nieder.

Die AIOC beeinflußte in starkem Maße das wirtschaftliche und politische Leben des gesamten Landes. In den Bezirken, in denen ihre Erdölbetriebe und Werke lagen, war dieser Einfluß so groß, daß sogar die iranischen Ortsbehörden im Dienste der AIOC standen. Als im Jahre 1946 in den Erdölbetrieben von Aga-Dshari ein Streik ausbrach, der in erster Linie dadurch hervorgerufen worden war, daß die Verwaltung die Bildung einer Gewerkschaft in eben diesen Erdölbetrieben zu verhindern versucht hatte, erschienen hier sofort der Generalgouverneur, der Kommandierende der Khusistan-Division und der Chef der Gendarmerie, in der Absicht, die „Ordnung" wiederherzustellen. Außerdem wurden iranische Truppen aus Behbehan nach Aga-Dshari gebracht, um die streikenden Arbeiter von der Außenwelt abzuschneiden. Den Soldaten war befohlen worden, die Arbeiter in den Betrieben zu ersetzen.

Der Leiter der Bildungsabteilung von Abadan sagte offen in einem Gespräch mit dem Korrespondenten der Teheraner Zeitung „Rahbar" (das am 15. April 1946 unter der Überschrift „Kultur in Abadan" veröffentlicht wurde), daß er nicht nur die Anweisungen der Zentrale, sondern auch die Anordnungen anderer Institutionen, d. h. also die der Engländer, zu befolgen habe, da hier eine fremde Einflußsphäre existiere und er sogar sein Gehalt nicht aus Teheran, sondern von der AIOC beziehe.

Im Januar 1949 schrieb die Zeitung „Mardom", daß der Iran von der AIOC so behandelt werde, wie seinerzeit Indien von der Eastindian Company. „Trat die Erdölcompany im Iran etwa nicht genauso auf wie die Eastindian Company in Indien? ... Wer von den einflußreichen Regierungsbeamten kann seine Position lange halten, ohne Lakai der Company zu sein? ... Tagi-zade, Hakim-ol-Molk, Saed, Hadshir, einflußreiche Vertreter der Reza-Schah-Regierung, ... Sie alle waren Lakaien der Erdölcompany ... Die gekauften Medshlis-Abgeordneten, die gedungenen Minister, die vagabundierenden Zeitungsredakteure sind die Beschützer der Interessen dieser räuberischen Organisation" [66]).

Die AIOC hatte während ihrer Herrschaft im Iran tatsächlich die Regierung des Irans und die Gouverneure der südlichen Gebiete in ihren Händen. Alle Regierungskabinette waren mit der einen oder anderen Gruppe verbunden, die von der AIOC unterstützt wurde. Wie sich einer der Medshlis-Abgeordneten ausdrückte, bestand die einzige Gemeinsamkeit der bisherigen Regierungen des Irans darin, daß sie alle die Interessen der AIOC vertraten.

Die AIOC sicherte sich nach zwei Richtungen ab: Einmal verhinderte sie das Eindringen anderer ausländischer Erdölgesellschaften in das Land, und zum anderen gestattete sie der iranischen Regierung nicht, die Einnahmen aus dem Erdöl zur Gründung von eigenen Industrieunternehmen und zur Entwicklung der Produktivkräfte zu verwenden.

Die Einkünfte, die die iranische Regierung vor dem zweiten Weltkrieg von der AIOC bezog, legte sie ausschließlich in Waffen und Munition für die iranische Armee an und ließ sie im Staatsbudget gar nicht mehr in Erscheinung treten. Auch während des Krieges und nach dem Krieg bis zur Verstaatlichung der Erdölindustrie brachten diese Einkünfte dem iranischen Volk keinen Nutzen, da sie zur Erhaltung des Staatsapparates dienten.

Für die Landwirtschaft des Irans waren die Gelder von der AIOC ebenfalls ohne Bedeutung. Die jahrzehntelange Herrschaft der AIOC im Lande stellte eines der größten Hindernisse für die Entwicklung der nationalen Industrie und der Landwirtschaft des Irans dar. Die AIOC hemmte auf verschiedene Weise die wirtschaftliche Entwicklung des Landes: Sie verkaufte die Erdölprodukte im Iran zu hohen Preisen und stellte in den letzten Jahren ihrer Tätigkeit sogar die Lieferung der Erdölprodukte aus ihren Depots an die iranischen Kaufleute ganz ein, ohne dabei die Verkaufspreise zu senken.

Trotz zunehmender Erdölförderung blieb der Pro-Kopf-Ver-

---

66) Zeitung „Mardom" vom 31. Januar 1949.

brauch an Erdölprodukten niedrig. Im Jahre 1950 wurden im Iran ungefähr 1,5 Mill. t Erdöl verbraucht, was einem Pro-Kopf-Verbrauch von 75 kg entspricht. Ein Vergleich mit dem Verbrauch im Weltmaßstab, dessen Durchschnitt damals bei 160 kg pro Kopf der Bevölkerung lag, ergibt, daß die Bewohner des Landes mit dem reichsten Erdölvorkommen halb so viel verbrauchten.

Die AIOC übte ihren verderblichen Einfluß auch auf die Landwirtschaft Khusistans aus. Unter Bezugnahme auf das Konzessionsabkommen vertrieb sie die Bauern von Haus und Hof, bemächtigte sich ihrer Ländereien, beraubte sie ihrer Produktionsmittel und zerstörte Wehre und Dämme, um Erkundungsarbeiten und Bohrungen durchzuführen, Erdölleitungen zu bauen, den Fluß Karun schiffbar zu machen usw.

Auf diese Weise vergrößerte die AIOC das Arbeitslosenheer in den Erdölbezirken des Landes und schuf sich damit eine ständige billige Arbeitskraftreserve.

Der zollfreie Warenimport der AIOC schädigte in starkem Maße die iranische nationale Wirtschaft. Wenn der zollfreie Import der AIOC für die verschiedenen Institutionen vor dem zweiten Weltkrieg noch 624 Mill. Rial betrug, stieg er in den Jahren 1945/46 auf 759 Mill., 1946/47 auf 1119 Mill., 1947/48 auf 1173 Mill., 1948/49 auf 1261 Mill. und 1949/50 auf 2584 Mill. Rial an [67]). Die meisten der zollfrei importierten Güter konnte man im Iran selbst kaufen, wie z. B. Weizen, Tiere, Zucker, Erde, Kalk, Zement, Watte, Koffer, Möbel, Papier, Hefte, Lampenschirme, Wäsche, Stoffe, Schuhwerk, Lampen, Messer, Scheren, Laternen usw. Wie ein Medshlis-Abgeordneter mitteilte, befanden sich im Jahre 1948 unter den zollfrei importierten Waren der AIOC 60 000 t Zucker [68]). Es steht außer Zweifel, daß sich eine solche Menge zollfreier Importartikel schädigend auf die Industrie des Irans auswirken und deren normale Entwicklung hemmen mußte. Die AIOC entzog der nationalen Industrie des Irans einen bedeutenden Teil des Inlandmarktes, der ohnehin wegen der Rückständigkeit

67) „Der Außenhandel der kapitalistischen Länder", Moskau 1952, S. 38.
68) Zeitung „Kejhan" vom 15. Oktober 1950, S. 7.

des Landes sehr eingeengt war. Dieses Recht sicherte der AIOC jahrzehntelang Millionengewinne und brachte der nationalen iranischen Wirtschaft enormen Schaden.

Die AIOC war auf ihren Vorteil bedacht und kümmerte sich wenig um eine rationelle Ausnutzung der Erdölvorräte; denn sie war nur an einem hohen Profit bei geringem Kostenaufwand interessiert. Die Engländer stellten die Bohrung sofort ein, wenn eine Tiefbohrung nötig wurde, was eine Kostenerhöhung für die Bohrlochausbeutung bedeutet hätte, und suchten flachere und produktivere Bohrlöcher. Um den Monopolpreis auf dem Weltmarkt zu halten, bremste die AIOC künstlich die Erdölförderung im Iran. Im Jahre 1928 (vor der Weltwirtschaftskrise von 1929—1933) erklärte der AIOC-Direktor John Cadman auf einer Konferenz der Erdöltrusts in Chikago:

„... unser eigentliches und wichtigstes Ziel, das wir verfolgen und zu verwirklichen suchen müssen, besteht darin, die Bohrlöcher nach Möglichkeit zu konservieren ..., anstatt das Erdöl in Erdölbehältern aufzubewahren, sollte man es lieber in den von der Natur geschaffenen unterirdischen Reservoiren belassen ...“ [69]).

Im Jahre 1932 sah sich sogar der Generaldirektor der AIOC, Wilson, gezwungen, zuzugeben, daß die Erdölförderung im Iran in den Jahren von 1919 bis 1931 nur von 1 Mill. t auf 6 Mill. t angestiegen sei, daß sie aber in der gleichen Zeit auf 12 Mill. t hätte gesteigert werden können. Die AIOC goß sogar Masut in die Bohrlöcher, um ein Absinken der Preise zu vermeiden [70]).

Die künstliche Produktionseinschränkung zum Zwecke der Erhaltung der hohen Profite ist für alle großen Erdölgesellschaften charakteristisch. Sie zeigt, daß die Erdölförderung eingestellt wird, sobald die Entwicklung der Erdölproduktion den Erdölmagnaten keine Höchstgewinne mehr einbringt, selbst dann, wenn neue Erdölquellen gefunden werden. So nahm man z. B. die Förderung im Erdölrevier von Gatsch-Saran erst

---

69) *Lessani*, angef. Werk, S. 144.

70) *I. I. Korobejnikow*, „Der Iran, Wirtschaft und Außenhandel“, Moskau 1954, S. 18.

1940, d. h. 12 Jahre nach seiner Entdeckung (1928), im Erdölfeld von Nafte-Safid 1945, d. h. 11 Jahre nach seiner Entdeckung (1934), im Erdölgebiet von Aga-Dshari ebenfalls 1945, d. h. 8 Jahre nach seiner Entdeckung (1937) auf usw. Die Bedeutung dieser Politik — nämlich künstliche Verzögerung der Entwicklung der Produktivkräfte — kann man anhand des zuletzt angeführten Beispiels von Aga-Dshari, das 8 Jahre lang geheimgehalten worden war, ermessen: Im Jahre 1950 wurden hier 15,6 Mill. t Erdöl oder genau die Hälfte der Gesamtproduktion des Irans gefördert [71]).

Trotz ständiger Bohrungen wird nur ein unbedeutender Teil der Bohrlöcher ausgenutzt. So beutete man im Jahre 1947 nur 70 und im Jahre 1951 nur 81 Bohrlöcher aus, was bloß einige Prozent der gebohrten Bohrlöcher darstellt. Aus den 81 Bohrlöchern wurden im Jahre 1950 32 Mill. t Erdöl gewonnen. Nach den Worten Balalis, eines Erdölexperten des Irans, hätte man jedoch ohne zusätzliche Kosten aus ihnen 50 Mill. t Erdöl herausholen können [72]).

Bei der Ausbeutung der Erdölquellen vernichtete die AIOC jährlich Milliarden Kubikmeter Erdgase des Irans. Die „Übersicht über die Wirtschaftslage im Mittleren Osten in den Jahren 1951 bis 1952“ (New York, März 1953) zeigt, daß das Erdgas und die im Mittleren Osten gewonnenen Gase aus den Raffinerien gegenwärtig in Unmengen vergeudet, d. h. verbrannt werden. Die Verbrennung ist im Mittleren Osten der übliche Weg des Verbrauchs der Gase, die als Nebenprodukt bei der Raffinierung des Erdöls abfallen. Es wurden keinerlei Vorkehrungen getroffen, um das Gas im großen Maßstab zu nutzen oder das Kohlenhydrat zu erhalten. Die Gesetze und Konzessionsabkommen in den Erdölproduzentenländern des Mittleren Ostens enthalten keine Bestimmungen, die die sinnlose Vergeudung unterbinden oder zur Erhaltung dieser wertvollen Energiequelle beitragen. Bis 1950 vernichtete die AIOC mehr als 27 Mill. t Erdgase. In den letzten Jahren ihrer Herrschaft

---

71) „Der kapitalistische Erdölmarkt“, Moskau 1953, S. 55.
72) Zeitung „Kejhan“ vom 10. November 1954.

betrug die Verbrennung von Gasen jährlich mehr als 2,5 Mill. t [73]).

Es wäre durchaus möglich gewesen, die Gase für die Beheizung der Städte, die Bedürfnisse der Bevölkerung und andere nützliche Zwecke zu verwenden, da sich die Erdölgebiete in der Nähe von solchen großen Städten wie Teheran, Isfahan, Kermanschah u. a. befinden; man hätte diese Städte mit Erdgas, das der Bevölkerung als Heizmaterial zur Verfügung gestanden hätte, versorgen können, ganz zu schweigen von dessen Verwendung in der Industrie. Aber die AIOC ließ die Nutzung der Erdgase nicht zu und zog es vor, diese wertvolle Energiequelle zu vernichten, um den Fortschritt des Irans aufzuhalten.

Die AIOC war bestrebt, ihre Position auf dem Weltmarkt den Erdölgiganten der USA gegenüber zu behaupten und zu festigen. Um eine Erweiterung der Erdölindustrie auf dem Territorium des Irans zu verhindern, baute sie viele Raffinerien in anderen Staaten. Im Iran selbst baute die AIOC nur einige Werke, die Kerosin, Benzin, Gasoil, Schmieröl und Asphalt herstellten. Man hätte hier aber unzählige Arten von Erdölprodukten produzieren und chemische Werke aufbauen können. Aber die AIOC kümmerte sich nicht im geringsten um die Entwicklung der Industrie im Iran. Sie versuchte, die iranische Wirtschaft zu schwächen, um dadurch den Iran unter ihrem Einfluß zu halten. Sie entwickelte die Erdölindustrie sehr langsam und sorgte dafür, daß anderen Ländern — besonders den USA und der Sowjetunion — der Weg dazu versperrt blieb.

---

73) „Ruznamee rasmie Keschware schahenschahi" v. 29. Okt. 1950 (Offizielle Zeitung des Schahinschah-Staates), S. 5; „Kejhan" 15. 10. 1950.

III. DIE SCHWERE SOZIALE LAGE DER BEVÖLKERUNG UND DER KAMPF DES IRANISCHEN VOLKES UM DIE VERSTAATLICHUNG DER ERDÖLINDUSTRIE

Die Voraussetzung der antibritischen Bewegung im Iran ist während des zweiten Weltkrieges entstanden. Im allgemeinen haben folgende bedeutende Faktoren die antibritische Bewegung während des zweiten Weltkrieges und danach im Iran grundsätzlich beeinflußt:

1) Die Verschlechterung der materiellen und sozialen Lage der Bevölkerung;

2) Die Entstehung und das Stärkerwerden der demokratischen und linken Organisationen; die Veränderungen in der Welt und in den internationalen Beziehungen;

3) Der Kampf der gigantischen amerikanischen Erdölgesellschaften gegen die AIOC.

Die AIOC, gegen die das iranische Volk kämpfte, war das Hauptinstrument der britischen Politik im Iran. Deshalb wird in diesem Kapitel im Zusammenhang mit der sozialen Lage der Bevölkerung hauptsächlich die Lage der Erdölarbeiter, die Arbeitslosigkeit sowie kurz die Entstehung der Arbeiterorganisationen und der Kampf des iranischen Volkes für die Verstaatlichung der Erdölindustrie beschrieben.

1) *Die Methoden der englischen Erdölmagnaten zur Erzielung von hohen Profiten, die zur Verschlechterung der materiellen sowie sozialen Lage der Bevölkerung im Iran führten*

Das unmittelbare Ziel der modernen, maschinellen Produktionsweise besteht darin, das Mehrprodukt, den Mehrwert zu produzieren. In den rückständigen Ländern vergrößern die Unternehmer ihre Profite durch Verlängerung des Arbeitstages und Einführung neuer Maschinen. Methoden solcher Art dienen den Magnaten dazu, die Arbeiter dieser Länder, darunter die im Iran, einer grausamen Ausbeutung zu unterziehen und sie zu Rechtlosigkeit und einem Leben in Not und Elend zu verurteilen. Die Lage der Arbeiter in den Unternehmen der AIOC vor der Verstaatlichung war ein überzeugender Beweis dafür.
Mit steigender Förderung und Verarbeitung des Erdöls wuchs auch die Zahl der Arbeiter in den Erdölunternehmen des Irans. In der unten aufgeführten Tabelle werden folgende Faktoren berücksichtigt: Anstieg der Förderung und Verarbeitung des Erdöls, Anzahl der Arbeiter und schließlich Reingewinn der AIOC in einem Zeitraum von 25 Jahren [74]).

Jahr	Erdölförderung in 1000 t	Kapazität der Erdölraffinerien in 1000 t	Anzahl der AIOC-Arbeiter	Reingewinn in Pfd. Sterling
1925	4 652	4 652	29 376	3 571 967
1950	32 458	33 960	90—100 000 davon 28 000 Gelegenheitsarbeiter	118 600 000

Aus der Tabelle ist ersichtlich, daß die Erdölförderung in 25 Jahren um ungefähr das 7fache zugenommen hat. Um ebenso viel wuchs die Kapazität der Erdölraffinerien im Iran. Trotz der großen Veränderungen in der Erdölförderung und in der Kapazität der Erdölraffinerien stieg die Zahl der Erdöl-

74) Die Tabelle fußt auf folgenden Angaben: „Der kapitalistische Erdölmarkt“, S. 76, 131; *N. Karpow*, „Die Wirtschaft des gegenwärtigen Persiens“, S. 43, 47; Zeitschrift „Asre egtesad“ vom 11. August 1951; *Dr. Hussein Pirnija*, „10 Jahre Bemühungen um Erlangung und Erweiterung der Rechte des Irans im Erdöl“, 1942—1952; Teheran 1952, S. 64.

arbeiter nur um das 3fache, der Reingewinn hingegen um mehr als das 33fache.
Nach offiziellen Angaben erzielte die AIOC im Jahre 1948 Gewinne in Höhe von 89,1 Mill. Pfd. Sterling und im Jahre 1950 in Höhe von 118 Mill. Pfd. Sterling. Ihren Arbeitern jedoch zahlte die AIOC in den gleichen Jahren nur 16,160 bzw. 21 Mill. Pfd. Sterling aus. Diese Angaben veranschaulichen den Grad der Profitrate, die im Jahre 1948 fast 45 % und 1950 mehr als 55 % betrug.
Wie bereits angeführt, ist das Vorhandensein billiger Arbeitskräfte eine der Hauptursachen für die Investitionen in rückständige Länder. Im Iran und in anderen Entwicklungsländern war der Arbeitslohn sehr niedrig. Die Höhe des Arbeitslohnes in den Unternehmen der AIOC richtete sich außerdem nach der Nationalität der Arbeiter. Bekanntlich waren in den Erdölunternehmen der AIOC Iraner, Inder, Israelis, Engländer u. a. beschäftigt. Die schwerste Arbeit hatten in der Hauptsache die iranischen Arbeiter zu verrichten. Inder und Israelis führten qualifiziertere Tätigkeiten aus, sie versahen den Schutzdienst und ihnen oblagen die Pflichten der Aufseher. Die hohen Posten und Ämter in Verwaltung und Produktion bekleideten die Engländer und andere Europäer.
Die Einstellung der Arbeiter und Angestellten erfolgte nach einer strengen politischen Überprüfung. Die Unterlagen über die iranischen Arbeiter und Angestellten wurden von speziellen Vertretern der AIOC durchgesehen. Aller dieser Maßnahmen bedurfte die Erdölgesellschaft, um ihre Herrschaft in den Erdölgebieten des Irans zu behaupten.
Die AIOC schürte auf jede nur mögliche Weise den nationalen Zwist unter den Arbeitern, um dadurch die Bildung einer Einheit der Erdölarbeiter in ihrem Kampf gegen die englischen Magnaten zu verhindern. In den Erdölgebieten des Irans herrschte Rassendiskriminierung, die insbesondere bei der Zuweisung der Arbeitsplätze nach nationalen Gesichtspunkten und beim Arbeitslohn der Arbeiter und Angestellten der AIOC offen zutage trat. Die Höhe des Arbeitslohnes für die einzelnen Arbeiter und Angestellten hing von deren Nationalitätszuge-

hörigkeit ab. Im Februar 1946 veröffentlichte die „Teheran-Moßawwar“ einen Bericht ihres Korrespondenten Wala über die Lage der Erdölarbeiter. Darin schrieb er, daß sich die Lohntarife je nach der Nationalität des Arbeiters, der Sprache, die er spricht, ja, sogar nach seinen Charaktereigenschaften, die von der Verwaltung eingeschätzt werden, ändern. Nach diesem System ist der Koeffizient des Arbeitslohnes für den Engländer gleich 20, für den Inder, den Pakistaner und die anderen Arbeiter aus den britischen Mandatsländern zwischen 10 und 15, für den gebildeten Iraner zwischen 5 und 15 (wenn er der englischen Sprache mächtig ist) und für den einfachen iranischen Arbeiter zwischen 1 und 5. Die Engländer, Inder, Israeli erhalten demzufolge 4, 3 und 2mal mehr Lohn als ein Iraner, selbst dann, wenn sie die gleiche Arbeit verrichten. Die iranischen Arbeiter werden im allgemeinen tageweise entlohnt und kennen weder Urlaub noch bezahlte freie Tage. Der Tagesverdienst der Hälfte der Abadaner Arbeiter (fast 16 000 Beschäftigte) beträgt 12—20 Rial (1—2 Mark). Nur die hochqualifizierten Iraner — wie Mechaniker und andere Spezialisten — erhalten manchmal 50 Rial. Der genannte Korrespondent berichtet, daß sich die Aufseher den iranischen Arbeitern gegenüber so roh und grausam verhalten, wie es früher die Sklavenhändler ihren Sklaven gegenüber taten. Arbeitsschutz und Sicherheitsvorkehrungen fehlen auf dem Gebiet der Erdölindustrie völlig. Eine Arbeitsschicht währt für den iranischen Arbeiter 12 Stunden, manchmal auch länger, ohne jegliche Erholung. Die Engländer dagegen arbeiten nicht mehr als 6 Stunden am Tag und bekommen darüber hinaus noch freie Tage und Urlaub. Die meisten Arbeiter müssen unter freiem Himmel arbeiten, den sengenden Strahlen der südlichen Sonne ausgesetzt. Die Zahl der Unglücksfälle ist hoch. Im Sommer bringt man in Abadan täglich einige Menschen von der Arbeit weg: Ohnmächtige, Kranke und Tote.

Eine andere iranische Zeitung — die „Ahan“ — bestätigte in ihrer Ausgabe vom 4. September 1946 die geringe Höhe des Arbeitslohnes für iranische Erdölarbeiter und teilte mit, daß 1300 Engländer einen Lohn bezögen, der dem Lohn aller in den Unternehmen der AIOC beschäftigten Arbeiter gleichkäme. Die AIOC stemmte sich mit aller Macht gegen die geistige Aufklärung der Arbeiter und verhinderte die Entwicklung des kulturellen Lebens. Anstatt Schulen, Klub- und Krankenhäuser für die Arbeiter und deren Kinder einzurichten, förderte die AIOC Opium und Glücksspiele, eröffnete Bordelle usw.

Die Zeitung „Ettelaat" schrieb am 16. Januar 1946, daß auf einer Sitzung der Anti-Opium-Gesellschaft der Brief eines gewissen Chakpur aus Abadan verlesen wurde, in dem es heißt, daß 80 % der Einwohner dieser Stadt dem Opium verfallen seien, was von den lokalen Behörden stillschweigend geduldet werde. Drei Jahre später (am 20. Dezember 1948) schrieb eine andere iranische Zeitung, die „Ghiame-Iran", daß die Stadt Abadan 12 000 Prostituierte und 1000 Opiumhöhlen im Schatten der AIOC besäße.

Die AIOC unternahm nichts gegen die im Erdölgebiet wütenden Epidemien und Krankheiten. Die Zeitung „Mardom" berichtete am 11. Juli 1948, daß 90 % der Erdölarbeiter an Bronchitis litten. Die Zahl der an Tbc-Erkrankten beläuft sich in Abadan allein auf annähernd 4000.

Ein iranischer Arzt, der in einem Ambulatorium der Erdölgesellschaft tätig war, erzählte, daß die iranischen Ärzte den Arbeitern keine Hilfe gewähren könnten, da sie über keinerlei Vollmachten verfügten. Die Engländer zwängen die iranischen Ärzte, den kranken Arbeitern in 94 von 100 Fällen die Rezepte zu verweigern, mit der Maßgabe, daß sie auch so davon kämen oder daß sie simulierten, ohne Rücksicht darauf zu nehmen, daß die Krankheit der Arbeiter klar erkennbar war und sie einer ernsthaften Behandlung bedurft hätten. Für die restlichen 6 % der Patienten, fügte der iranische Arzt hinzu, stellten die englischen Ärzte selbst billige Rezepte aus, und „wir sind gezwungen, ihnen nur diese Rezepte auszuhändigen, da wir nicht das Recht haben, die notwendigen Medikamente zu verschreiben" [75]).

In Abadan, dem Zentrum der Erdölindustrie, gab es nur ein Krankenhaus mit 100 Betten für 30 000 Arbeiter und über

---

75) Siehe *Lessani*, angef. Werk, S. 325—326.

150 000 Einwohner, und in anderen Erdölgebieten stand den Arbeitern lediglich ein Ambulatorium zur Verfügung. Die guten Krankenzimmer waren im Abadaner Krankenhaus für die Engländer reserviert, die schlechten dagegen gab man den Iranern. Insgesamt entfielen in den Krankenhäusern der AIOC nur 450 Betten auf 68 254 festangestellte Arbeiter und 28 000 Gelegenheitsarbeiter [76]).

In einem sehr schlechten Zustand befanden sich auch die Unterkünfte der Arbeiter. Die meisten lebten unter freiem Himmel oder waren in Lehmhütten untergebracht. In Abadan wohnten nur 4489 von 30 412 Arbeitern und Spezialisten in Häusern der AIOC, was ungefähr 14,8 % der Arbeiter und Spezialisten Abadans ausmacht, und von den 11 915 Arbeitern der Erdölfabriken (außer den 28 000 Gelegenheitsarbeitern) nur 4471 in ebensolchen Häusern. Ein Arbeiter der III. Lohngruppe mußte 30 Dienstjahre vorweisen, ehe er ein Zimmer beanspruchen konnte [77]). Die übrigen hausten in Ruinen und Zelten. Die AIOC ließ in dieser Stadt 890 Lehmhütten errichten. Aber nur derjenige bekam eine solche zugewiesen, der auch ein entsprechend hohes Dienstalter besaß.

Für die Engländer dagegen wurden alle Voraussetzungen für ein angenehmes Leben geschaffen: gut eingerichtete Häuser mit Wasserleitungen, Gas und Elektrizität, ferner Klubhäuser, Sportplätze, Schwimmbecken usw.

Den Iranern war der Aufenthalt an Orten, die den Engländern vorbehalten waren, untersagt. In den Geschäften und Cafehäusern der Stadtbezirke Bengalur und Bahmanschir, wo englische Arbeiter und andere ausländische Spezialisten wohnten, hingen bis zur Verstaatlichung der Erdölindustrie Plakate wie „Arbeitern und Hunden ist der Zutritt verboten". Die Arbeiter besaßen nicht einmal das Recht, einen Autobus in diesen zwei Stadtbezirken Abadans zu besteigen.

Die Zeitung „Zafar" schrieb am 23. Mai 1946, daß „der Wohnraum, der im besten Falle 9 m^3 beträgt, eine Lehmhütte,

---

[76]) Siehe *Dr. H. Pirnija*, „10 Jahre Bemühungen um Erlangung und Erweiterung der Rechte des Irans im Erdöl" (1942—1952), Teheran 1952, S. 64.

[77]) Siehe *Dr. H. Pirnija*, S. 62.

ein Zelt oder gar nur eine Steinmauer ohne Dach ist, wo Männer, Frauen und Kinder auf der bloßen Erde schlafen. Die nackten und ausgemergelten Kinder sind von Krankheiten entstellt. Trachom ist eine weitverbreitete Erscheinung". In den vier Tagen, in denen der Korrespondent dieser Zeitung im Erdölgebiet von Agha-Dshari weilte, starben zwei Frauen während der Entbindung.

Man kann dazu noch ein Beispiel aus dem Brief der Arbeiter der Erdölraffinerien von Bandar-Mahschahr anführen, der am 9. Oktober 1948 in der Zeitung „Baschar" veröffentlicht wurde. Darin geht es um die Verhaltensweise der Verwaltung, die den Werken zum Zwecke der „Mitteleinsparung" schmutziges Trinkwasser lieferte, was zu Ruhrerkrankungen führte, die wiederum — da es an medizinischer Betreuung fehlte — eine Massensterblichkeit zur Folge hatte.

Die schwere Lage der iranischen Erdölarbeiter beweist deutlich, daß für die englischen Unternehmer die rücksichtslose Einschränkung der für die Arbeiter lebensnotwendigen Güter einerseits und das Absinken des Lebensniveaus der Arbeiter andererseits Hauptquelle zur Erzielung von hohen Profiten waren. Die Engländer waren nicht daran interessiert, daß die iranischen Arbeiter in geordneten Verhältnissen lebten. Das Heer der Arbeitslosen, das eine stete Arbeitskraftreserve darstellt, bot der AIOC neue Möglichkeiten, da sich immer viele bereitfanden, an die Stelle des Arbeiters zu treten, der aus dem Produktionsprozeß ausschied.

Infolge der grausamen Ausbeutung der Arbeiter und der Ausnutzung der ergiebigen Erdölquellen waren die Selbstkosten des Erdöls im Iran sehr niedrig: 10 Cent pro Barrel, d. h. weniger als 1 Dollar pro Tonne. Verkauft wurde es aber auf dem Weltmarkt zu hohen Monopolpreisen, nämlich 19,22 Dollar pro Tonne. Dazu kommt noch, daß die AIOC — sich auf den Vertrag von 1933 berufend — Gebrauch von ihrem Recht auf zollfreie Einfuhr von Waren machte, wodurch sie die neuen örtlichen Steuern umging und ihren Gewinn bedeutend vergrößerte. Andererseits aber verringerte die AIOC bewußt ihren Reingewinn, indem sie enorme Summen auf den Reservefonds für

Amortisation, auf Investitionen zur Erweiterung ihrer Zweigniederlassungen und auf Steuergelder an die englische Regierung übertrug, so daß sie nur eine unbedeutende Summe in Form einer Konzessionsgebühr an den Iran zu zahlen hatte. Wegen solcher und ähnlicher Finanzmanipulationen büßte die iranische Regierung jährlich einige Millionen Pfd. Sterling ein.

Aus dem bisher Gesagten geht hervor, daß die englischen Magnaten im Iran ihre hohen Profite auf folgende Weise erzielten:

durch den niedrigen Arbeitslohn sowie die Verlängerung der Arbeitszeit und durch die technische Entwicklung;

durch Realisierung der Erdölprodukte zu hohem Monopolpreis;

durch Befreiung des Erdöls, der Erdölprodukte und auch anderer Waren von den örtlichen Steuern und Abgaben und durch finanzielle Manipulationen.

2) *Form, Ausmaße und Charakter der Arbeitslosigkeit unter den Erdölarbeitern*

Die Arbeitslosigkeit, eine stete Gefährtin der Industriegesellschaft, war für die Erdölarbeiter wie für die übrigen Arbeiter im Iran eine harte Geißel. In demselben Maße, wie die Industrie sich entwickelt, wächst auch die Arbeitslosigkeit. Die Vergrößerung des Arbeitslosenheeres vermehrt die Leiden der Beschäftigten und verurteilt sie zu Armut und kümmerlichem Leben. Eine ständig vorhandene Arbeitslosigkeit beeinflußt in beträchtlichem Maße auch das Absinken des Arbeitslohnes, wodurch sich die materiellen Lebensbedingungen der beschäftigten Arbeiter noch mehr verschlechtern.

In den Erdölgebieten und auch anderen Industriebezirken des Irans besaß und besitzt die Arbeitslosigkeit drei Formen: die flüssige, die latente und die stockende Arbeitslosigkeit. In den Erdölindustriezentren des Irans schafft der Zustrom und Abgang der Arbeiter eine flüssige Form der Arbeitslosigkeit. Nach dem zweiten Weltkrieg bildete sich vor allem diese Form der Arbeitslosigkeit heraus, was mit der Zerstörung der nationalen Industrie als Folge der Einfuhr ausländischer Waren zusammenhing. Mit dem Dumping ruinierten die fremden Importeure die nationale iranische Manufaktur und Industrie in der Absicht, die ökonomische und politische Abhängigkeit des Landes zu verstärken. Damals entwickelte sich im Iran lediglich die in der Gewalt der englischen Magnaten befindliche Erdölindustrie. Aus diesem Grunde überschwemmten die Arbeitslosen auf ihrer Suche nach Arbeit vor allem die Erdölgebiete des Landes. Reklamen und Annoncen der verschiedensten Art, die von der AIOC zur Anwerbung von Arbeitern veröffentlicht wurden, förderten den Andrang von Arbeitskräften und trugen zur Schaffung von Arbeitskraftreserven bei, mit dem Ziel, die beschäftigten Arbeiter noch mehr unter Druck zu setzen. Die Verwaltung der AIOC machte in verschiedenen Gebieten des Landes Propaganda für den hohen Arbeitslohn und das gute Leben der Erdölarbeiter. Nach einem Bericht der Zeitung „Mardom" vom 5. Januar 1949 erhielten nur wenige Arbeitssuchende Arbeit, die Zahl der Arbeitslosen, Hungernden und Obdachlosen belief sich allein in Abadan auf ungefähr 10 000.

Das große Verwaltungs- und Industriezentrum der AIOC im Iran war die Stadt Abadan. Laut statistischen Angaben wuchs die Stadt in der Zeit von 1946 bis 1950 von 70 000 auf 150 000 Einwohner an. Eine ähnliche Veränderung vollzog sich in allen Erdölgebieten des Landes. Während im Jahre 1946 noch 65 000 Arbeiter in den Unternehmen der AIOC beschäftigt waren, stieg die Zahl der Arbeiter zu Beginn des Jahres 1951 auf 100 000 [78]). Auf diese Weise beträgt die Übervölkerung der Erdölgebiete einige 10 000 Menschen. Dabei darf man die ruinierten Bauern in diesem Arbeitslosenheer nicht vergessen. Nach dem zweiten Weltkrieg schuf die Ruinierung der Bauernschaft ein gewaltiges Heer von Arbeitslosen in latenter Form.

Als letztes bleibt noch der Teil des Arbeitslosenheeres zu erwähnen, der die stockende Form verkörpert. Da es sich hierbei

---

[78]) Siehe Geographisches Wörterbuch des Irans, Bd. 6, „Khusistan"; *H. Pirnija,* angef. Werk, S. 56, 57, 62; *J. Andreaßjan,* „Khusistan", Zeitschrift „Rund um die Welt", Nr. 3, März 1953, S. 34—41.

hauptsächlich um moralisch verkommene, verarmte oder arbeitsunfähige Menschen handelt, ist für sie die unregelmäßige Beschäftigung charakteristisch. Die Unternehmer und Gesellschaften hatten keinerlei Verpflichtungen den Arbeitern gegenüber, und kein Arbeitsgesetz unterstützte die Beschäftigten. Wenn ein Arbeiter im Produktionsprozeß seine Arbeitsfähigkeit einbüßte, warf ihn der Unternehmer einfach auf die Straße und stellte einen anderen für ihn ein. Derartige Entlassungen der Arbeiter waren in den Unternehmen der AIOC an der Tagesordnung. Die Zeitung „Mardom" schrieb am 11. Juli 1948, daß seit Gründung der Erdölraffinerien in Abadan, d. h. im Verlaufe von 35 Jahren, 200 000 Arbeiter eingestellt worden sind; vergleicht man die Arbeiterzahlen aus den einzelnen Jahren miteinander, wird einem klar, wie sehr sich die Zusammensetzung der Arbeiterschaft geändert hat. Dem Zeitungsbericht zufolge ist es unmöglich, Arbeiter im Alter von 50 Jahren in den Erdölraffinerien anzutreffen.

Die Vergrößerung des Arbeitslosenheeres bietet dem Unternehmer neue Ausbeutungsmöglichkeiten. Wenn der Unternehmer eine unerschöpfliche Arbeitskraftreserve besitzt, kann er die Arbeitszeit bis zum Maximum hinaufsetzen und den Arbeitslohn bis zum Minimum senken, wodurch den Betriebsbesitzern ein enormer Profit sicher ist.

Die Gewinnsteigerung der AIOC war mit der zunehmenden Arbeitslosenzahl verbunden. Die anwachsende Arbeitslosigkeit vermehrte die besitzlosen Schichten der Arbeiterschaft im Iran und eben dadurch auch die allgemeine Verarmung und Verelendung. Je höher der Gewinn der AIOC stieg, desto schwerer wurde die Lage für die Arbeiter.

Während der Reingewinn der AIOC im Jahre 1938, d. h. vor dem zweiten Weltkrieg, 6,109 Mill. Pfd. Sterling betrug, stieg er nach dem zweiten Weltkrieg im Jahre 1946 auf 33,4 Mill. Pfd. Sterling, 1948 auf 89,1 Mill. Pfd. Sterling und 1950 auf 118,7 Mill. Pfd. Sterling an, d. h. er war eineinhalbmal höher als die Einnahme des iranischen Staatsbudgets in demselben Jahr. Auf diese Weise wuchs der Profit der AIOC innerhalb von 12 Jahren um mehr als das 18fache, der Bruttolohn dagegen nur um das 3—4fache. Die Gewinnsteigerung der AIOC verschlechterte von Jahr zu Jahr die Lage der gesamten Arbeiter, insbesondere aber die der Erdölarbeiter. Ausgesprochen schlecht wurde die Lage der iranischen Arbeiter erst während des zweiten Weltkrieges und in der Zeit danach. Das hing auch mit der Zerstörung der nationalen Wirtschaft durch ausländisches Dumping, mit der Inflation und der Teuerung, mit der Arbeitslosigkeit usw. zusammen.

Nach dem zweiten Weltkrieg führten die Importeure, besonders die amerikanischen und englischen, hauptsächlich solche Waren in den Iran ein, die von der iranischen Industrie und Heimindustrie selbst hergestellt wurden, um den Zerstörungsprozeß der einheimischen Wirtschaft zu beschleunigen und um Profite zu erzielen. Unter den von ihnen importierten Waren nahmen Baumwollgewebe einen wichtigen Platz ein. Durch den Import der billigen Waren verloren Zehntausende von Arbeitern ihren Arbeitsplatz. Die Zahl der Arbeitslosen schnellte daher in die Höhe. Nach einem Bericht der Zeitung „Ettelaat" vom 8. Februar 1950 waren in Jazd 30 000 Weber ohne Arbeit. Für eine Stadt wie Jazd war das eine sehr hohe Zahl.

Im ganzen Land belief sich die Zahl der Arbeitslosen — wie der iranische Premierminister Ende September 1950 dem Korrespondenten der „United Press" mitteilte — auf 500 000. Die Zeitung „Setareh" brachte die Meldung, daß am 11. März 1950 etwa 40 Vertreter iranischer Privatunternehmen dem Minister für Nationalökonomie des Irans erklärt hatten, daß, wenn die Regierung nicht energische Maßnahmen zum Schutze der iranischen Industrie träfe, alle Privatfabriken und -werke im Iran schließen müßten.

Einen ebenso verderblichen Einfluß hatte die Herrschaft der anglo-amerikanischen Banken auf das Finanzwesen des Landes; der iranische Rial sank im Wert, der Kurs des Dollars aber stieg von 18 Rial vor dem Krieg auf 36 Rial in den Jahren von 1942 bis Anfang 1948. Die Abwertung der iranischen Valuta stand in einem unmittelbaren Zusammenhang mit der zunehmenden Menge des im Umlauf befindlichen Papiergeldes. Während im Jahre 1936 Papiergeld im Werte von 595

Mill. Rial, im Jahre 1945 aber bereits im Werte von 6663 Mill. Rial zirkulierte, erreichte es zu Beginn des Jahres 1951 eine Höhe von 7800 Mill. Rial, d. h. es stieg fast um das 13fache.

Auch das Defizit im Staatsbudget vergrößerte sich. Aus dem Bericht der Abteilung für Wirtschaftsfragen in der UNO vom 19. April 1951, der sich mit der Finanzlage des Irans befaßte, geht hervor, daß das Defizit des Budgets im Vergleich zum Jahre 1940 um das 181fache gestiegen ist — von 16 Mill. Rial auf 2902 Mill. Rial, die Staatschulden aber um mehr als das 3fache — von 2111 Mill. Rial auf 6500 Mill. Rial. Die iranische Regierung erhöhte von Jahr zu Jahr die direkten und indirekten Steuern, um das Defizit zu decken. Steuererhöhung und Inflation trieben die Preise für alle Waren sprunghaft in die Höhe und brachten dadurch auch den Lohn der Arbeiter zum Sinken. Die Verelendung der Arbeiterschaft stand in direktem Zusammenhang mit der ständig drohenden Arbeitslosigkeit, der Verschlechterung der Lebensbedingungen usw. Nach offiziellen Angaben der iranischen Nationalbank stieg der Index des Lebensminimums im Iran — verglichen mit 1936 — folgendermaßen [79]):

Jahr	Nahrung	Wohnung	Brennstoff und Licht	Kleidung	Versch.	Insgesamt
1936	100	100	100	100	100	100
1940	152	194	138	168	212	162
1943	1081	724	769	1112	924	1004
1946	779	1034	500	751	831	780
1949	958	1544	485	721	1083	946
Anfang 1951	929	1690	430	732	841	930

Der Index der Lebenskosten stieg also von 1936—1951 fast um das $9^1/_2$fache.

In der Nachkriegszeit setzte die Regierung als Mindestsatz einen Tagesverdienst von 40 Rial für die Erdölarbeiter von Khusistan und von 34 Rial für die Arbeiter der übrigen Bezirke des Landes fest. Verglichen mit dem Vorkriegsstand stieg

[79]) Bulletin der Nationalbank des Irans, Nr. 36, Juli 1953, S. 248.

der Arbeitslohn um das 3—4fache. Da der Index der Lebenskosten um das 9½fache stieg, der Arbeitslohn aber nur um das 3—4fache zunahm, bedeutet das, daß sich die Lage der Arbeiterfamilie um das 2—3fache verschlechterte. Die Preiserhöhung für Waren des täglichen Bedarfs und für Wohnungsmiete setzte die Kaufkraft breiter Bevölkerungsschichten noch mehr herab. Der festgesetzte Mindestsatz für einen Tagesverdienst in Höhe von 35—40 Rial (1050—1200 Rial im Monat) reichte nicht aus, um die Bedürfnisse einer 2—3köpfigen Familie zu befriedigen. Wenn wir die monatlichen Ausgaben (nach offiziellem Großhandelspreis) für die wichtigsten Dinge des täglichen Bedarfs zusammenstellen, erhalten wir folgende Tabelle [80]):

	Für eine 2köpfige Familie		Für eine 4köpfige Familie	
Brot:	60 kg	300 Rial	80 kg	400 Rial
Fleisch:	4 kg	120 Rial	6 kg	180 Rial
Gemüse u. a. Früchte:	—	100 Rial	—	150 Rial
Zucker:	2 kg	40 Rial	4 kg	80 Rial
Reis:	5 kg	50 Rial	8 kg	80 Rial
Tee:	0,4 kg	25 Rial	0,6 kg	32,5 Rial
Käse:	3 kg	180 Rial	5 kg	300 Rial
Eis:	120 kg	240 Rial	150 kg	300 Rial
Petroleum:	30 l	75 Rial	30 l	75 Rial
Wohnungsmiete:	1 Zimmer	250 Rial	1 Zimmer	250 Rial
			in Teheran	450—600 Rial
Insgesamt:		1380 Rial		1847 Rial

In die Tabelle wurden die Ausgaben für Kleidung, Verkehrsmittel, kulturelle Betreuung, ärztliche Hilfe, Ausbildung der Kinder usw. nicht aufgenommen. Wenn man diese Ausgaben noch hinzufügen würde, dann brauchte jede Arbeiterfamilie eine Summe, die 2600 Rial im Monat überschreiten würde, d. h. sie brauchte das Doppelte des damaligen Arbeitslohnes. Der festgesetzte Mindestsatz für einen Tagesverdienst in Höhe von 35—40 Rial beweist, daß der Arbeiter gezwungen war, dem

[80]) Die Tabelle wurde von uns nach offiziellen Angaben der iranischen Presse im Jahre 1950 zusammengestellt. Diese Angaben sind jedoch unverbindlich, da im Iran in den letzten Jahren eine ständige Preissteigerung stattgefunden hat.

Unternehmer seine Arbeitskraft unter ihrem Wert (d. h. zu 40—50 % ihres Wertes) zu verkaufen. Diese Feststellung beruht auf offiziellen Angaben, in Wirklichkeit verkauften die Arbeiter ihre Arbeitskraft weit billiger (insbesondere in den Manufakturen).

Die Folgen eines derartig niedrigen Lebensstandards zeigten sich in der Rückständigkeit des Gesundheits- und Bildungswesens im Iran. Nach iranischen Pressemeldungen starben allein in den Jahren 1949—1950 ungefähr 70 000 Menschen an Pocken; 90 % der Kinder im Süden sind an Malaria, 80 % an Trachom und 65 % an Tuberkulose erkrankt. Solche Fakten zeugen vom Mangel an Ärzten und Medikamenten. Von den 1500 im Land registrierten Ärzten lebten 700—800 in Teheran, die Bevölkerung der übrigen Städte und Ortschaften verbleibt fast ohne jegliche medizinische Betreuung. In den Industriezentren und den ländlichen Gegenden wüteten Malaria, Trachom, Tuberkulose und andere Krankheiten, an denen jährlich Tausende von Menschen zugrunde gingen. Im März 1950 erklärte ein Abgeordneter auf einer Medshlissitzung, daß nichts gegen die Epidemien, deren Entstehungsursache sehr häufig auf verseuchtes Wasser zurückzuführen sei, getan worden wäre. „In keiner Stadt des Irans — die Hauptstadt nicht ausgenommen — gibt es bis jetzt (d. h. bis 1950) Kläranlagen. Alle Mittel, die im Verlaufe von 20 Jahren zu diesem Zweck zur Verfügung gestellt waren, sind von den Munizipalbeamten veruntreut worden.“

Schuld an dieser Lage des Gesundheitswesens sind die ungenügenden Geldbewilligungen: Im Staatsbudget des Irans betrugen die Ausgaben für die Gesunderhaltung 2—3 %. Wie der Medshlisabgeordnete mitteilte, ist die für das Gesundheitswesen bewilligte Summe so gering, daß auf jeden Einwohner ein Betrag entfalle, der dem Wert einer Aspirintablette entspreche.

In einer ähnlichen Lage befindet sich auch das Bildungswesen. Bis zum Jahre 1952 zählte man hier ungefähr 5000 Schulen, an denen 500 000 Schüler unterrichtet wurden, d. h. also, daß von 40 Iranern nur einer ausgebildet werden konnte. Während

des Krieges und in der Nachkriegszeit wurden für das Bildungswesen nicht mehr als 6 % des Staatshaushaltes ausgegeben.
Wie die Zeitung „Razm“ am 6. Oktober 1948 berichtete, überstiegen die Ausgaben für die Erhaltung der Armee um das 9fache die für das Gesundheits- und Bildungswesen bewilligte Summe. Daher ist es nicht verwunderlich, daß in einer Industriestadt wie Abadan nur 2500 von 16 000 schulpflichtigen Kindern einen Schulplatz fanden [81]).
Die wirtschaftliche und soziale Lage der genannten Periode sowie die Überreste des Feudalismus, hemmten die Entwicklung der Produktivkräfte, führten zur Unzufriedenheit der Bevölkerung mit der gesellschaftlichen Ordnung, zum Zusammenschluß des Volkes und schließlich zur Gründung der Arbeiterorganisationen sowie politischer Parteien.

3) *Der Kampf der iranischen Arbeiterschaft um Verbesserung ihrer materiellen Lage und um ihre gewerkschaftlichen und politischen Rechte*

Innerhalb von 30 Jahren — bis zur Verstaatlichung der Erdölindustrie — stieg im Iran die Zahl der Arbeiter von 200 000 auf 7—800 000. Das Anwachsen der Arbeiterschaft hing mit der Entwicklung der Leichtindustrie, des Verkehrswesens und der Erdölindustrie zusammen. Insgesamt waren etwa 300 000 Arbeiter in Industriebetrieben, bei der Eisenbahn und in der Erdölindustrie beschäftigt. Die Herausbildung und Entwicklung der Industriearbeiter im Iran war für das gesellschaftliche Leben des Landes ein gewaltiges Ereignis. Mit der Entstehung und Entwicklung der Industriearbeiterschaft in den 30er und 40er Jahren trat jene gesellschaftliche Kraft in Erscheinung, die in der jüngsten Geschichte des Irans eine große Rolle spielen mußte. Nach wenigen Jahren nahm die iranische Arbeiterschaft tatsächlich ihren Platz an der Spitze des Kampfes gegen die fremdländischen und einheimischen Unterdrücker ein und eroberte sich nach und nach die führende Position in der

[81]) Siehe *Dr. H. Pirnija*, angef. Werk, S. 64.

demokratischen Bewegung des Landes. Die iranische Arbeiterschaft, die die antibritische und antifeudale Bewegung vorangetrieben hatte, besaß die nötige Kraft, um der Sache zum Sieg zu verhelfen. Das lag darin begründet, daß in den letzten 30 Jahren, d. h. bis 1951, die Arbeiter als selbständige Klasse in der iranischen Gesellschaft entstanden, daß diese Industriearbeiter sich auf große und mittlere Unternehmen der Erdölindustrie, der Textilindustrie, des Verkehrswesens usw. konzentrierten und daß die Arbeiterschaft ihre Partei, die Tudeh-Partei gründen konnte.

Trotz des grausamen Terrors kämpften die Arbeiter ständig für die Verbesserung ihrer materiellen Lebenslage und die Durchsetzung ihrer gewerkschaftlichen sowie politischen Rechte. Die Gewerkschaft und die Arbeiterbewegung unternahmen schon vor dem zweiten Weltkrieg ihre ersten Versuche, um die Arbeiterschaft des Irans zu vereinigen und ihre materielle Lage zu verbessern. Aber unter den Bedingungen des Polizeiregimes waren sie außerstande, ihre Vereinigung durchzusetzen oder eine bedeutende Rolle im Kampf der Arbeiter zu spielen; denn die Kommunistische Partei und die Gewerkschaften wurden nach dem Gesetz des Jahres 1931 verboten und so zur Illegalität gezwungen, ihre Führer aber wurden verhaftet und eingekerkert.

Am 25. August 1941 wurde der Iran von den Armeen der UdSSR sowie Großbritanniens besetzt, und dadurch war das wichtigste strategische Gebiet im Nahen Osten in die Hände der Alliierten gegen Deutschland gekommen[82]). Nach dem Einmarsch der Truppen der Sowjetunion und Großbritanniens nahm die demokratische Bewegung erst im Herbst 1941 größere Ausmaße an. Unter dem Druck der Volksmassen entließ die Regierung die demokratischen und kommunistischen Funktionäre aus dem Gewahrsam. Dadurch wurde es möglich, im Sep-

---

82) In seinem Brief vom 30. August 1941 an Stalin schrieb Churchill folgendes: „Unser Ziel beim Einmarsch in Persien war nicht so sehr der Schutz der Ölquellen, sondern vielmehr die Herstellung eines weiteren Verbindungsweges zu ihnen, der nicht abgeschnitten werden kann ... wenn die Perser sich zugänglich zeigen, werden wir die jetzt dem Schah zukommenden Zahlungen der Erdölabgaben wieder aufnehmen.“ Briefwechsel Stalins mit Churchill, Attlee, Roosevelt und Truman 1941—1945, Rütten & Loening — Berlin 1961, S. 23—24.

tember 1941 die Tudeh-Partei des Irans (Hezbe Tudee Iran) zu gründen und die Arbeiterbewegung neu zu beleben. Die Partei hatte nun die Aufgabe, den Zusammenschluß von Arbeitern, Bauernschaft, Handwerkern und fortschrittlicher Intelligenz herbeizuführen, denn sie verkörperten die politische Hauptkraft und waren im Kampf zur Wahrung der demokratischen und nationalen Rechte des iranischen Volkes erprobt. Eine der wichtigsten Aufgaben der iranischen Tudeh-Partei war die Vereinigung der Arbeiterschaft des Landes. Zu diesem Zweck mußten die Gewerkschaften gefestigt und entwickelt werden. Dank der Bemühungen der Partei erfaßte die Gewerkschaftsbewegung bald alle Industriezentren des Landes. Im Jahre 1942 wurde der Zentralrat der Gewerkschaften des Irans gegründet. Der Zentralrat führte die Arbeit unter den Arbeitern fort und erreichte, daß gegen Ende desselben Jahres ungefähr 30 000 Arbeiter Mitglieder einer Gewerkschaft waren. In seiner Deklaration vom Jahre 1942 rief der Zentralrat die iranischen Arbeiter auf, für den 8-Stunden-Tag, einen höheren Arbeitslohn und bessere Arbeitsbedingungen zu kämpfen und richtete den Appell an sie, der mächtigsten vereinigten Gewerkschaftsbewegung beizutreten.

Während des zweiten Weltkrieges versuchte der Zentralrat — unter Ausnutzung des Krieges gegen den Faschismus — die Forderungen der Arbeiter auf friedlichem Wege durchzusetzen. Im Jahre 1944 erreichte der Zentralrat einen Mitgliederstand von 150 000 Arbeitern und setzte den Kampf um Einführung eines demokratischen Arbeitsgesetzes fort, das folgende Punkte enthalten sollte: offizielle Anerkennung der Gewerkschaften, Einführung des 8-Stunden-Arbeitstages und eines 2-wöchigen bezahlten Jahresurlaubs für alle Arbeiter und Angestellten, 6-wöchiger Schwangerschaftsurlaub für die Arbeiterinnen, Beibehaltung des Arbeitslohnes bei Krankheit, Arbeitsverbot für Kinder unter 12 Jahren und Einführung eines Sozialversicherungssystems für Arbeiter und Angestellte.

Gegen Ende des zweiten Weltkrieges gingen die reaktionären Kreise des Irans zum offenen Angriff auf die demokratischen und linken Kräfte des Landes — insbesondere auf die Arbeiterschaft und deren Organisationen — über. Die reaktionären Elemente mobilisierten ihre Verbände und überfielen die Komitees der Tudeh-Partei und Gewerkschaften in Isfahan, Jazd, Schahi, Ahwas, Semnan, Hamadan und anderen Städten. Trotz all dieser Repressalien erstarkte die demokratische Bewegung im Iran, angespornt durch den großartigen Sieg über Deutschland und Japan.

Die Erdölarbeiter Abadans wollten schon 1943 eine eigene Gewerkschaft bilden, erhielten aber von der Verwaltung der AIOC und der iranischen Regierung nicht die Erlaubnis dazu.

Am 30. Mai 1945 begann in Kermanschah ein Streik der AIOC-Arbeiter. Das war im Iran der erste große Streik nach dem zweiten Weltkrieg. Er dauerte 6 Tage. 950 Arbeiter nahmen an ihm teil. Die Erdölarbeiter stellten folgende Forderungen: Einführung des 8-Stunden-Arbeitstages, Gewährung eines freien Tages in der Woche und eines Jahresurlaubs, Erhöhung des Arbeitslohnes, Anerkennung der Gewerkschaften usw. Die Reaktion der Verwaltung der AIOC auf diese Forderung der Erdölarbeiter war die Entlassung von 400 Arbeitern.

Zu Beginn des Jahres 1946 wuchs die Gewerkschaftsbewegung in den Erdölgebieten des Irans weiter an. Die Erdölarbeiter von Khusistan gründeten im April ein eigenes Gewerkschaftskomitee und schlossen sich dem Zentralrat der Gewerkschaften des Irans an. Am 1. Mai 1946 feierten 80 000 Arbeiter Abadans den errungenen Sieg. Auf einen Aufruf des Zentralrates hin, nahmen über 700 000 Werktätige an den Festveranstaltungen anläßlich des 1. Mai in verschiedenen Städten des Irans teil. Durch die Vereinigung mit der Erdölgewerkschaft war der Mitgliederstand im Zentralrat enorm gestiegen. Bereits im Sommer 1946 umfaßte der Zentralrat über 300 000 Arbeiter und Angestellte und stellt dadurch eine bedeutende Kraft im Lande dar. Anfang Mai 1946 begann ein 2-wöchiger Streik der 10 000 Erdölarbeiter von Aga-Dshari. Die Streikenden forderten eine 100 %ige Erhöhung ihres Arbeitslohnes, den Bau von Arbeiterhäusern, die Versorgung der Arbeiter mit Lebensmitteln, Wasser und Eis, die Einrichtung von Ambulatorien und Krankenhäusern, die Bezahlung von Sonn- und Feiertagen usw.

Die iranische Regierung sandte eine Kommission nach Aga-Dshari, die sich mit der Lage der Arbeiter in den dortigen Erdölwerken vertraut machen sollte. Die Kommission bestätigte, daß die Forderungen der Arbeiter zu Recht bestünden und empfahl der Verwaltung der AIOC in Aga-Dshari, ein Abkommen mit den Gewerkschaftsvertretern zu schließen und die Forderungen der Arbeiter betreffs ihres Arbeitslohnes, Verbesserung der Arbeitsbedingungen und Auszahlung des Arbeitslohnes für die Streiktage anzuerkennen und mit den Vertretern des Zentralrats und der Regierungskommission in Khusistan Verhandlungen über die dringend notwendige Einführung eines Arbeitsschutzgesetzes in den Unternehmen der AIOC aufzunehmen.

Am 18. Mai 1946 zwang die Einheit der Arbeiterschaft die Regierung Khawam-os-Saltane, ein Arbeitsschutzgesetz anzunehmen, das folgende Punkte berücksichtigte: Einführung der 48-Stunden-Woche, Bezahlung von Überstunden (35 % des Grundlohnes), Abzug von 3 % des Arbeitslohnes für die Kasse der gegenseitigen Hilfe, davon 1 % zu Lasten der Arbeiter und 2 % zu Lasten des Unternehmers, Gewährung eines arbeitsfreien Tages pro Woche und eines 2-wöchigen Urlaubs pro Jahr auf Kosten des Unternehmers, Festsetzung eines zusätzlichen arbeitsfreien Tages — des 1. Mai, Zuerkennung des Rechtes, sich in Gewerkschaften zu organisieren, Gründung von Arbeitsabteilungen in den Stadtverwaltungen, deren Aufgabe es sein sollte, Konflikte zwischen Unternehmern und Arbeitern zu lösen. Die weiteren Ereignisse zeigten jedoch, daß diese Zugeständnisse seitens der Regierung Khawam nur ein Manöver waren; denn ein neuer Angriff auf die demokratischen und linken Kräfte des ganzen Landes wurde vorbereitet.

Im Jahre 1946 gründeten die Agenten der AIOC den „Stammverband Khusistans“ und den „Bauernverband Abadans“, um die Arbeiterbewegung im Süden unter Druck zu setzen und die iranische Regierung zu ihrem Angriff auf die demokratischen und linken Kräfte des Landes zu ermutigen. Der amerikanische Botschafter im Iran trat Mitte 1946 offen gegen die Bewegung im iranischen Aserbaidshan und Kurdistan auf. Die amerikanischen Vertreter drängten die iranische Regierung zum Kampf gegen die linken Kräfte des Landes und gegen die Verbesserung der iranisch-sowjetischen Beziehungen. Unter diesen Umständen weigerte sich die AIOC, das während des Streiks in Aga-Dshari im Mai 1946 getroffene Abkommen einzuhalten und traf Vorbereitungen zur Liquidierung der Partei- und Gewerkschaftsorganisationen in Khusistan. Die Folge davon war ein Generalstreik, der am 14. Juli 1946 in den Unternehmen der AIOC ausbrach und an dem 80 000 Arbeiter und Angestellte der AIOC teilnahmen. Die Streikenden forderten, der AIOC die Einmischung in die Politik des Irans zu untersagen und sie in ein rein kommerzielles Unternehmen umzuwandeln, die Leiter der Politabteilung der AIOC abzusetzen und des Landes zu verweisen, den Generalgouverneur von Khusistan des Amtes zu entheben, die Arbeitslöhne zu erhöhen usw.

Während des Streiks warb die AIOC einige Tausend bewaffneter Banditen aus den Nomadenstämmen Khusistans an, dingte außerdem Raufbolde und Schlägertypen und schickte sie nach Abadan. Die Zahl der Banditen und Raufbolde stieg während des Streiks dermaßen an, daß sich der Polizeipräsident von Abadan genötigt sah, der AIOC davon schriftliche Mitteilung zu machen und sie zu bitten, eine Kommission einzusetzen, die Ruhe und Ordnung in der Stadt wiederherstellen sollte. Anstatt nun eine Kommission zu bilden, bestach die AIOC den Polizeipräsidenten und den Stadtkommandanten von Abadan mit 200 000 Rial und zwang sie dadurch, an dem bewaffneten Überfall auf die Arbeiterviertel teilzunehmen. Das Ergebnis dieses Überfalls waren 47 Tote und 173 Verletzte [83]).

Nach diesen blutigen Ereignissen sandte die Regierung eine Kommission nach Abadan, an deren Spitze der stellvertretende Premierminister stand. Nach ihrer Ankunft in Abadan gab die Kommission der Polizei die Anweisung, 48 Gewerkschaftsführer zu verhaften. Der stellvertretende Premierminister versprach den Arbeitern, ihre Forderungen zu prüfen und die in-

---

83) *M. Fateh*, „Asrare magu“ (Verschwiegenes Geheimnis), „Khandaniha“ Nr. 107, 1956, S. 25; *A. Lessani*, „Schwarzes Gold“, „43 wurden getötet und 150 verwundet“. S. 354.

haftierten Anführer des Streiks freizulassen. Einer Meldung der Zeitung „Iranema" vom 13. Juli 1946 zufolge — beteuerte Khawam-os-Saltane jedoch der AIOC gegenüber, daß seine Regierung die Ordnung wieder herstellen und dafür Sorge tragen wolle, daß die Unternehmen der AIOC in Zukunft unbehelligt blieben.

Nach Beendigung des Streiks entließ die Verwaltung der AIOC 5000 Arbeiter — vorwiegend aktive Gewerkschaftler — und 500 indische Arbeiter, die an dem Generalstreik teilgenommen hatten.

Trotz all dieser Repressalien seitens der iranischen Regierung und der AIOC scharte der Zentralrat der Gewerkschaften weiterhin Arbeiter und fortschrittliche Vertreter der Intelligenz um sich. Am 1. August 1946 veröffentlichte die Zeitung „Dshebhal" einen Artikel des Generalsekretärs des Weltgewerkschaftsbundes Louis Saillant, in welchem es heißt, daß der Zentralrat — das führende Organ der Gewerkschaften des Irans — mit seinen 300 000 Mitgliedern eine weit bessere Arbeit leiste als viele andere Verbände des Weltgewerkschaftsbundes, obwohl es sich hier um eine ganz junge Organisation handle. Im September 1946 nahm das Exekutivbüro des Bundes den Zentralrat der Gewerkschaften des Irans in den Weltgewerkschaftsbund auf. Diese Tatsache war für die gesamte demokratische und linke Bewegung im Iran und in den benachbarten Ländern des Nahen und Mittleren Ostens von großer Bedeutung. Die gefestigte Position des Zentralrates und die demokratischen Reformen in Aserbaidshan und Kurdistan im Jahre 1946 versetzten die Regierung, die sich zu einem bewaffneten Vorgehen gegen alle linken Kräfte im Lande rüstete, in ernsthafte Unruhe.

Im Sommer 1946 gründete Khawam-os-Saltane die „Demokratische Partei des Irans" und Gewerkschaften, in denen alle rechten Elemente vertreten waren. Die Amerikaner und Engländer versahen die iranische Armee und Gendarmerie mit Waffen und wiegelten die AIOC gegen die demokratischen Kräfte des Irans auf. Die Regierung Khawam überfiel am 10. Dezember 1946 das iranische Aserbaidshan und Kurdistan und richtete unter den dortigen Demokraten ein Blutbad an. Innerhalb weniger Tage töteten die ultrareaktionären Kräfte Tausende Demokraten und verbannten einige Zehntausende Anhänger der demokratischen Bewegung aus Aserbaidshan und Kurdistan. Nach dem Blutbad in Aserbaidshan und Kurdistan ging die Regierung Khawam zum Angriff auf die demokratischen und linken Kräfte im ganzen Lande über. In den Jahren 1947 bis 1948 wurden viele Komitees der Tudeh-Partei, der Gewerkschaften, der „Partei des Irans" und der „Dshangalpartei" aufgelöst, Hunderte Parteimitglieder und aktive Gewerkschaftler verhaftet und Versammlungen, Demonstrationen und Meetings streng verboten. Die Verfolgungen erstreckten sich auch auf Vertreter der Intelligenz und Staatsbeamte, besonders in den nördlichen Bezirken des Landes.

Trotz dieser Repressalien setzten Ende 1948 und Anfang 1949 die Massenaktionen der Arbeiter und Studenten gegen die Regierung ein. Die Tudeh-Partei und die Gewerkschaften erhoben die Forderung, den unterjochten Iran von den ausländischen Mächten zu befreien. Neue Unruhen der Volksmassen erschreckten die iranische Regierung und die AIOC. Deshalb beschlossen sie, die Tudeh-Partei zu zerschlagen und den linken Organisationen im Iran auf diese Weise den Organisator und die Führung zu nehmen.

Im Februar 1949 wurde ein Attentat auf den Schah ausgeübt. Nach diesem Attentat wurden die Repressalien im ganzen Lande verstärkt. Zahlreiche Verhaftungen wurden unter den Mitgliedern der Tudeh-Partei und der Gewerkschaften vorgenommen. Allein in Teheran wurden ungefähr 500 Funktionäre der linken Organisationen eingekerkert. Eine ganze Reihe führender Vertreter der Partei wurden zum Tode verurteilt, andere zu Zuchthaus von 2—10 Jahren. Auf Befehl der Regierung wurden die Druckereien und Klubräume geschlossen und anderer Parteibesitz konfisziert; die Zeitungen und Zeitschriften der Tudeh-Partei und der Gewerkschaften wurden verboten und die Partei selbst für illegal erklärt. Die Tudeh-Partei wuchs und erstarkte im Kampf und wurde zur führenden Kraft der linken Bewegung im Lande. Es gelang ihr, Zehn-

und Hunderttausende von Iranern politisch zu interessieren, die Volksmassen in Bewegung zu bringen, die Arbeiter- und Bauernbewegung im Lande zu organisieren, die ausländische Agentur vor dem Volk zu entlarven und die Gefahr zu verdeutlichen, die sie für die wirtschaftliche und politische Unabhängigkeit des Irans darstellte. Die achtjährige legale Organisationsarbeit machte diese Partei zum Anführer und politischen Initiator der linken Bewegung im Iran. Diese Partei war eine gefährliche Organisation für die AIOC und mußte daher verboten werden. Die Tudeh-Partei arbeitete illegal weiter und konnte ihre organisatorische Rolle in der antibritischen Bewegung behaupten. Der von der Tudeh-Partei angeführte Kampf der Arbeiter zwang die Regierung, im Juni 1949 das Arbeitsschutzgesetz in dem Medshlis zu bestätigen. Nach diesem Gesetz wurde den Arbeitern folgendes garantiert: der 8-Stunden-Arbeitstag, ein vom Unternehmer bezahlter arbeitsfreier Tag in der Woche, ein 10-tägiger Jahresurlaub und arbeitsfreie Feiertage, darunter auch der 1. Mai, ein 8-wöchiger bezahlter Schwangerschaftsurlaub für die Arbeiterinnen, die Erlaubnis, sich in Gewerkschaften zu organisieren und Kassen der gegenseitigen Hilfe zu führen, eine Arbeitsversicherung zu schaffen usw. [84]).

Man muß dabei berücksichtigen, daß den Unternehmern und der Regierung in diesem staatlichen Arbeitsschutzgesetz große Vorrechte eingeräumt wurden, die den Kampf der Arbeiterschaft gegen die Unternehmer einengten. Doch auch die Bestätigung eines solchen Gesetzes zeugt von dem erbitterten Kampf der Arbeiter um Verbesserung ihrer materiellen und sozialen Lage. Der Kampf zwischen Arbeitern und Unternehmern ist im eigentlichen Sinne ein Kampf um verbesserte Bedingungen beim Verkauf der Arbeitskraft und um Erhaltung des Wertes des Arbeitslohnes. Der ökonomische Kampf ist für die Arbeiter eine Notwendigkeit und muß mit einem politischen Kampf durchgesetzt werden. In dieser Periode stand der Kampf

---

84) Sammelband für Gesetze und Bestimmungen des Medshlis der 15. Einberufung, Juli 1947 — Juni 1949, S. 36—48.

gegen die AIOC an erster Stelle, da das Erdölproblem eng mit der Wirtschaft und Politik des Irans verbunden war.

4) *Der Kampf der iranischen Bevölkerung um Verstaatlichung der Erdölindustrie*

Nach dem zweiten Weltkrieg nahm die nationale Befreiungsbewegung in den kolonialen und abhängigen Ländern immer größere Ausmaße an. Der Sieg der Alliierten über Deutschland und Japan und die Vertreibung der japanischen Armeen aus China, Korea, Indonesien und anderen Ländern Südostasiens halfen den Völkern dieser Länder, den Kampf um ihre Unabhängigkeit verstärkt fortzusetzen. Der bewaffnete Kampf der unterdrückten Völker in den Kolonien gegen die Kolonialmächte verschärfte sich zusehends. So trug das chinesische Volk in seinem bewaffneten Kampf nach dem Zusammenbruch der japanischen Herrschaft den Sieg davon und gründete eine Volksrepublik.

Die Bildung der Chinesischen Volksrepublik, der Koreanischen, Vietnamesischen Volksrepublik, der Republik Indiens und der verschärfte Kampf in Malaysia, Indonesien, auf den Philippinen und in anderen kolonialen und abhängigen Ländern demonstrierte den Zusammenbruch des Kolonialsystems. Der Zusammenbruch des Kolonialsystems und die gleichzeitigen Veränderungen auf dem Weltmarkt nach dem zweiten Weltkrieg trugen zur weiteren Schwächung der Kolonialmächte bei. All diese historischen Ereignisse gaben dem Kampf des iranischen Volkes neuen Auftrieb. Am 5. Oktober 1950 schrieb die bürgerliche Zeitung „Iran" zum Sieg des chinesischen Volkes folgendes: „Heute, da die neue Regierung Chinas gebildet und das verfaulte, parasitäre Regime eines der größten Länder der Welt wie ein Kartenhaus zusammengefallen ist, muß man die Feststellung treffen, daß die jetzige Welt das Joch der Gewalt abschüttelt und die Demokratie sich selbst durch Feuer und Blut ihren Weg bahnt."

Das iranische Volk hatte erkannt, daß der einzige Weg, um

Wirtschaft und Kultur zur Entfaltung zu bringen, zunächst die Befreiung von der fremden wirtschaftlichen und politischen Unterdrückung ist. Im Mittelpunkt des Kampfes stand die Beseitigung des Einflusses der AIOC als der Hauptstütze Englands im Iran. Die antibritische Bewegung im Iran ist in der Nachkriegsperiode durch folgendes gekennzeichnet:

1) dadurch, daß an der Spitze dieser Bewegung die Volksmassen standen,

2) durch die offenkundige Schwäche der iranischen Bourgeoisie und ihre inkonsequente Politik und

3) durch die geschwächte Position Englands und den Kampf der amerikanischen Erdölgesellschaften, England zu verdrängen und sich selbst der iranischen Erdölquellen zu bemächtigen.

Seit den Verhandlungen zwischen der iranischen Regierung und der sowjetischen Regierungskommission im September 1944, die sich mit der Gründung einer gemischten Erdölgesellschaft befaßten, trat das Erdölproblem im Iran in den Vordergrund. Obwohl die Regierung Saed seit 1943 heimliche Verhandlungen mit den Erdölgesellschaften „Royal Dutch Shell", „Standard Oil" und „Sinclair" über Erteilung von Konzessionen zur Erdölgewinnung führte, weigerte sie sich, mit der Sowjetunion ein Erdölabkommen zu schließen. Um in Zukunft derartigen Regierungsgeschäften einen rechtsgültigen Rahmen zu verleihen, erließ der iranische Medshlis am 2. Dezember 1944 ein Gesetz, wonach jeder beliebige Premierminister, Minister oder deren Stellvertreter das Recht einbüßten, mit ausländischen Vertretern über Konzessionserteilung zur Erdölförderung zu verhandeln. Der Regierung wurde nur das Recht zuerkannt, Verhandlungen über den Verkauf des Erdöls zu führen, wobei der Medshlis genau über den Verlauf der Verhandlungen zu informieren war. Außerdem sah das Gesetz vor, Zuwiderhandlungen mit Gefängnis zwischen 3 und 8 Jahren und ständigem Ausschluß vom Staatsdienst zu ahnden [85]).

Nach Beendigung des Krieges wurden mit dem Machtantritt der Regierung Ahmed Khawam die Verhandlungen zwischen dem Iran und der Sowjetunion über das Erdöl im nördlichen

---

85) *Asnade Naft* (Dokumente über Erdöl) Band I, S. 24.

Teil des Landes wieder aufgenommen. Am 4. April 1946 wurde dann von der iranischen Regierung und dem sowjetischen Gesandten in Teheran ein Abkommen über die Bildung einer gemischten iranisch-sowjetischen Erdölgesellschaft unterzeichnet. Es wurde darin Übereinstimmung erzielt, daß der Vertrag nach seiner Ratifizierung durch den Medshlis in Kraft treten sollte. Die Regierung Khawam verbot alle Organisationen der Tudeh-Partei und Gewerkschaft und konnte die Medshliswahlen gewinnen. Die Mehrheit der Medshlisabgeordneten, die Anhänger Khawams waren, lehnte im Oktober 1947 das iranisch-sowjetische Abkommen über Bildung einer gemeinsamen sowjetisch-iranischen Gesellschaft ab.

Obwohl es mißlungen war, eine sowjetisch-iranische Erdölgesellschaft zu gründen, wirkten sich die langwierigen Verhandlungen um das Erdölproblem — von 1944 bis 1947 — in politischer Hinsicht aus, da sie positiv die Meinungsbildung beeinflußten und gewaltige Massen für den Kampf gegen die AIOC gewannen und eine große Hilfe für die antibritische Bewegung im Iran darstellten. Der scharfe Kontrast zwischen den Bedingungen der Sowjetregierung und den Punkten im Konzessionsvertrag der AIOC vom Jahre 1933 öffnete dem iranischen Volk die Augen (besonders 50 %ige Teilung der Aktien und Profite zwischen dem Iran und der Sowjetunion). In dieser Periode trugen die Veröffentlichungen der iranischen demokratischen und fortschrittlichen Presse über die Erdölprobleme sehr dazu bei, die Öffentlichkeit zu erregen und die Massen zum Kampf gegen die britischen Erdölmagnaten, die die Erdölquellen des Landes ausplünderten, zu mobilisieren. In der Folgezeit kam es daher häufig zu Demonstrationen und Kundgebungen, die sich gegen die AIOC richteten.

Unter dem Druck dieser Proteste sah sich der Medshlis am 22. Oktober 1947 gezwungen, die iranische Regierung dazu zu verpflichten, die von der AIOC verletzten Rechte des Irans wiederherzustellen und dem Medshlis über die Ergebnisse ihrer Bemühungen in dieser Richtung Mitteilung zu machen [86]).

Einen Monat nach dieser Entscheidung weilte der Vertreter der

---

86) *Asnade Naft* (Dokumente über Erdöl) Band I, S. 26.

AIOC — W. Gass — in Teheran und begann Verhandlungen mit dem Finanzminister Hadshir. Es wurden dabei folgende Fragen erörtert:
Verringerung der in der AIOC beschäftigten ausländischen Spezialisten, Verkauf von Erdöl, Festsetzung der Preise, Anrecht der Regierung auf den Reservefonds der AIOC, Recht auf Einsichtnahme in die Bücher der AIOC und anderes mehr. Nach Abschluß der Verhandlungen begab sich Gass zurück nach London, um dem AIOC-Vorstand Bericht zu erstatten.

Die Geschäftskreise Englands unterstützten die Bildung solcher Regierungen im Iran, die die Interessen der AIOC vertraten. Eben diesem Ziel diente der Besuch des Politikers Anthony Eden Ende Dezember 1947 im Iran. Seine Aufgabe war es, die Position Englands im Iran zu stärken und den wachsenden Einfluß der USA in den herrschenden Kreisen des Irans zu untergraben. Während Edens Aufenthalt im Iran wurde die Regierung Khawam gestürzt und die proenglische Regierung Hakimi gebildet. „Nach dem Sturz des Khawam-Kabinetts" schrieb die Zeitung „Mardom", „und dem Wechsel der Regierungsgewalt vom proamerikanischen Flügel zum proenglischen Flügel der herrschenden Kreise, trat die Politik Großbritanniens in ihre entscheidende Phase ein" [87]).

Nach Eden trafen die AIOC-Direktoren Cadman und Fraser im Iran ein. Nach deren Rückkehr ließ im Juli 1948 der englische König George VI. den Schah vom Iran nach London zu den Olympischen Spielen einladen. Man verfolgte dabei die Absicht, den Einfluß des Schahs für die Bestätigung eines neuen Konzessionsvertrages und die Stärkung der Position der AIOC im Iran auszunutzen. All diese Maßnahmen zeigten jedoch keinerlei Erfolg. Es gelang den Engländern nicht, ihr Vorhaben zu verwirklichen. Die Regierung Hakimi verhandelte mit der AIOC nur über die Frage der Verringerung der Anzahl ausländischer Spezialisten.

Die Kommission über die Erdölfrage, die von der Regierung mit der Führung der Verhandlungen mit Gass beauftragt worden war, legte ihren Standpunkt anhand von 25 Punkten dar

87) „Mardom" vom 18. Januar 1948.

und wies nach, daß die AIOC in den vergangenen 15 Jahren ihren Verpflichtungen nicht nachgekommen sei. Die Verhandlungen hierüber währten zwei Wochen — von Ende September bis Anfang Oktober 1948. Am Schluß derselben forderte Gass eine Frist von 3 Monaten, um die Vorschläge der Regierung zu prüfen.

In diesen Zeitraum fiel der Sturz des Hakimi-Kabinetts und Saed gelangte an die Macht. Die Regierung Saed ermächtigte den Finanzminister Golschajan, einen Entwurf aufzusetzen und Verhandlungen mit der AIOC aufzunehmen. Im Laufe der Verhandlungen stellte es sich heraus, daß die Erdölgesellschaft dem Iran eine weit niedrigere Konzessionsgebühr gezahlt hatte, als in dem Vertrag mit d'Arcy vorgesehen war. Der iranische Vertreter forderte, die Konzession nur unter der Bedingung zu erneuern, daß die Gewinne der AIOC zur Hälfte an den Iran gingen, wie es in Venezuela in ähnlicher Weise gehandhabt wurde.

Im großen und ganzen machte die iranische Regierung folgende Ansprüche geltend [88]):

1) die Zahlung der Einkommensteuer an die englische Regierung aus dem Anteil des Irans, dem Reservefonds der AIOC und der Konzessionsgebühr abzuschaffen,

2) der iranischen Regierung das Recht einzuräumen, über den Reservefonds der Gesellschaft mitverfügen zu dürfen,

3) die Dividenden einzuschränken,

4) den Vertrag über den Verkauf von Erdöl zu herabgesetzten Preisen an die englische Flotte und an amerikanische Gesellschaften zu annullieren,

5) die Erdölmenge, die in den Unternehmen der AIOC verbraucht wird, nicht von der Konzessionsgebühr abzurechnen,

6) das Recht einzuräumen, die Geschäftsbücher der AIOC und den Stand der Finanzlage kontrollieren zu dürfen,

7) die Anzahl der ausländischen Spezialisten zu verringern,

8) Steuern und Abgaben für das Erdöl und Benzin zu zahlen,

---

88) Zeitung „Ettelaat" vom 12. Dezember 1950; *H. Makki,* Das „schwarze" Buch, Teheran, März 1951, S. 273—274.

das von den Alliierten, die sich während des Krieges im Iran aufgehalten hatten, verbraucht worden war.

Als dieser Bericht der „Kommission über die Erdölfrage" Anfang Juni 1949 auf einer Kabinettssitzung vorgetragen wurde und die genannte Kommission den Vorschlag machte, die Angelegenheit über die Nichteinhaltung des Vertrages von 1933 durch die AIOC einem Schiedsgericht zu übertragen, setzte der Premierminister Saed folgende Worte unter den Text des Berichtes: „Es wurde einstimmig beschlossen, unter den gegenwärtigen Umständen und nach Meinung der Experten die Angelegenheit zwischen dem Iran und der AIOC keinem Schiedsgericht zu übergeben." Nach diesem Beschluß des Ministerrats wurde eine andere Entscheidung getroffen: Das Finanzministerium sollte einen endgültigen Vorschlag ausarbeiten und ihn der AIOC unterbreiten.
Einige Tage später fanden die Verhandlungen über den iranischen Vorschlag zwischen den Vertretern der AIOC und des Irans statt. Aber am Schluß der Verhandlungen nahm die Regierung Saed doch die Vorschläge an, die von der AIOC als Vertragsentwurf des AIOC-Vertreters Gass und des iranischen Finanzministers Golschajan unter der Bezeichnung „Gass-Golschajan" bzw. „Saed-Gass-Abkommen" vorgelegt wurden. Dieser Vertragsentwurf wurde am 17. Juni 1949 unter der Bezeichnung „Zusatzabkommen" mit den Unterschriften von Saed und Golschajan dem Medshlis übergeben.
Im Entwurf wurde darauf hingewiesen, daß das „Zusatzabkommen" ein integrierender Bestandteil des Grundvertrages von 1933 sei und sich nur durch unbedeutende Zugeständnisse, wie Erhöhung der Konzessionsgebühr an die Regierung von 4 auf 6 Schillinge pro Tonne Erdöl, Zahlung einer bestimmten Summe aus dem Reservefond an den Iran und anderes mehr von ihm unterscheide.
Der Entwurf wurde den Interessen der AIOC entsprechend abgefaßt und bestätigte den Vertrag von 1933. Aus diesem Grunde faßte der Medshlis auf seiner 15. Einberufung den Beschluß, den Entwurf nicht zu ratifizieren und verwarf ihn am

27. Juli desselben Jahres vollständig. In dieser Sache spielten auch die Intrigen der USA gegen die AIOC eine gewisse Rolle.
Die Engländer hofften, daß es ihnen auf der 16. Einberufung des Medshlis gelingen würde, eine größere Anzahl ihrer Kreaturen dahin zu bringen, daß sie dem Iran das „Zusatzabkommen" aufzwingen könnten. Im Juli 1950 glückte es ihnen — nach Bildung des Medshlis der 16. Einberufung —, die Militärregierung Razmara an die Macht zu bringen und mit deren Hilfe ihre Pläne zu verwirklichen.
In dieser Periode der antibritischen Bewegung kann man drei Hauptströmungen in bezug auf das Erdölproblem unterscheiden:
1) die konservative Strömung, die von Razmara angeführt wurde und für die Ratifizierung des „Zusatzabkommens" eintrat;
2) die Strömung der nationalen Bourgeoisie, die von Mossadegh angeführt wurde und anfangs mit der Überprüfung des Vertrages von 1933 und dem Abschluß eines neuen Vertrages einverstanden war, wonach die Gewinne aus dem Erdöl gleichmäßig zwischen dem Iran und England aufgeteilt werden sollten. Später jedoch, mit Erstarken der antibritischen Bewegung, begannen die Anhänger dieser Strömung für die Verstaatlichung der Erdölindustrie einzutreten, wobei sie ähnliche Verhältnisse schaffen wollten, wie es sie in anderen Ländern gab, d. h. Verstaatlichung auf Grund voller Entschädigung für den Besitzer;
3) die volkstümliche Strömung, die von der Tudeh-Partei angeführt wurde. Sie forderte die Annullierung des Vertrages von 1933 und die entschädigungslose Enteignung aller Erdölunternehmen. Das war die radikale Strömung; sie vertrat den linken Flügel der antibritischen Bewegung.

Wie sahen die Positionen und Forderungen der einzelnen Strömungen aus?
Den Standpunkt der konservativen Strömung legte der damalige Finanzminister Nadshm auf der Medshlissitzung vom 13. Mai 1948 folgendermaßen dar: „Die Wiederherstellung der Rechte des iranischen Volkes *kann nur* in den Grenzen des Konzessionsvertrages von 1933 erfolgen."

Der Premierminister Razmara umriß auf einer Sitzung der Erdölkommission des Medshlis vom 3. März 1951 in seiner Antwort auf eine Anfrage des Abgeordneten Dr. Mossadegh klar und eindeutig den Standpunkt der Regierung, die gegen die Annullierung des Vertrages von 1933 war [89]).

Nach Ansicht Razmaras war die iranische Regierung nicht in der Lage, die Erdölindustrie zu verstaatlichen, da die organisatorischen Voraussetzungen für die Gewinnung und den Transport des Erdöls im Iran fehlten. Seiner Meinung nach reichten auch die Erdölfachleute im Iran nicht aus; denn im ganzen Lande und auch außerhalb seiner Grenzen gab es nicht mehr als 100 iranische Spezialisten, während mindestens 1000 Spezialisten und Ingenieure für die Leitung und Lenkung der iranischen Erdölindustrie gebraucht würden.

Nach seinen Worten wären in dem Fall, daß sich die Ingenieure der AIOC weigerten, weiterhin für den Iran zu arbeiten, viel Zeit und große Anstrengungen notwendig, um eine solch große Anzahl von Fachleuten auszubilden, was der Erdölindustrie einen enormen Schaden zufügen würde. In seinen weiteren Ausführungen wies er auf die Lage der Erdölindustrie in Mexiko, Kolumbien und Venezuela hin und sagte, daß die Vertragssituation in Venezuela der im Iran am meisten gliche. Razmara erinnerte dann noch an die Valuten, die die iranische Regierung über die Erdölgesellschaften beziehe und erklärte, daß die iranische Regierung mit Verstaatlichung der Erdölindustrie diese Quelle ausländischer Valuta verlieren würde. Er sagte: „Da nicht anzunehmen ist, daß die Gewinnung, Verarbeitung und Beförderung des Erdöls schnell wieder in Gang kommt, bleibt folglich als einziger Ausweg der Abschluß eines gerechten Vertrages mit ebenderselben Erdölgesellschaft, um zu vermeiden, daß wir in unlösbare wirtschaftliche und finanzielle Schwierigkeiten geraten“ [90]).

Das war also der Standpunkt der Anhänger des Abkommens

---

89) Nach der Verstaatlichung der Erdölindustrie des Irans wurde der Text von Razmaras Rede in der Teheraner Verwaltung der AIOC entdeckt. Wie aus Berichten der iranischen Presse hervorgeht, wurde der Text von Razmaras Rede von der Propaganda-Abteilung der AIOC abgefaßt.

90) Zeitung „Kejhan“ vom 5. März 1951.

von 1933, die die politische Seite der Frage ganz außer acht ließen. Der Standpunkt der nationalen Bourgeoisie fußte auf der Überzeugung, daß die AIOC den nationalen Interessen des Irans schade. Das kam in folgenden Forderungen zum Ausdruck [91]):

1) Kein Erdöl mehr zu herabgesetzten Preisen an die englische Flotte und an amerikanische Gesellschaften zu verkaufen;

2) die AIOC nicht von den an den Iran zu entrichtenden Abgaben für Erdölprodukte, die die Erdölgesellschaft selbst brauchte, zu befreien;

3) der iranischen Regierung die Gelegenheit zu geben, die kommerzielle Tätigkeit der AIOC zu überwachen;

4) die Ausfuhr der großen Menge Rohöl zu stoppen;

5) der iranischen Regierung zu gestatten, den im Ausland wirkenden Organisationen der AIOC mit anzugehören;

6) der Vernichtung der Erdgase in Khusistan seitens der Erdölgesellschaft Einhalt zu gebieten;

7) die Unternehmen der AIOC in iranischen Versicherungsgesellschaften zu versichern;

8) die Zollgebühren für die von der AIOC importierten Waren einzutreiben;

9) den Iran bei der Ausgabe neuer Aktien der Erdölgesellschaft zuzulassen;

10) Steuerentschädigung für den Treibstoff zu verlangen, der von den Alliierten während des Krieges in Höhe von 600 Mill. Rial verbraucht wurde;

11) Erdölprodukte im Iran nicht mehr zu erhöhten Preisen zu verkaufen;

12) den Anteil des Irans am allgemeinen Reservefonds der AIOC festzusetzen;

13) die seit 1933 durch England aus dem Anteil des Irans eingezogenen Steuergelder zurückzuzahlen [92]);

14) keine iranischen Fachleute mehr zu entlassen.

---

[91]) Bericht der Sonderkommission für Erdöl, siehe Zeitung „Ettelaat" vom 10., 12., 13., 15. Dezember 1950; *H. Makki,* Das „schwarze" Buch, S. 267—294.

[92]) Von 1931 bis 1941 erhielt die iranische Regierung etwa 125 Mill. Dollar, die zumeist für militärische Ausrüstungen ausgegeben wurden; von 1941 bis 1950

Außerdem wurde erklärt, daß, wenn der mit d'Arcy abgeschlossene Vertrag an der Stelle des Vertrages von 1933 stünde, die iranische Regierung statt der bisher von der AIOC erhaltenen 297 Mill. Dollar eine Konzessionsgebühr in Höhe von 690 Mill. Dollar zu beanspruchen hätte.

Die nationale Bourgeoisie, die sich unter der Führung von Dr. Mossadegh in der „Nationalen Front" zusammengeschlossen hatte, begann für die Verstaatlichung der Erdölindustrie des Irans einzutreten. Diese Verstaatlichung sollte jedoch nach Gesichtspunkten durchgeführt werden, wie sie in den übrigen Ländern üblich sind. Außerdem verpflichtete sich die Regierung, die AIOC zu entschädigen und für den Schaden aufzukommen, der der Erdölgesellschaft durch die Verstaatlichung der Erdölindustrie entstehen würde.

Die Erdölgesellschaften der USA versuchten, den Kampf der nationalen Bourgeoisie zu ihren Zwecken auszunutzen und traten stärker gegen die englischen Erdölinteressen im Iran auf. Aus diesem Grunde unterstützten sie anfangs auch die Gruppe um Mossadegh. Die Amerikaner rechneten damit, daß der Iran nicht in der Lage sein würde, die AIOC zu entschädigen, und daß ihm auch die nötigen Fachleute für die Erdölindustrie fehlen würden. In dem Falle wollten sie dem Iran Kredite gewähren, die englischen Spezialisten durch eigene Leute ersetzen und so die gesamte Wirtschaft des Landes — nach Ausschaltung der Engländer — unter ihre Kontrolle bringen. Dr. Mossadegh und seine Anhänger stellten sich vor, daß die Industrieländer iranisches Öl nicht ignorieren würden und daß der Iran in der Lage sei, ohne Tankschiffe seine Erdölprodukte zu verkaufen.

Die Liberalen waren der Ansicht, daß man nach Verstaatlichung der Erdölindustrie leicht mit den Amerikanern verhandeln und die Erdölindustrie mit ihrer materiellen Hilfe wieder ankurbeln könne, woraus dem Iran große Vorteile erwüchsen. Allein die

---

waren die iranischen Einnahmen von Öl etwa 250 Mill. Dollar ... Seit 1914 bis 1950 bekam das britische Schatzamt 1/5 Milliarde Dollar von der AIOC als Steuern ... Die AIOC hat im Jahre 1950 an die englische Regierung 142 Mill. Dollar als Steuern bezahlt und nur 45 Mill. Dollar als Konzessionsgebühren an die iranische. *H. O'conner*, angef. Buch, S. 264.

Hoffnungen der Liberalen, von den USA Kredite zu günstigen Bedingungen zu erhalten und materielle Unterstützung bei der Aufnahme der Erdölförderung zu finden, zerschlugen sich. Die USA beabsichtigten keineswegs, dem Iran tatsächlich wirtschaftliche Hilfe zu gewähren. Im Gegenteil, ihre langfristigen Bestrebungen gingen dahin, die Herrschaft der USA-Firmen im Iran zu sichern, das britische Monopolrecht am Erdöl zu beseitigen und einen großen Teil der Erdölindustrie in die Hand zu bekommen. Die Engländer kannten die Absicht der USA und waren überzeugt, daß ohne amerikanische Hilfe das Erdölproblem zu ihren Gunsten nicht gelöst werden konnte. Deshalb hat die britische Regierung einige Monate nach der Verstaatlichung der Erdölindustrie im Iran beschlossen, die amerikanischen Erdölgesellschaften an der künftigen Erdölgesellschaft zu beteiligen. Es war die einzige Alternative, der iranischen Regierung die amerikanische Hilfe zu entziehen, um gemeinsam gegen die Regierung Mossadegh handeln zu können.

Die Vertreter dieser Strömung sahen nur die politische Seite des Erdölproblems und vergaßen die technische, finanzielle sowie organisatorische Seite und ignorierten das Komplott, das die Erdölfirmen der USA und Englands gegen die Regierung Mossadegh schmiedeten.

Die Anhänger der 3. Strömung waren die Linken, die unter Führung der Tudeh-Partei standen und die die Annullierung des Vertrages von 1933 sowie die entschädigungslose Enteignung sämtlicher Erdölunternehmen im Iran forderten [93]). Sie argumentierten, daß der Abschluß und die Bestätigung des Vertrages von 1933 nicht auf legale Weise zustande gekommen sei. Laut Aussage des Finanzministers Tagi-zade, der den Vertrag mitunterzeichnet hatte, ging das ganze unter dem gewaltsamen Druck Englands und auf Anweisung Reza-Schahs vonstatten.

---

93) „Die Führung der Partei hat, anstatt die Losung zur Nationalisierung der Erdölindustrie im ganzen Iran, die von breiten Massen des Volkes akzeptiert wurde und Hauptkern des Bündnisses aller antiimperialistischen Kräfte war, zu unterstützen, die Losung der Annullierung des Erdölabkommens von 1933 und der Verstaatlichung der Erdölindustrie im Süden des Landes verbreitet . . . Das Resultat solcher politischen Linie war das, daß die Partei einige Zeit lang von vielen antiimperialistischen Schichten isoliert wurde und damit die Rolle der politischen Führung bei dem Problem der Nationalisierung des Erdöls verloren hat."
Aus der Resolution der vierten Plenarsitzung des ZK der Tudeh-Partei, Juni 1957.

Die Zeitung „Mardom“ brachte einen Artikel mit der Schlagzeile „Der Medshlis muß den Zwangsvertrag ‚Saed-Gass‘ endgültig ablehnen“, in dem es heißt: „Seit Veröffentlichung des ‚Zusatzabkommens‘, d. h. über ein Jahr lang hat die Tudeh-Partei wiederholt die entschiedenen Proteste unseres Volkes gegen besagtes Abkommen zum Ausdruck gebracht. Der räuberische ‚Saed-Gass-Vertrag‘ verfolgt nur das eine Ziel, um jeden Preis die Sicherung und ungesetzliche Verlängerung der Konzession durchzusetzen, die dem iranischen Volk während der unheilvollen Diktatur Reza-Schahs auf schamloseste Art und Weise aufgezwungen war, wobei Tagi-zade den Kolonisatoren bereitwillig Handlangerdienste geleistet hatte ... Der Vertrag von 1933 ist der beste Beweis dafür, daß lebensnotwendige Interessen des iranischen Volkes an die englischen Imperialisten verraten worden waren. Vom August des Jahres 1941 an lehnte unser Volk einstimmig diesen Vertrag ab und forderte seine bedingungslose Annullierung ... Nach Meinung unserer Partei darf der Kampf gegen das ‚Zusatzabkommen‘ nicht gesondert geführt werden, sondern muß mit dem Kampf gegen den Grundvertrag von 1933 und dem allgemeinen Kampf gegen jeglichen politischen und wirtschaftlichen Einfluß des Imperialismus verbunden sein, wobei man sich auf die Hilfe der breitesten Volksmassen des Irans stützen muß“ [94]).

Es handelt sich hier um die entschädigungslose Enteignung aller Erdölunternehmen im Iran; denn diese Unternehmen innerhalb und außerhalb des Landes verdanken ihre Entstehung der brutalen Ausbeutung der Erdölarbeiter und der Ausplünderung der Erdölquellen. Da ein Kompromiß unzumutbar ist, muß die AIOC gezwungen werden, für den Schaden aufzukommen, der dem Iran zugefügt worden ist. Die Tudeh-Partei vertrat die Ansicht, daß sich die Erdölindustrie dem ansteigenden Erdölbedarf im Lande entsprechend und auf der Grundlage der Entwicklung der Industrie, des Verkehrswesens, der radikalen Veränderungen in der Landwirtschaft, der Preissenkung für Erdöl auf dem inländischen Markt und des Erdölverkaufs an Länder, die es nicht zu Kriegszwecken nutzen, entwickeln müsse. Da-

94) Zeitung „Mardom“ vom 25. Juni 1950.

durch würde dem Weltfriedenslager bei der Verwirklichung der Ziele, die die gesamte fortschrittliche Menschheit angehen, und dem Iran bei der Befreiung seiner Erdölquellen von den englischen Magnaten geholfen. Letztere benutzten bekanntlich das iranische Erdöl für ihre aggressiven Ziele in Korea, Vietnam und Malaysia. Die Tudeh-Partei versuchte ebenso mit ganzer Kraft zu verhindern, daß der Iran in eine Kriegsbasis gegen die UdSSR umgewandelt wird.

Ende Juli 1950 wurden die „Iranische Gesellschaft der Friedensanhänger" und Ende desselben Jahres die „Gesellschaft zur Befreiung des Irans", die „Nationale Gesellschaft zum Kampf gegen die AIOC", die „Gesellschaft zur Unterstützung der Bauern" u. a. gegründet. Diese Gesellschaften konnten für kurze Zeit breite Schichten der Bevölkerung erfassen und sie zum Kampf gegen das „Zusatzabkommen" mobilisieren. Seit Ende 1950 wurden in den Großstädten des Irans Massenkundgebungen, Demonstrationen und Meetings durchgeführt, die gegen das „Zusatzabkommen" gerichtet waren und der Erhaltung des Friedens dienten. Auf einer Demonstration, die Anfang Dezember 1950 in Teheran stattfand, forderten Studenten die Verstaatlichung der Erdölindustrie. Viele von ihnen wurden damals von der Polizei verhaftet.

Die „Gesellschaft der Friedensanhänger" organisierte in allen Städten des Irans ihre Unterabteilungen und erfaßte auf diese Weise einen Teil des iranischen Volkes.

Alle diese Gesellschaften standen entweder unter der Führung oder dem Einfluß der Tudeh-Partei, deren Mitglieder die aktivsten Kämpfer gegen die AIOC und für den Frieden waren.

Auf Demonstrationen und Großkundgebungen forderten sie die entschädigungslose Enteignung aller AIOC-Unternehmen im Iran; die Annullierung des Militärbündnisses mit den USA, Gewährung von Presse- und Redefreiheit, Anerkennung der Parteien und Gewerkschaften, Aufhebung des Ausnahmezustandes usw.

Die Haltung Razmaras, der mit dem Vorschlag der AIOC einverstanden war, rief in dieser Periode die Unzufriedenheit der Amerikaner hervor. Am 7. März 1951 erfolgte die Ermordung Razmaras [95]). Der „Daily Kompass" brachte hierzu folgenden Kommentar: „Die Hintergründe für die Ermordung sind der Kampf zwischen den Engländern und Amerikanern um die Vormachtstellung im Iran; die Ermordung Razmaras ist in erster Linie auf seine anti-amerikanische Einstellung zurückzuführen" [96]).

Die nach der Ermordung Razmaras zur Macht gelangte proamerikanische Regierung Hussein Ala besaß auch nicht die Kraft, das Erstarken der antibritischen Bewegung zu verhindern. Unter dem Druck der Volksmassen sah sich die Erdölkommission des Medshlis gezwungen, am 8. März 1951 ihre Zustimmung zur Verstaatlichung der Erdölindustrie des Irans zu geben. Eine Woche später bestätigte der Medshlis den von einer Kommission vorbereiteten Gesetzentwurf zur Verstaatlichung der Erdölindustrie und beauftragte die Kommission, in zwei Wochen einen neuen Entwurf zur praktischen Durchführung der Verstaatlichung vorzulegen.

Am 20. März 1951 bestätigte auch der Senat das Gesetz zur Verstaatlichung der Erdölindustrie des Irans.

Die Engländer ergriffen sofort Gegenmaßnahmen. So strich z. B. die AIOC — in der Absicht, auf die Erdölarbeiter Druck auszuüben — den 30 %igen Lohnzuschlag für Arbeiter, die keinen festen Wohnsitz besaßen und unter schweren materiellen Bedingungen lebten. Die Folge davon war, daß die Arbeiter stürmisch ihre Unzufriedenheit bekundeten. Am 24. März begann in Aga-Dshari ein Streik, der auf alle Erdölgebiete des Irans übergriff. Die Arbeitsniederlegung von 90 000 Erdölarbeitern brachte die gesamte Tätigkeit der AIOC zum Erliegen. Um den Streik zu beenden, verhängte die Regierung Ala den Ausnahmezustand über die Erdölgebiete des Landes

---

95) „Wenige Tage, bevor der Premierminister Razmara ermordet wurde, hatten ihm die Engländer eine 50-prozentige Teilung der Profite vorgeschlagen. Einer der Berater Razmaras legte ihm nahe, diesen Vorschlag zur Verminderung der öffentlichen Spannung sofort dem Parlament zu unterbreiten. Razmara wollte jedoch zuerst eine Abkühlung der Leidenschaften abwarten. Diese Entscheidung hat ihm wahrscheinlich das Leben gekostet." So schreibt der Schah vom Iran in seinem Buch „Im Dienste meines Landes", S. 279.

96) Zeitung „Daily Kompass" vom 10. März 1951.

und verhaftete eine große Anzahl von Arbeitern. Nach einem Zusammenstoß mit den Truppen blieben viele Tote und Verwundete auf dem Platz zurück. Außerdem bewaffnete die AIOC rückständige Stämme und hetzte sie auf die Arbeiter, und die englische Regierung traf die Anordnung, schwere Flotteneinheiten im Persischen Golf zusammenzuziehen.

In allen Städten des Irans fanden ununterbrochen Kundgebungen und Demonstrationen für die Wahrung der Rechte der Erdölarbeiter statt. Die AIOC wurde dadurch gezwungen, den Arbeitern gegenüber Zugeständnisse zu machen und auf ihre Forderungen einzugehen. Die Regierung Ala, die gegen die Rechte der Arbeiter und gegen die Verstaatlichung der Erdölindustrie Position bezogen hatte, vermochte sich nicht lange an der Macht zu halten. Der Kampf des Volkes verstärkte sich dermaßen, daß die englische Zeitung „Daily telegraph and morning post“ zugeben mußte, daß die illegal arbeitende Tudeh-Partei weit größeren Einfluß besitze als die iranische Regierung [97]).

Nach dem Sturz des Ala-Kabinetts wurde Dr. Mossadegh, der Vorsitzende der „Nationalen Front“, mit der Bildung einer neuen Regierung beauftragt. Der Streik der Erdölarbeiter und die Massenkundgebungen und Demonstrationen, die in verschiedenen Städten des Irans durchgeführt wurden, zwangen den Medshlis, das Gesetz zur Durchführung der Verstaatlichung der Erdölindustrie Ende April 1951 zu verabschieden. Dieses Gesetz bestand aus den folgenden 9 Paragraphen [98]):

§ 1: Zur Durchführung des Gesetzes über die Verstaatlichung der Erdölindustrie im ganzen Land wird vom 15. bis 20. März 1951 eine gemeinsame Kommission — bestehend aus 5 Senatoren und 5 Medshlisabgeordneten, die vom Senat und vom Medshlis gewählt werden, und dem Finanzminister oder seinem Stellvertreter — gebildet.

§ 2: Die Regierung ist verpflichtet, unter Aufsicht der gemeinsamen Kommission die Tätigkeit der früheren AIOC unverzüglich zu unterbinden. Falls sich die AIOC der sofortigen

---

97) *M. S. Iwanow*, angef. Werk, S. 440.
98) Siehe Dokumente über Erdöl, S. 68—69.

Liquidierung unter dem Vorwand widersetzen sollte, sie habe noch Ansprüche an die Regierung, kann die Regierung zur Deckung eventueller Ansprüche der AIOC eine Einzahlung in der Nationalbank des Irans oder einer anderen Bank vornehmen, die nach beiderseitigem Einverständnis bis zu 25 % der laufenden Einnahmen aus dem Erdöl — abzüglich der Ausgaben für die Gewinnung — betragen kann.

§ 3: Die Regierung ist verpflichtet, unter Aufsicht der gemeinsamen Kommission die legalen Forderungen und Ansprüche an die AIOC, und umgekehrt, auch die der AIOC an die Regierung, zu prüfen und dem Medshlis und Senat ihre Vorschläge zu unterbreiten, die nach Bestätigung durch Medshlis und Senat wirksam werden.

§ 4: Auf alle Einnahmen aus dem Erdöl und den Erdölprodukten besitzt das iranische Volk ein unantastbares Recht. Die Regierung ist verpflichtet, unter Aufsicht der gemeinsamen Kommission die Konten der AIOC zu überprüfen. Die gemeinsame Kommission ist auch vom Tage des Inkrafttretens dieses Gesetzes an bis zur Ernennung einer Ordentlichen Kommission verpflichtet, eine strenge Kontrolle über die Ausbeutung der Erdölquellen auszuüben.

§ 5: Die gemeinsame Kommission muß in kürzester Frist Statuten für eine nationale Erdölgesellschaft ausarbeiten und dem Medshlis und Senat zur Bestätigung vorlegen. In dieser Erdölgesellschaft muß eine Verteilungskommission und eine Kontrollkommission vorgesehen sein, die sich aus Spezialisten zusammensetzt.

§ 6: Um die ausländischen Spezialisten auf die Dauer durch iranische ersetzen zu können, muß die gemeinsame Kommission eine Verordnung über die jährliche Delegierung der besten Schüler und Studenten ins Ausland ausarbeiten, wo diese in den verschiedenen Zweigen der Erdölindustrie Wissen erwerben und Erfahrungen sammeln sollen. Diese Verordnung ist nach ihrer Bestätigung durch den Ministerrat dem Volksbildungsministerium zur praktischen Durchführung zuzuleiten. Die Studiengebühren werden von den Einnahmen aus dem Erdöl bestritten.

§ 7: Alle Abnehmer der Produktion der enteigneten Erdölquellen, die früher zur AIOC gehörten, können in Zukunft jährlich genau soviel Erdöl zu einem gerechten internationalen Preis kaufen, wie sie seit Anfang 1948 bis zum 20. März 1951 von der AIOC gekauft haben; beim Kauf einer größeren Menge sollen ihnen Vorzugsrechte bei gleichen Bedingungen eingeräumt werden.

§ 8: Alle Vorschläge der gemeinsamen Kommission, die dem Medshlis zur Bestätigung unterbreitet werden, sind einer Sonderkommission für Erdöl zu übergeben.

§ 9: Die gemeinsame Kommission muß ihre Arbeit nach Ablauf von 3 Monaten — vom Tage der Bestätigung des Gesetzes an gerechnet — abschließen und gemäß § 8 dem Medshlis Rechenschaft über ihre Arbeit ablegen. Falls es nötig werden sollte, die Frist zu verlängern, muß die gemeinsame Kommission eine Verlängerung der Frist mit entsprechender Begründung beantragen. Die gemeinsame Kommission kann solange ihre Arbeit fortsetzen, bis eine Verlängerung der Frist von beiden Kammern, aus welchen Gründen auch immer, abgelehnt wird.

Dieses Gesetz, das von der nationalen Bourgeoisie ausgearbeitet worden war, konnte weder die gesamten Interessen des iranischen Volkes gewährleisten noch das Erdölproblem lösen. Die Verfasser des Gesetzes ließen

1) die Frage nach der Entschädigung der AIOC offen und räumten

2) den früheren Kunden, d. h. den anglo-amerikanischen Firmen, das Vorrecht beim Kauf von Erdöl ein.

Wieso gelang es der nationalen Bourgeoisie, ihren Standpunkt im Medshlis durchzusetzen?

Das ist darauf zurückzuführen, daß die Frage nach Liquidierung der AIOC und nach Verstaatlichung der Erdölindustrie längst eine hochaktuelle und gesamtnationale Angelegenheit geworden war. Aus diesem Grunde konnte die „Nationale Front" einen bedeutenden Teil der Groß- und Kleinunternehmer in den Städten und viele Schichten der Bauernschaft für sich gewinnen. Die Seele und führende Kraft dieser Bewegung waren aber die iranischen Arbeiter.

Die Zeitung „Nawide Ajande“ schrieb am 7. Mai 1951, daß es Verrat gegenüber dem iranischen Volk und Kriecherei vor dem Imperialismus sei, wenn der AIOC, die sich des Erdöls bemächtigt hatte, auch nur das kleinste Recht zuerkannt oder auf das geringste Recht des iranischen Volkes zu Gunsten dieser räuberischen Vereinigung verzichtet würde. „Das iranische Volk ist gegen jegliche Entschädigung der AIOC und fordert alle ihm gesetzlich zustehenden Rechte. Das Gesetz über die Durchführung der Verstaatlichung der Erdölindustrie widerspricht durch den Verkauf von Erdöl an frühere Kunden, d. h. an die anglo-amerikanischen Imperialisten und Kriegsbrandstifter, der Souveränität des Irans und ist nur mit einer unbefristeten Konzession vergleichbar.“

In einem offenen Brief des ZK der Tudeh-Partei, der am 8. Mai 1951 an Dr. Mossadegh gerichtet wurde, heißt es, daß die Regierung die Verstaatlichung der Erdölindustrie entschlossen durchsetzen müsse und der räuberischen Erdölgesellschaft keine Möglichkeit mehr zum Handeln bieten dürfe, daß es ihre Pflicht sei, deren unbegründete Forderungen abzuweisen, die Herrschaft des Irans auf den Bahreininseln wiederherzustellen, die Verstaatlichung der Erdölindustrie auch dort durchzuführen und zu diesem Zweck dem Medshlis einen Zusatzentwurf vorzulegen.

Mit der Verstaatlichung der Erdölindustrie trat der Kampf des iranischen Volkes gegen die Engländer in eine neue komplizierte Phase und verstärkte die demokratische Bewegung im Iran. Obwohl die damalige Führung der Tudeh-Partei einige radikale Forderungen vorschlug, unterstützte sie tatsächlich die Maßnahmen der Regierung. Es war sehr schwer, in der illegalen Lage die Arbeiterschaft sowie die Patrioten richtig zu organisieren und zum bestimmten Ziel zu führen. In solcher Situation war auch das Entstehen vieler Fehler gegen die Regierung Mossadegh unvermeidlich.

IV. DER KAMPF DER USA-ERDÖLGESELLSCHAFTEN UM DIE IRANISCHEN ERDÖLQUELLEN

Die Entwicklung des Privatunternehmens bis zur Gründung der gigantischen Bank- und Aktiengesellschaften beseitigte nicht seine Widersprüche. Im Gegenteil, in der neuen historischen Epoche nahm die Konkurrenz nicht nur in einem Land, sondern auch im Weltmaßstab immer schärfere Formen an. Die Konkurrenz und der Kampf um die Aufteilung der Welt, um den Besitz der Rohstoffquellen und der Absatzmärkte, führten seit Beginn des 20. Jahrhunderts bis heute zu zwei Weltkriegen. Ende des vorigen Jahrhunderts setzte der Kampf um das Erdöl zwischen den Erdölmagnaten der großen Industrieländer ein, insbesondere zwischen England und Amerika. Der Kampf um das Erdöl ist in erster Linie ein Kampf um Erdölquellen und Absatzmärkte für Erdölprodukte. „Die Industrie- und Kolonialmonopole Englands sind fest mit dem Bankkapital verwachsen. Vor dem ersten Weltkrieg befaßten sich die englischen Banken in der Hauptsache mit Kolonialunternehmen und Kapitalexport“ [99]). England hatte als alte Kolonialmacht fast alle Erdöllagerstätten in den kolonialen und abhängigen Ländern unter seiner Kontrolle und verwehrte den anderen großen Mächten den Zutritt zu diesen Gebieten. Dennoch gelang es den amerikanischen Erdölgesellschaften Anfang unseres Jahr-

[99]) „Die englischen Monopole“, Moskau 1955, S. 13 (Übersetzung aus dem Englischen)

hunderts, in Lateinamerika und Rumänien Fuß zu fassen und ihre Positionen daselbst zu behaupten.
Während des ersten Weltkrieges und in der darauffolgenden Zeit verschärften die amerikanischen Erdölfirmen ihren Kampf um Inbesitznahme von Erdölquellen und Eroberung von Absatzmärkten. Nach dem ersten Weltkrieg wurde der Kampf zwischen den englischen und amerikanischen Erdölgiganten noch schärfer. Eine bedeutende Rolle in dem Kampf zwischen den großen Erdölgesellschaften Englands und Amerikas spielten die Erdölquellen der Länder im Nahen und Mittleren Osten, insbesondere der Erdölreichtum des Irans. Bereits vor und auch nach dem ersten Weltkrieg führte die amerikanische Regierung einen harten diplomatischen Kampf mit Großbritannien um Beteiligung ihrer Erdölgesellschaften an der Ausbeutung der Erdölquellen des Mittleren Ostens. Die gewaltigen Erdölvorräte, die geringe Tiefe der Vorkommen (der sogenannte „Koeffizient") und die billigen Arbeitskräfte in diesen Ländern — die wichtigen Faktoren, die den höheren Profit garantieren — lenkten die Aufmerksamkeit der Erdölfirmen Englands und der USA auf sich. Die iranische Erdölindustrie — wie auch der Erdölreichtum der meisten anderen Länder im Nahen und Mittleren Osten — ist: 1. ein Quell für hohen Profit; 2. ein wertvolles industrielles und strategisches Material im Frieden wie im Kriege; 3. das wichtigste Gebiet zur Gewinnung der Oberhand über die Wirtschaft und Politik im Iran.
Wie in den vorhergehenden Kapiteln bereits angeführt wurde, befinden sich im Iran und in den anderen Ländern des Nahen und Mittleren Ostens die reichsten Erdöllagerstätten der Welt. Die geologischen Untersuchungen und Berechnungen der letzten Jahre haben ergeben, daß die Erdölvorräte dieser Länder mehr als 32,2 Milliarden Tonnen betragen, was mehr als 65 Prozent der Erdölreserven der Welt ausmacht. „Für das ungeheure Potential dieses Gebietes spricht die Tatsache, daß im Jahre 1949 die gesamte Erdölgewinnung aus 287 Bohrlöchern auf einer tagesdurchschnittlichen Ausströmungsmenge von 5143 Barrel pro Bohrloch beruhte. Im Irak hingegen betrug die durchschnittliche Ausströmungsmenge pro Bohrloch täglich nicht

weniger als 11 200 Barrel, im Iran — 2190, in Saudi-Arabien — 6083 und in Kuwait — 4450 Barrel"[100]). Dazu kommt noch, daß das Erdöl aus fast allen Bohrlöchern der angeführten Gebiete eruptionsartig hervorbricht, wodurch die Selbstkosten der Erdölgewinnung enorm gesenkt werden. Im Jahre 1950 förderte man im Iran 32,2 Millionen t Erdöl aus 81 Bohrlöchern. In demselben Jahre brachten die 360 Bohrlöcher aller Erdöl liefernden Länder des Nahen und Mittleren Ostens 84,4 Millionen t Erdöl. Die Ausströmungsmenge eines jeden Bohrloches im Iran übersteigt die Ausströmungsmenge der Bohrlöcher in den USA um fast das 1000fache.

Die sieben amerikanischen und englischen Erdölgesellschaften, die auf dem Erdölmarkt führend sind und sich zu dem internationalen Erdölkartell zusammengeschlossen haben, erzielten und erzielen Riesengewinne aus der Ausbeutung des Erdölreichtums dieser Länder. Zu diesen großen Erdölgesellschaften gehören die folgenden fünf amerikanischen Gesellschaften: „Standard Oil of New Jersey", „Standard Oil of California", „Socony Vacuum", „Gulf Oil Corporation", „Texas Oil Company" und die beiden englischen Gesellschaften „Royal Dutch/Shell" (eine englisch-holländische Gesellschaft) und die AIOC. Die amerikanischen und englischen Erdölgesellschaften erzielen jährlich einen Reingewinn von Hunderten von Millionen Dollar aus der Ausbeutung der Erdölquellen des Nahen und Mittleren Ostens. Es ist zur Genüge darauf hingewiesen worden, daß die Erdölgesellschaften in den USA jährlich 4500 Dollar durch einen einheimischen Arbeiter profitieren, in Kuwait, wie auch in den anderen Ländern dieses Bereichs, beziehen sie dagegen pro Arbeiter 40 000 Dollar jährlich[101]). Dieser enorme Gewinn führte zu dem jahrelangen erbitterten Kampf zwischen den großen Erdölgesellschaften und ist auch weiterhin die Ursache dafür.

---

100) The International Petroleum Cartel (Das internationale Erdölkartell) Washington, August 1952 — Übersetzung — Moskau 1954, S. 21. Im Jahre 1966 wurden aus 1972 Bohrlöchern des Nahen und Mittleren Ostens fast 462 Mill. t Erdöl gefördert.

101) *M. A. Awsenow*, „Der anglo-amerikanische Kampf um das Erdöl nach dem zweiten Weltkrieg", Moskau 1954, S. 58.

Zu Beginn des 20. Jahrhunderts versuchten die amerikanischen Unternehmer mit Hilfe der Shuster-Mission in den Iran einzudringen und vorteilhafte Konzessionen zu erwerben, aber die von England und dem zaristischen Rußland behauptete Position hinderte sie daran [102]). England und das zaristische Rußland teilten das Territorium des Irans und dessen Reichtümer unter sich auf und versperrten den anderen Staaten den Weg dazu. In den nördlichen Provinzen des Irans, die zur Einflußsphäre des Zarismus gehörten, bekamen die russischen Unternehmer die Erdölkonzessionen zugesprochen. Im Jahre 1913 erhielt die „Diskonto- und Kreditbank Persiens" die Erdölkonzession auf dem Gebiet Dshulfa-Tabris. Zwischen der Bank und der Firma Nobel war ein Abkommen über die Ausbeutung des Erdöls in den konzessionierten Bezirken getroffen worden. Diese Konzession wurde jedoch nicht verwirklicht. Zu Beginn des ersten Weltkrieges erhielt der iranische Großgrundbesitzer Sepah-Salar die Erdölkonzession für Mazandaran. Da er aber nicht über das zum Abbau der Erdöllagerstätten notwendige Kapital verfügte, war er gezwungen, diese Konzession im Jahre 1916 an den russischen Unternehmer Akakij Choschtarija für die Dauer von 9 Jahren abzutreten. Im März 1916 bekam Choschtarija von der iranischen Regierung die Konzession zur Gewinnung von Erdöl in den Provinzen Gilan, Mazandaran und Astrabad (heute Gorgan) für 80 Jahre zugesprochen. Nach einem Jahr besaß er auch die Konzession für die Provinz Ardebil. Choschtarija mußte der iranischen Regierung 100 000 Goldrubel, 100 000 Rubel in Aktien und jährlich 16 % des Reingewinns zahlen.

In demselben Jahr gründeten Choschtarija und Dshakoli auf der Grundlage dieser Company die „Russisch-Persische Erdölgesellschaft" („Rupento") zur Gewinnung und zum Verkauf von Mineralien und Erdölprodukten.

Die Oktoberrevolution machte den russischen Magnaten jedoch

---

102) Die Shuster-Mission war im Mai 1911 von den USA in den Iran gesandt worden und entfaltete dort eine rege Tätigkeit, um die Bedingungen für das ökonomische Eindringen der Amerikaner in den Iran zu schaffen. Diese Mission wurde Anfang 1912 infolge der Widerstände von seiten Rußlands und Englands vertrieben.

einen Strich durch ihre Rechnung. Die sowjetische Regierung annullierte sämtliche Konzessionen, die den russischen Unternehmern und der zaristischen Regierung im Iran gewährt worden waren. Die englischen Firmen legten daraufhin große Eile an den Tag, um den Norden des Landes mit seinen reichen Erdölvorräten in ihre Hände zu bekommen und versuchten um jeden Preis, den amerikanischen Erdölgesellschaften den Zutritt zum Iran zu verwehren. Die Engländer verfolgten das Ziel, ihre Monopolstellung auf das gesamte Territorium des Landes auszudehnen. Zu Beginn des Jahres 1920 kaufte die AIOC von Choschtarija für 100 000 Pfd. Sterling die Aktien seiner Erdölkonzession. Gestützt auf das neue Abkommen mit Choschtarija gründete die AIOC im Mai 1920 ihre neue Tochtergesellschaft „North Persian Oil Ltd." („Nordpersisches Öl") [103].
Die Engländer trafen noch andere Maßnahmen gegen die amerikanischen Gesellschaften im Nahen und Mittleren Osten. Im April 1920 schlossen die englischen und französischen Erdölmagnaten in San Remo ein Abkommen, das die Ausbeutung der Erdöllagerstätten im Irak durch englische und französische Unternehmer vorsah und eine Beteiligung der Amerikaner ausschloß.
Der Abschluß des sowjetisch-iranischen Vertrages vom Jahre 1921, wonach die sowjetische Regierung alle Verträge und Konzessionen der zaristischen Regierung annullierte, vereitelte auch den Plan der AIOC betreffs Gründung der „North-Persian Oil Ltd."-Gesellschaft. Als sich nach dem ersten Weltkrieg das Zentrum der Finanzmacht der Welt von Europa auf Amerika verlagerte, verstärkte sich die Expansionspolitik der USA den abhängigen und kolonialen Ländern gegenüber. Der Erdölreichtum des Irans war einer der Schwerpunkte der amerikanischen Expansion. Als die iranische Regierung den Vertrag der AIOC mit Choschtarija über das „Nordpersische Erdöl" nicht anerkannte, riet der amerikanische Gesandte im Iran, Caldwell, seiner Regierung im Mai 1920, unter den gegebenen Umständen auf jeden Fall zu versuchen, die Erdölkonzession

103) Siehe *N. N. Bobynin*, „Persien, seine wirtschaftliche Lage und sein Außenhandel (von 1901 bis 1923)", Tiflis 1923, S. 50.

für die 5 Nordprovinzen zu erwerben. Das State Department teilte daraufhin mit, daß das amerikanische Kapital den Hinweis befolgen werde. Der zuständige Vertreter der „Standard Oil“ erklärte ebenso, daß seine Company den Vorschlag, sich in Nordpersien niederzulassen, grundsätzlich für annehmbar halte, wenn zwischen den Regierungen der USA und Persiens ein zufriedenstellendes Abkommen erreicht werde. „Der Staatssekretär der USA forderte vom amerikanischen Gesandten in Teheran einen ausführlichen Bericht über die Erdöllage in Persien, speziell über die in den Nordprovinzen, ferner über das Verhalten der persischen Regierung in dieser Frage und die Möglichkeiten zur Erlangung von Erdölkonzessionen für amerikanische Trusts“ [104]).

Kurze Zeit nach dem Interimsabkommen zwischen beiden Regierungen begann die größte Erdölgesellschaft der USA „Standard Oil of New-Jersey“ mit der iranischen Regierung über die Gewährung einer Erdölkonzession für den Norden des Landes zu verhandeln. Im November 1921 nahm der iranische Medshlis einen Gesetzentwurf über die Erteilung einer Erdölkonzession an die „Standard Oil“ an. In diesem Gesetzentwurf wurden folgenden Bedingungen festgelegt:

1. Der Medshlis erteilt der „Standard Oil“ oder aber einer anderen soliden und unabhängigen Company die Erdölkonzession in den Provinzen Aserbaidshan, Gilan, Khorasan, Astrabad und Mazandaran;
2. die Konzessionsdauer darf 50 Jahre nicht überschreiten;
3. die iranische Regierung hat mindestens 10 % von den Einnahmen aus dem geförderten Erdöl zu beanspruchen;
4. die übrigen Konzessionsbedingungen müssen ausgearbeitet und — mit Zustimmung der Erdölgesellschaft — dem Medshlis zur Bestätigung vorgelegt werden;
5. die „Standard Oil“ besitzt nicht das Recht, die Konzession an Vertreter anderer ausländischer Staaten, Gesellschaften oder Personen abzutreten. Die Beteiligung anderer Gesellschaften

104) Z. *Abdullajew*, „Verstärkung der Expansion der USA im Iran in den Jahren zwischen 1921 und 1927“; Arbeiten des Instituts für Geschichte und Philosophie der Akademie der Wissenschaften der Aserbaidshanischen SSR, Bd. IV, 1954, S. 155—156.

oder Unternehmer hängt von der Bestätigung des Medshlis ab[105]).

Darüber hinaus sollte die „Standard Oil Company" der iranischen Regierung eine Anleihe in Höhe von 1 Million Dollar gewähren. In demselben Jahr wurde in Washington zwischen den amerikanischen und englischen Erdölgesellschaften ein Abkommen über die Aufteilung der in der Welt vorhandenen Erdöllagerstätten und Absatzmärkte für Erdölprodukte getroffen. Diesem Abkommen zufolge verpflichteten sich die englischen Erdölmagnaten, die „Standard Oil" unter der Bedingung im Iran zu dulden, daß der AIOC das Recht eingeräumt würde, sich ebenfalls an der Gewinnung des nordiranischen Erdöls zu beteiligen. Dieses Abkommen zwischen der AIOC und der „Standard Oil" löste in der iranischen Öffentlichkeit starke Unzufriedenheit aus. Nach dem sowjetisch-iranischen Vertrag aus dem Jahre 1921 besaß die iranische Regierung außerdem nicht das Recht, die annullierten Konzessionen an Ausländer zu vergeben. Deshalb mußte die iranische Regierung den besagten Vertrag mit der „Standard Oil" zurückweisen.
Die iranische Regierung verstieß jedoch erneut gegen den sowjetisch-iranischen Vertrag, als sie im Jahre 1923 folgenden Vorschlag der „Sinclair Oil Company" akzeptierte:
1) 25 % des Reingewinns aus dem geförderten Erdöl wird der iranischen Regierung zuerkannt;
2) die Erdölgesellschaft wird in ihrem Unternehmen nur Iraner und Amerikaner beschäftigen;
3) die „Sinclair Oil Company" gewährt der iranischen Regierung für die Dauer von 20 Jahren eine Anleihe in Höhe von 10 Millionen Dollar.

Diese Vorschläge wurden von der iranischen Regierung angenommen. Im Dezember 1923 unterzeichnete die iranische Regierung ein Interimsabkommen mit der „Sinclair". Einige Monate später bestätigte der iranische Medshlis einen Gesetz-

105) Siehe Gesetzsammlung des Medshlis der I., II., III., IV. Einberufung, S. 677 bis 678.

entwurf über die Abtretung des „nordiranischen Erdöls an eine unabhängige und solide Company der USA". Die Grundbedingungen des Gesetzentwurfes für die Konzession umfaßten folgendes:

1) die Gewinnung von Erdöl und Erdgas auf dem Gebiet der vier Nordprovinzen (außer Gilan);
2) eine Anleihe an die iranische Regierung in Höhe von 10 Millionen Dollar;
3) das Recht auf Erdölverkauf und Export, auf den Bau von Speichern, Wasserwegen, Werken, Straßen, Schiffen usw.;
4) eine Konzessionsdauer zwischen 40 und 50 Jahren;
5) die Abtretung des Konzessionsgebietes für 8 Jahre;
6) unentgeltliche Nutzung der staatlichen Ländereien;
7) eine Konzessionsgebühr von 10—28 % des Reingewinns für die iranische Regierung;
8) freier Import von Ausrüstungen, Maschinen und Materialien;
9) freier Export von Erdölprodukten usw.[106]).

Im November 1924 verzichtete die „Sinclair" auf die Konzession, da sie sich angeblich außerstande sah, der iranischen Regierung eine Anleihe in Höhe von 10 Millionen Dollar zu gewähren. Die wirkliche Ursache aber war der „Erdölskandal", zu dem es 1924 in den USA gekommen war. Der Anlaß dazu war der Mißbrauch, der mit dem Verkauf von staatlichen Ländereien an amerikanische Erdölgesellschaften getrieben wurde, wobei Intrigen und Bestechung eine große Rolle spielten.

Im Jahre 1927 begann der „Preiskrieg" zwischen „Royal Dutch Shell" und „Standard Oil of New-Jersey" auf dem indischen Erdölmarkt. Dieser „Krieg" umfaßte im Jahre 1928 die europäischen und amerikanischen Märkte. Das Dumping hat die großen Erdölfirmen gezwungen, einige Abkommen für ihre Interessen abzuschließen. Am 31. Juli 1928 wurde eine Vereinbarung über die „Rote Linie" getroffen, nach der die amerikanischen Erdölgesellschaften 23,5 % der Aktien der Turkish Petroleum Company (seit 1929 als Iraq Petroleum Co. —

---

106) Siehe Gesetzsammlung des Medshlis der I., II., III., IV. Einberufung, S. 683 bis 698.

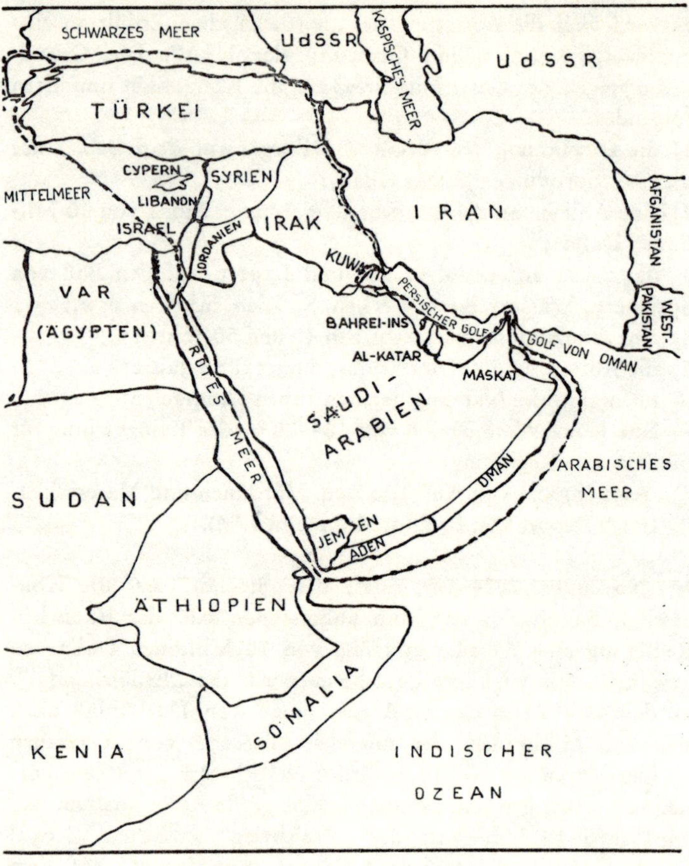

DIE ROTE LINIE VOM JAHRE 1928 - - - -

Zeichnung Nr. 3

IPC — bekannt) erhalten konnten. Nach der Vereinbarung über die „Rote Linie“ blieben der Iran und Kuweit als Monopolsphäre der AIOC bestehen. Am 17. September 1928 wurde ein anderes Abkommen über die Verkaufssphäre und schließlich am 20. Januar 1930 noch ein weiteres Abkommen über den Preis des Rohöls und der Erdölprodukte abgeschlossen [107]). Die Erdölgiganten, die die genannten Vereinbarungen unterzeichneten, gründeten durch ein Geheimabkommen das Erdölkartell [108]).

Trotz der Abkommen intrigierten die USA-Firmen und schlichen sich nach und nach in das nahöstliche und iranische Erdölgebiet ein. So erhielt die amerikanische Gesellschaft „Gulf Oil Corporation" im Jahre 1927 von der englischen Company „Eastern General Syndicate" die Konzession für die Erdölquellen auf den Bahrein-Inseln. Da laut Abkommen über „die Rote Linie" *) die amerikanische Erdölgesellschaft „Gulf Oil Corporation" nicht berechtigt war, diese Konzession zu erwerben, wurde sie an eine andere amerikanische Company — die „Standard Oil of California" — erteilt. Daraufhin gründete diese die Tochtergesellschaft „Bahrein-Petroleum Company" und registrierte sie in Kanada, um die Ansprüche Englands auszuschließen.

Im Mai 1933 wurde der amerikanischen Erdölgesellschaft „Standard Oil of California" die Erdölkonzession in Saudi-Arabien für die Dauer von 66 Jahren und eine Fläche von ungefähr 360 000 Quadratmeilen erteilt. Auf diese Konzession hin wurde im Jahre 1939 die mächtige Erdölgesellschaft „Arabian-American Oil Company" („ARAMCO") gegründet, an der vier große amerikanische Erdölgesellschaften beteiligt waren: die „Standard Oil of New-Jersey", die „Texas Oil", die „Standard Oil of California" und die „Socony Vacuum Oil". Die ersten drei Firmen erhielten je 30 Prozent der ARAMCO-Aktien und die „Socony Vacuum Oil" 10 Prozent [109]). Man muß hierzu bemerken, daß die Anteile der „Standard Oil of New-Jersey" und der „Socony Vacuum Oil" geheim gehalten wurden und erst nach dem Kriege bekannt wurde, daß sie 40 Prozent der ARAMCO-Aktien besaßen.

Im Dezember 1934 erwarb die amerikanische Gesellschaft

---

107) „Das internationale Erdölkartell", S. 7, 85, 127.

108) Die Mitglieder des Erdölkartells sind folgende Erdölgesellschaften: Standard Oil of New-Jersey (USA), Gulf Oil Corporation (USA), Texas Oil Co. (USA), Standard Oil of California (USA), Socony Mobil Oil (USA), British Petroleum (ex-AIOC, England) und Royal Dutch Shell (England-Holland).

*) Siehe Zeichnung Nr. 3.

109) Siehe „Das internationale Erdölkartell", S. 142—154.

„Gulf Oil Corporation“ in Kuweit für 75 Jahre die Konzession zur Erdölgewinnung und gründete die „Kuweit Oil Company“. Da aber in Kuweit die Engländer tonangebend waren und Monopolrechte hatten, sah sich die „Kuweit Oil Company“ gezwungen, der AIOC die Hälfte der Aktien abzutreten [110]).

Im Jahre 1937 starteten die Amerikaner mit der „Delaware Company“ einen erneuten Versuch, sich des nordiranischen Erdöls zu bemächtigen. Das Abkommen glich dem im Jahre 1933 mit der AIOC getroffenen Konzessionsabkommen und enthielt analoge Bedingungen. Im Jahre 1937 erteilte die iranische Regierung der genannten amerikanischen Erdölfirma für die Dauer von 60 Jahren die Konzessionen zum Bau von Erdölleitungen zwischen dem Iran und Afghanistan. Auf den Protest der sowjetischen Regierung hin wurden diese Verträge annulliert.

Zwei Jahre danach erhielt die anglo-holländische Erdölgesellschaft „Royal Dutch Shell Co.“ mit Hilfe ihrer Tochtergesellschaft von der iranischen Regierung die Konzession zur Gewinnung von Erdöl und zum Abbau von Mineralien im Norden des Irans. Aber auch diese Konzession wurde nicht verwirklicht.

Auf diese Art und Weise gelang es den amerikanischen Erdölgesellschaften in der Zeit zwischen dem ersten und zweiten Weltkrieg, im Nahen und Mittleren Osten Fuß zu fassen und für einige Gebiete am Persischen Golf günstige Konzessionen zu erwerben. Der zweite Weltkrieg schwächte die englische Position im Nahen und Mittleren Osten noch mehr. Die Schwächung Englands sowie Frankreichs infolge des zweiten Weltkrieges und ihre ökonomische Abhängigkeit während des Krieges von den USA nutzten die amerikanischen Erdölfirmen aus, um ihre Macht auf alle Länder auszudehnen. Die Verschärfung der wirtschaftlichen und politischen Krise nach dem zweiten Weltkrieg spitzte den Kampf um Rohstoffquellen und Absatzmärkte zu. Die innerhalb der großen Gesellschaften bestehenden Widersprüche traten in dem offenen Kampf um Erdöl-

---

110) Ebenda, S. 161.

quellen, Kautschuk, Buntmetalle u. a. wertvolle Metalle, Schwefel, Wolle, Absatzmärkte für ihre Produkte usw. klar zutage. Ein solcher offener Kampf spielte sich im Nahen und Mittleren Osten ab. „Der Kampf hat hier derartig scharfe Formen angenommen, daß einige amerikanische Zeitungen ihn einen ‚kleinen kalten Krieg' nennen" [111]).

Im Mai 1943, zu einem Zeitpunkt also, da der zweite Weltkrieg am heftigsten tobte, gründete die USA-Regierung eine Erdölcorporation (die „Petroleum Reserve Corporation"), deren Ziel die „Aneignung der Erdöllagerstätten außerhalb der Grenzen der USA" war. Im Februar 1944 wurde zwischen der „Petroleum Reserve Corporation" und den drei Gesellschaften „Standard Oil of California", „Gulf Oil Corporation" und „Texas Oil" folgende Vereinbarung getroffen:

1) vom Persischen Golf bis zu den Osthäfen des Mittelländischen Meeres ist eine Erdölleitung auf Staatskosten zu bauen;

2) die Rückerstattung der beim Bau der Erdölleitung entstandenen Kosten hat seitens der genannten Erdölfirmen für die Dauer von 25 Jahren in Form einer Gebührenzahlung für das Umpumpen des Erdöls zu erfolgen, die die Ausgaben und Abschreibungen deckt;

3) der amerikanischen Regierung sind 140 Millionen t der unterirdischen Reservoirs oder 20 % aller Vorräte zu überlassen, falls sie weniger als 700 Millionen t umfassen sollten;

4) die Gesellschaft muß der amerikanischen Regierung jährlich 4 Millionen t Erdöl zu einem Preis verkaufen, der um 25 % unter den im Golf von Mexiko üblichen Preisen liegt [112]).

Das Abkommen ist der eindeutige Beweis dafür, daß das Ziel der von der USA-Regierung gegründeten Erdölcorporation darin bestand, die von den amerikanischen Erdölfirmen bezogene Position im Nahen und Mittleren Osten zu festigen und zu erweitern, die im Mittelländischen Meer stationierten U.S.-Luft- und Seestreitkräfte mit Treibstoff zu versorgen.

---

111) *M. A. Awsenow*, angef. Werk, S. 56.
112) „Oil and Gas" vom 20. Dezember 1951.

Nach dem zweiten Weltkrieg verstießen die beiden amerikanischen Erdölfirmen „Standard Oil of New-Jersey“ und „Socony Vacuum Oil Company“ offen gegen das Abkommen über die „Rote Linie“, das im Jahre 1928 abgeschlossen worden war [113]). Die Engländer sahen sich nach 1945 gezwungen, ein neues Abkommen mit den amerikanischen Erdölmagnaten zu treffen, nach welchem England das Recht auf alleinige Gewinnung des Erdöls im Iran und den USA das in Saudi-Arabien eingeräumt wurde. In den übrigen Gebieten des Nahen und Mittleren Ostens wollten sie gemeinsam tätig sein. Gegen Ende des Jahres 1946 kauften die beiden amerikanischen Firmen „Standard Oil of New-Jersey“ und „Socony Vacuum“, die seinerzeit das Abkommen über die „Rote Linie“ unterzeichnet hatten und an der „Irak Petroleum“ beteiligt waren, 30 Prozent bzw. 10 Prozent der ARAMCO-Aktien auf. Außerdem erwarben diese Gesellschaften noch Aktien der „Transarabian Pipeline“-Gesellschaft.

Im Jahre 1946 lehnten die amerikanischen Erdölfirmen die Vereinbarung über die „Rote Linie“ ab, um für ihre Tätigkeit außerhalb der Linie freie Hand zu haben *). Darüber hinaus verschafften sich die amerikanischen Erdölgesellschaften in der Nachkriegszeit eine ganze Reihe von Konzessionen im Jemen, im Libanon, in der neutralen Zone zwischen Kuweit, dem Irak und Saudi-Arabien und in anderen Ländern des Nahen und Mittleren Ostens. Sie kämpften auch um das iranische Öl [114]). Schon 1946 hatte Hussein Ala, damals iranischer Gesandter in Washington und später (1951 und 1955) Premierminister, der als den Westmächten freundlich gesonnen galt und die Absicht der amerikanischen Erdölfirmen genau kannte, warnend ausgesprochen, daß eine neue Regelung im Öl notwendig geworden sei: „Wie es scheint, würde die

---

113) „Das internationale Erdölkartell“, S. 131.

*) Siehe Beilage Nr. 2.

114) *Dr. A. Millspaugh,* der zweimal (1922—1927 und 1943—1945) Chef der amerikanischen Finanzmission im Iran war, schrieb, daß gleiche Bedingungen für die ausländischen Erdölgesellschaften notwendig seien, um das iranische Öl auszubeuten, und daß „alle weitere Ausbeutung der iranischen Erdölvorkommen unter einer internationalen Gesellschaft stattfinden soll“. *A. Millspaugh,* Americans in Persia, Brookings-Institution, Washington D.C. 1946, S. 245.

beste Methode zur Sicherung der politischen und wirtschaftlichen Interessen des Irans und zur gleichzeitigen Befähigung der Welt, von unseren reichen Vorräten zu profitieren, darin bestehen, alles iranische Öl, einschließlich des Gebietes, das von der AIOC kontrolliert wird, zusammenzulegen und eine internationale Gesellschaft zu bilden, an der iranische, amerikanische, englische, sowjetische, französische und holländische Gesellschaften beteiligt sein könnten" [115]).

Im März 1948 schlossen die amerikanischen Erdölgesellschaften in der Absicht, auch in der iranischen Erdölindustrie Fuß zu fassen, mit der AIOC ein Abkommen, nach welchem die „Middle East Pipeline Co. Ltd." gegründet wurde, deren Aktien folgendermaßen aufgeteilt wurden: An die AIOC — 60,9 %, an die „Standard Oil of New-Jersey" — 24,7 % und an die „Socony Vacuum" — 14,4 %. Diese Gesellschaft sollte vom Persischen Golf bis zum Mittelländischen Meer eine Erdölleitung mit einer Kapazität von täglich 535 000 Barrel bauen [116]). Als Ausgleich dafür sollten die amerikanischen Firmen für die Dauer von 20 Jahren das Recht erhalten, jährlich 20 % des durch die AIOC im Iran geförderten Erdöls zu beziehen [117]).

Nach dem Krieg wurde die Expansionspolitik der USA im Iran unter verschiedenen Losungen fortgesetzt. Um ihren Einfluß im Iran zu verstärken, nahmen die Amerikaner die Planorganisation in ihre Hand. Im Jahre 1948 hatte die Planorganisation einen Entwicklungsplan zusammengestellt. Dieser Plan war von der amerikanischen Firma „Overseas Consultants Incorporated" ausgearbeitet worden und verfolgte das Ziel, die führende Stellung der amerikanischen Firmen im Iran zu erreichen. Am 10. Februar 1949 bestätigte der Medshlis nach langwierigem Kampf zwischen den Engländern und Amerikanern diesen Plan. Ihm zufolge sollte die iranische Regierung 21 Milliarden Rial bereitstellen [118]).

---

115) *H. O'conner*, angef. Werk, S. 265.
116) „Das internationale Erdölkartell", S. 193—194.
117) „Der kapitalistische Erdölmarkt", S. 47.
118) 100 Rial entsprechen 5 Mark.

Der „Siebenjahrplan“ war Vorwand und Mittel zur Stützung der amerikanischen Gesellschaften im Iran und sollte dazu dienen, die Wirtschaft des Landes noch mehr zur Deckung der Bedürfnisse des Weltmarktes auszunutzen. Der Plan sah eine Summe von 5 Milliarden Rial für den Bau von Straßen, Eisenbahnlinien, See- und Flughäfen vor. Eine besondere Rolle spielte im „Siebenjahrplan“ die Gründung einer Erdölgesellschaft im Iran, deren Anfangskapital 1 Milliarde Rial betragen sollte [119]). Die Gründung einer solchen Gesellschaft war ein neuer Schachzug der amerikanischen Erdölfirmen, um in den Besitz des iranischen Erdölreichtums zu gelangen. Es war durchaus kein Zufall, daß sich diese Gesellschaft nur mit der Untersuchung der Erdöllagerstätten des Landes und mit umfangreichen geologischen Erkundungen und Bohrungen befaßte, den übrigen Teil des Planes aber ganz außer acht ließ. Die Zusammensetzung und Pflichten der ausländischen Spezialisten dieser Erdölgesellschaft zeigten deutlich, daß die führende Stelle in ihr die Amerikaner inne hatten. Die 21 ausländischen Spezialisten setzten sich aus acht Schweizern, fünf Franzosen und acht Amerikanern zusammen. Die Schweizer und Franzosen waren für die geologischen und geophysikalischen Arbeiten, die Amerikaner dagegen für die wichtigsten Zweige der Produktion — nämlich für Bohrungen und Förderung — verantwortlich.

Außer dem „Siebenjahrplan“ existierte noch ein anderer amerikanischer Plan, d. h. die „Truman-Doktrin“. Bekanntlich haben die Amerikaner nach dem zweiten Weltkrieg mehrere Pläne (die „Truman-Doktrin“, den „Marshall-Plan“, die „Hilfe für unterentwickelte Länder“ usw.) zu dem Zweck ersonnen, um die Politik der USA zu unterstützen und ihre Führungsrolle in der Welt zu behaupten. Anläßlich der Bestätigung der „Truman-Doktrin“ schrieb die Zeitschrift „Times“ am 25. März 1947: „Als Truman sein Programm verkündet hatte, äußerten sich alle laut über Griechenland und die Türkei und sprachen nur leise über die ungeheuren Erdölvorräte im Mittleren Osten, da die USA im umgekehrten Falle nicht genügend Treibstoff für einen neuen Krieg besitzen würden.“

119) Siehe Gesetzsammlung des Medshlis der XI. Einberufung, S. 24—29.

Der neue „Truman-Plan", der am 20. Januar 1949 unter der Bezeichnung „Hilfe für unterentwickelte Länder" herauskam, sollte die technischen, finanziellen, wirtschaftlichen und politischen Voraussetzungen für das weitere Eindringen der USA-Firmen schaffen und zur Stärkung der amerikanischen Positionen in kolonialen und abhängigen Ländern beitragen. Auf Grund des „Punktes Vier des Truman-Planes" wurde am 19. Oktober 1950 zwischen den USA und dem Iran ein Abkommen „über technische Hilfe" abgeschlossen, nach welchem es ihnen allmählich gelingen sollte, die Kontrolle über die Wirtschaft und Politik dieses Landes auszuüben. Diese „Hilfeleistung" — wie auch die anderen Militärabkommen der Amerikaner — drückte sich darin aus, daß die USA dem Iran eine Anleihe in Höhe von mehreren zehn Millionen Dollar aufdrängten, wofür Straßen, See- und Flughäfen gebaut, Waffen und Munition gekauft werden sollten usw.

Die Nachkriegsperiode ist durch das weitere Verdrängen Englands aus dem Iran, aus Saudi-Arabien und anderen Ländern des Nahen und Mittleren Ostens gekennzeichnet. Das spiegelt sich vor allem auf dem Gebiet der Kapitalanlagen zur Erdölgewinnung in diesem Bereich wider. Die jährliche Zunahme der Erdölgewinnung ist aus der folgenden Tabelle ersichtlich:

Die Erdölgewinnung in den Ländern des Nahen und Mittleren Ostens[120]
(in Mill. t)

Länder	Jahre								
	1937	1946	1947	1948	1949	1950	1951	1954	1955	1966
Iran	10,3	19,5	20,4	25,3	27,2	32,3	16,4	3,0	15,9	105,5
Irak	4,2	4,7	4,7	3,4	4,0	6,5	8,3	30,6	33,1	67,0
Saudi-Arabien	—	8,2	12,3	19,3	23,5	26,9	37,5	46,8	46,3	117,0
Kuweit	—	0,8	2,2	6,4	12,4	17,3	23,3	47,7	55,0	114,3
Bahrein	1,1	1,1	1,3	1,5	1,5	1,5	2,3	1,5	1,5	3,0
Katar	—	—	—	—	0,1	1,6	2,4	4,7	5,4	13,5
andere	0,2	1,3	1,3	1,9	2,3	2,3	2,4	2,9	3,2	41,5
Insgesamt	15,8	35,6	42,2	57,8	71,0	88,4	92,6	137,4	160,4	461,8

Diese Zahlen beziehen sich nur auf die Erdölgewinnung der angeführten Gebiete. Mit zunehmender Erdölförderung änderten

120) Die Tabelle fußt auf den Daten des „Kapitalistischen Erdölmarktes", S. 62: „Petroleum Press Service", Juni 1952; „World Petroleum" April 1955.

sich jedoch die Anteile der englischen und amerikanischen Erdölgesellschaften an der Erdölindustrie dieser Länder. Das ist aus der folgenden Tabelle zu ersehen.[121])

	1937	1946	1948	1949	1950	1951	1955	1966
Die Erdölgewinnung in den Ländern des Nahen und Mittleren Ostens	15,8	35,6	57,7	71,0	88,4	98,0	160,4	461,8
Der Anteil der USA-Gesellschaften (in %)	13,8	31,7	44,9	46,9	45,3	58,0	58,11	63,0
Der Anteil der englischen Gesellschaften (in %)	78,8	64,9	58,5	51,6	52,2	38,8	35,5	31,7
Der Anteil der übrigen Firmen und einzelner Personen (in %)	7,4	3,4	1,6	1,5	2,5	3,2	6,9	5,3

Durch die Verstaatlichung der Erdölindustrie im Iran und die Bildung eines Erdölkonsortiums büßte England sein Privileg in der Erdölgewinnung des Nahen und Mittleren Ostens ein. Im Jahre 1950 förderten die englischen Firmen 47,9 Millionen t Erdöl und die amerikanischen — 39,4 Millionen t, im Jahre 1966 betrug der amerikanische Anteil bereits 293 Millionen t, während die englischen Firmen im Vergleich dazu nur 146 Millionen t förderten [122]).

Die Zunahme des amerikanischen Kapitalanteils an der Erdölgewinnung im Nahen und Mittleren Osten und die Einbuße des englischen gingen keineswegs glatt und ruhig vonstatten. Sie waren von einem erbitterten Kampf und von politischen Attentaten und Staatsstreichen begleitet. Im Laufe der Nachkriegsperiode wurden in diesen Ländern einige politische Persönlichkeiten ermordet: Hossni-az-Zaim, Mohsan Brazi und Schischakli in Syrien, Imam Jahja im Jemen, Hadshir und Razmara im Iran u. a. Der englische Journalist Ray Brock hat durchaus recht, wenn er schreibt: „Blut kostet dort wenig, wo es viel Erdöl gibt“ [123]). Die Ereignisse der letzten Jahre im Iran, im Irak, in Syrien, im Jemen, in Jordanien und in anderen

[121]) *M. Awsenow*, angef. Werk, S. 77; *K. Kazarez*, „Erdöl und Politik“, „Prawda“, 23. Oktober 1956; „Petroleum Press Service“, January 1967; „Monthly Bulletin of Statistics“, May 1967.

[122]) Ebenda

[123]) „Der kapitalistische Erdölmarkt“, S. 51; *Ray Brock*, „Blood, Oil and Sand, the Bodley Head“, London 1952.

Ländern des Nahen und Mittleren Ostens bestätigen diese Äußerung vollauf.
Der zweite Weltkrieg demonstrierte anschaulich die Bedeutung des Erdöls und seine entscheidende Rolle für den Sieg über die deutschen, italienischen und japanischen Aggressoren. Eine besonders wichtige Rolle spielte hierbei das iranische Erdöl. Die iranische Erdölindustrie versorgte die Land-, See- und Luftstreitkräfte der Alliierten im Mittelländischen Meer, im Nahen und Mittleren Osten und in Südwestasien mit Treibstoff.
Man kann nicht über das iranische Erdöl sprechen und dabei die strategische Bedeutung des Landes außer acht lassen. Nicht nur der Iran, auch die anderen Erdöl liefernden Länder des Nahen und Mittleren Ostens besitzen für die englischen und amerikanischen Firmen unschätzbaren Wert, da sie einmal der Quell für Erdöl und hohen Profit sind, zum anderen aber im Falle eines Krieges als Aufmarschgebiet dienen können. Die führenden amerikanischen und englischen Kreise verhehlten nie die für ihre Pläne enorm wichtige strategische Bedeutung des Nahen und Mittleren Ostens. Als Anfang Januar 1952 der Staatssekretär der USA, Dulles, seinen Überblick über die amerikanische Außenpolitik des Jahres 1951 gab und das Fazit aus der Politik im Nahen und Mittleren Osten zog, unterließ er es nicht, darauf hinzuweisen, daß „dieses Gebiet wegen seiner Menschen, seiner Erdölvorräte, seiner strategischen Lage und seiner wichtigen Verbindungswege für uns von gewaltiger Bedeutung ist". Er fügte noch hinzu, daß „die Krise in der Frage der Verteidigung des Suez-Kanals und die verzwickte Lage, in die man bei der Ausnutzung der iranischen Erdölreserven geraten sei, ein Gefahrenmoment darstellt".
Die Absichten der USA wurden durch die amerikanische Zeitschrift „United States News and World Report" unterstrichen, die am 1. Mai 1953 eine Landkarte veröffentlichte, auf der Pfeile in Richtung Baku und Moskau eingetragen waren. Dazu schrieb sie ganz offen: „*Im Nahen Osten sind das Erdöl und die Luftstützpunkte für uns von Interesse. Der Nahe Osten stellt die Ausgangsposition für die großen strategischen Pläne des Westens dar.* Die Ausnutzung des Nahen Ostens als Luft-

stützpunkt ist ein fester Bestandteil des Kriegsplanes der Alliierten."

In seiner Rede, die Lord Wavell auf der Mitgliederversammlung der englischen Kronkolonien Zentralasiens im Juni 1949 hielt, sagte er: „Es gibt zwei Hauptfaktoren, die die grundlegende Änderung der strategischen Karte Asiens erforderten — nämlich 1. das Flugwesen und 2. das Erdöl ... Die nächste große Auseinandersetzung um die Weltherrschaft kann, falls sie stattfinden sollte, ein Kampf um diese Erdölquellen sein. Als Zentrum des Kampfes kommen Westasien, der Persische Golf und Indien, das vom Nordwesten oder vom Nordosten her bedrängt werden kann, in Frage. Hier dürfte sich die Auseinandersetzung um das Erdöl und die Luftstützpunkte abspielen" [124]).

Die oben angeführten Tatsachen zeigen, daß die amerikanischen und englischen Staaten dem Nahen und Mittleren Osten große Aufmerksamkeit in ihren strategischen Plänen widmen. Hierbei nimmt der Iran eine ungeheuer wichtige Stelle ein. Das Territorium des Irans befindet sich in der Nähe bedeutender strategischer Zentren der Sowjetunion. Aus diesem Grunde bereiteten die USA während des zweiten Weltkrieges den Boden für die Unterordnung der iranischen Armee vor; am 6. Oktober 1947, d. h. zur Zeit der Regierung Khawam-os-Saltane, zwangen sie dem Iran ein Militärabkommen auf, nach welchem die Streitkräfte des Landes faktisch unter die Befehlsgewalt der amerikanischen Militärmission gestellt wurden. Kurze Zeit darauf — im Februar 1948 — drängten die USA dem Iran eine Anleihe in Höhe von 10 Millionen Dollar auf, wofür die iranische Regierung von den USA Kriegsausrüstungen kaufen sollte. Am 2. Oktober 1948 schrieb die Zeitung „Razm", daß „die Anleihe eine simple Farce darstellt, ... und die amerikanische Regierung dem Iran, wie seinerzeit der Türkei, Griechenland und ... China, eine bestimmte Menge an Waffen unentgeltlich zur Verfügung stellt, um dadurch die iranische Armee zu stärken und eine neue Kriegsbasis gegen die UdSSR zu schaffen."

124) „Der kapitalistische Erdölmarkt", S. 49.

Der Staatsstreich vom 19. August 1953 brachte alle diese Abkommen und Kriegsanleihen an den Iran ans Tageslicht. Nach dem vollzogenen Umsturz und dem darauf erfolgten Machtantritt General Zahedis setzte eine verstärkte Tätigkeit der amerikanischen Militärs im Iran ein. Die amerikanische Regierung gewährte der neuen iranischen Regierung sogleich eine „Sonderhilfe" in Höhe von 45 Millionen Dollar. Einige Wochen später aber lieferte Amerika dem Iran 8 Schiffe mit Waffen, Munition und Panzerspähwagen sowie Flugzeuge und Ausrüstungen für eine Schiffswerft.

Im März 1954 entsandte die amerikanische Regierung eine aus 6 Offizieren bestehende Militärkommission in den Iran, zu der die Vertreter des US-Verteidigungsministeriums gehörten. Das Ergebnis dieser Besuche war ein Entwurf für die Umorganisierung der iranischen Armee. Ihm zufolge sollte die iranische Armee aus 5 Armeekorps bestehen und die USA-Militärhilfe auf 60 Millionen Dollar erhöht werden.

Alle diese Maßnahmen wurden von den Amerikanern in der Absicht getroffen, die Voraussetzungen für den Anschluß des Irans an den mittelöstlichen Block zu schaffen. Am 25. Juni 1954 berichtete die iranische Zeitschrift „Mossawar" anläßlich des Aufenthalts des Vertreters des Luftfahrtministeriums der Vereinigten Staaten — Thompson, daß dieser amerikanische Vertreter zu Politikern und Militärs des Irans Kontakt aufgenommen und mit ihnen Verhandlungen über „den Beitritt des Irans zum mittelöstlichen Verteidigungspakt" geführt habe. Laut Pressebericht vertrat Washington die Meinung, daß die Eingliederung des Irans in den mittelöstlichen militärischen und politischen Block um jeden Preis erreicht werden müsse.

Die Staatsführung des Irans unterstützte die amerikanischen Pläne und bereitete den Boden für den Anschluß des Irans an den militärischen Pakt vor. Am 19. Juli teilte der Korrespondent der Londoner Zeitung „Times" aus Teheran mit, daß „man in den politischen Kreisen annehme, daß Persien gleich nach Lösung des Erdölproblems sein Hauptaugenmerk auf die Frage seiner Beteiligung am geplanten Verteidigungspakt des Mittleren Ostens richten werde" und daß die Amerikaner all ihren moralischen und sonstigen „Einfluß aufbieten werden, um die bestehende Lücke im türkisch-pakistanischen Verteidigungspakt zu schließen". Nach Abschluß des türkisch-pakistanischen Verteidigungspaktes nahm die Aktivität der amerikanischen militärischen Berater im Iran zu. Der Chef der USA-Militärmission im Iran, General McClur, sagte zu Beginn des Jahres 1954 ganz offen, daß „man nach erfolgter Verstärkung der iranischen Armee die zwischen der Türkei und Pakistan klaffende Lücke schließen kann". Im Juli 1954 erklärte Premier Zahedi beispielsweise, daß es ein großer Fehler sei, „sich während internationaler Konflikte von den Ereignissen fernzuhalten" [125]). Die Erklärung des iranischen Premierministers zeigte, daß die Regierung die Absicht hatte, an dem militärischen Pakt teilzunehmen. Tatsächlich hat die iranische Regierung einige Monate nach dem Abschluß des Erdölvertrages im Jahre 1954 an dem Bagdad-Pakt (nach 1958 — Cento-Pakt) teilgenommen. Die Militärblöcke im Nahen und Mittleren Osten sowie die militärischen Stützpunkte in der Zone des Persischen Golfes sind die wichtigsten Ketten der ökonomischen sowie politischen Interessen der USA und Englands. Sie dienen in erster Linie den Interessen der gigantischen Erdölgesellschaften Großbritanniens und der USA und widersprechen den nationalen Interessen der Völker in diesem Gebiet.

---

125) Zeitung „Kejhan", 27. Juli 1954.

V. DIE LAGE DER IRANISCHEN ERDÖLINDUSTRIE NACH IHRER VERSTAATLICHUNG

1) *Die gemeinsame Aktion Englands und der USA gegen die Regierung Mossadegh*

Die im März 1951 erfolgte Verstaatlichung der Erdölindustrie des Irans bedeutete einen großen Sieg der Iraner über die englischen Erdölmagnaten. Sie löste eine entsprechende Reaktion bei den in England und den USA herrschenden Finanzkreisen aus. In England kam es zu dieser Reaktion, weil die britischen Erdölgesellschaften dadurch ihre gewinnbringendsten Erdöllagerstätten einbüßten, deren Ausbeutung ihnen von jedem Pfd. Sterling Kapitalanlage 100 Pfd. Sterling Gewinn einbrachte.

Die Unzufriedenheit war in den USA keineswegs geringer. Sie rührte nicht nur vom Verlust des laut Abkommen aus dem Jahre 1948 billig von der AIOC bezogenen Erdöls her, sondern hatte ihre Ursachen außerdem darin, daß die amerikanischen Erdölfirmen fürchteten, das Beispiel des Irans könne in den anderen Erdöl liefernden Ländern des Mittleren Ostens Schule machen, so daß sie dann nicht mehr für jede im Gebiet des Persischen Golfes gewonnene Tonne Erdöl über 13 Dollar beziehen könnten. Und so geschah es denn auch. Nach der Verstaatlichung der Erdölindustrie im Iran wurde die Frage nach Verstaatlichung der ausländischen Erdölgesellschaften auch im irakischen Parlament gestellt. Im Juni 1951 griff die Bewegung zur Verstaatlichung der Erdölindustrie auf die Bahrein-Inseln über. In demselben Monat erhoben auch die Ägypter die Forderung nach Verstaatlichung der Erdölgesellschaften und der Suez-Kanal-Betriebe. Desgleichen wurde im Libanon die Verstaatlichung ausländischer Firmen gefordert.

Daher waren die Erdölgiganten der USA sehr stark am iranischen Erdöl interessiert. Sie erklärten ganz offen, daß die Verstaatlichung dem Iran keinerlei Nutzen bringen würde. Ihrer Ansicht nach sollte die Verdrängung der Engländer so vor sich gehen, daß die Grundlagen, auf denen sämtliche Konzessionsverträge fußten, nicht erschüttert würden [126]).

Die amerikanischen Erdölgesellschaften hatten nicht damit gerechnet, daß die Bewegung zur Vertreibung der Engländer derartige Formen annehmen würde. Sie hatten geglaubt, daß die nach der Verstaatlichung entstandene Lage ihnen helfen würde, sich in der iranischen Erdölindustrie festzusetzen. Die Erörterung der Frage der Verstaatlichung der Erdölindustrie im Medshlis fand reges Interesse bei den amerikanischen Erdölgesellschaften. Einige amerikanische Firmen sandten sogar ihre Vertreter nach Teheran, um ein neues Erdölabkommen mit der iranischen Regierung abzuschließen und boten dem Iran einen großen Gewinnanteil an. So zum Beispiel erklärte sich die „Texas Oil Company" bereit, dem Iran 60 %, die „Socony Vacuum" 65 % und die „ARAMCO" sogar 72 % des Gesamtgewinnes zu zahlen.

Diese verlockenden Vorschläge führten jedoch nicht zur Verwirklichung der amerikanischen Pläne. Im Gegenteil, der damalige Aufschwung der antibritischen Bewegung im Iran und in den anderen Ländern des Nahen und Mittleren Ostens bedrohte die Positionen der USA in diesem Gebiet. Es lag zweifelsohne nicht in der Absicht der Vereinigten Staaten, die Anspruch auf die Weltherrschaft erhoben, den Nahen und Mittleren Osten aufzugeben, wo ihnen durch die Erdölgewinnung Hunderte von Millionen Gewinn pro Jahr zuflossen und sie Militärbasen geschaffen hatten. Deshalb heißt es auch in dem Memorandum der USA-Regierung, daß sie berechtigte Gründe besitze, um an

126) „Internationales Erdölkartell", S. 13.

der Lösung des Erdölproblems im Iran interessiert zu sein. Das starke Interesse der USA am iranischen Erdöl erklärt sich daraus, daß die amerikanischen Erdölfirmen bestrebt waren, die enormen Profitquellen im Mittleren Osten an sich zu reißen. Neben ihrem Bemühen, die englischen Konkurrenten aus dem Iran zu verdrängen, taten und tun die Amerikaner andererseits alles, um die legitimen Besitzer des Erdöls — das iranische Volk — daran zu hindern, die Gewinnung der Naturreichtümer in die eigenen Hände zu nehmen. Aus diesen Erwägungen heraus trat die amerikanische Regierung als „Vermittler" im anglo-iranischen Streit auf. Diese Vermittlerrolle sollte den USA dazu dienen, ihren Einfluß im Iran auf Kosten Englands zu vergrößern und die Realisierung des Gesetzes über die Verstaatlichung der Erdölindustrie zu hintertreiben, wodurch sie gleichzeitig die weitere Entwicklung der nationalen Bewegung im Nahen und Mittleren Osten, die sich gegen die Erdölgiganten richtete, zu unterbinden hofften.

Im April 1951 fand in Washington eine Beratung der Vertreter Englands und der USA statt. Auf dieser Konferenz erklärte sich die englische Regierung damit einverstanden, mit den USA im Fernen Osten gegen die chinesische Volksrepublik und in der Frage des Beitritts der Türkei und Griechenlands zum Nordatlantischen Pakt zusammenzuarbeiten. Die USA ihrerseits verpflichteten sich, gemeinsam mit England gegen den Iran vorzugehen und in allen nahöstlichen Angelegenheiten mit den Engländern zusammenzuarbeiten. In dem veröffentlichten Kommuniqué erklärten England und die USA, daß sie an der Herstellung einer „stabilen Lage im Iran" interessiert seien und das iranische Erdöl „zum Wohle aller Völker der freien Welt nützen wollten" [127]).

Nach der Washingtoner Konferenz erfolgte eine stärkere Einmischung Englands und der USA in die inneren Angelegenheiten des Irans. Anfangs drohte England dem Iran sogar mit einer militärischen Intervention. Aber dieses Unterfangen führte zu einer noch heftigeren Reaktion im Iran und im gesamten

---

127) „Nun brachte ich unseren Vorschlag vor, der die Beteiligung der Amerikaner vorsah." So schrieb *Sir A. Eden* in seinen Memoiren, S. 202.

muselmanischen Osten und verschlechterte die Lage der angloamerikanischn Magnaten in diesem Gebiet. Deshalb trafen die Engländer und die USA eine Reihe weiterer diplomatischer und wirtschaftlicher Maßnahmen. So beschloß die „Britische Bank im Iran und Mittleren Osten“ beispielsweise im September 1951, den Umtausch von Pfund in Dollar und andere Währungen einzustellen, um auf diese Weise die Finanzlage und den Handel des Irans zu schädigen. Einen ähnlichen Druck übten auch die USA auf die iranische Regierung aus. Sie faßten den Beschluß, das iranische Erdöl zum mindesten für die Dauer des Erdölkonflikts zu boykottieren.

Diese Maßnahmen reichten jedoch nicht aus, um die iranische Regierung zu einem Vorgehen wider das eigene Volk zu zwingen. Deshalb entschied sich die englische Regierung am 21. Juli 1951, die Erdölfrage des Irans dem Internationalen Gericht in Den Haag vorzutragen. Sie hofften dort auf die Unterstützung einiger Staaten gegen den Iran. Um auf die Mitglieder des Internationalen Gerichts Druck ausüben zu können, berieten der Generalstaatsanwalt Englands, Sir Lindel Heald, der juristische Berater des englischen Ministeriums für Auswärtige Angelegenheiten, Sir Eric Becket, und der Gesandte der USA in Holland, Chapin, zuvor mit dem Vorsitzenden des Gerichts, Badovan, und einigen anderen Richtern. Auf dieser Beratung wies Heald darauf hin, daß es bei dem Erdölkonflikt zwischen dem Iran und England um das Prestige und die Verteidigung der Positionen der Westmächte in allen Ländern des asiatischen Kontinents gehe und verlieh der Hoffnung Ausdruck, daß das Internationale Gericht einen Weg finden werde, den Streit so beizulegen, daß die Interessen des Westens nicht angetastet würden. Der USA-Gesandte vertrat denselben Standpunkt wie Heald. Die Entscheidung des Gerichts wurde der iranischen Regierung zugestellt [128]).

Trotz der rechtsgültigen Erklärung der Vertreter Polens und Ägyptens, daß die Frage der Verstaatlichung der Erdölindustrie des Irans eine innenpolitische Angelegenheit sei, traf das Internationale Gericht am 5. Juni 1951 eine für England vorteil-

128) „Dokumente über Erdöl“, Teheran 1951, S. 159—160.

hafte Entscheidung, wonach die iranische Regierung nicht berechtigt sein sollte, sich in die Angelegenheiten der AIOC einzumischen, und andererseits der Erdölgesellschaft weiterhin die Erkundung, Gewinnung, Beförderung und Raffinierung des Erdöls in demselben Umfang wie vor dem 1. Mai 1951 zugebilligt wurde [129]).

Eine derartig ungerechte und einseitige Entscheidung des Internationalen Gerichts, die eindeutig gegen das Gesetz über die Verstaatlichung der Erdölindustrie gerichtet war, löste eine heftige Empörung im Iran aus und führte in allen Städten des Landes zu einer verstärkten Protestbewegung. Die iranische Regierung lehnte die Entscheidung des Gerichts ab, da sie im Widerspruch zu den Interessen des Landes stand.

Zur gleichen Zeit erhöhten die Amerikaner sowie die Engländer ihren Druck auf die iranische Regierung. Am 1. Juni 1951 sandte Präsident Truman dem iranischen Premierminister Mossadegh ein persönliches Schreiben, in welchem er seine Besorgnis über die Verstaatlichung der Erdölindustrie im Iran und die politische Lage im Lande äußerte, er schlug vor, einen Weg zu finden, der die Gewähr dafür bietet, daß das iranische Erdöl in das wirtschaftliche Flußbett der „freien Welt" fließt. In dem Schreiben ersuchte Truman die iranische Regierung um sofortige Verhandlungen mit Großbritannien. Aus alledem geht hervor, daß er der Lösung der Erdölfrage des Irans große Bedeutung für die „freie Welt" (d. h. für die westlichen Länder) beimaß [130]).

Obwohl das Schreiben Trumans an Mossadegh den Unwillen der iranischen Öffentlichkeit erregte, begann die iranische Regierung dennoch, mit der AIOC in Anwesenheit des USA-Gesandten in Teheran zu verhandeln, da sie offensichtlich eine friedliche Regelung der Frage wünschte. Während der Verhandlungen unterbreitete der Leiter der englischen Delegation, Jackson, der iranischen Regierung den Vorschlag, eine neue Erdölgesellschaft mit Beteiligung Englands, des Irans und der USA zu gründen. Die neue Gesellschaft sollte als nationale Erdöl-

---

129) Ebenda, S. 267.
130) „Dokumente über Erdöl", S. 108—109.

firma des Irans gelten, und die Gewinne sollten gleichmäßig aufgeteilt werden. Der englische Vertreter versprach, dem Iran 10 Mill. Pfd. Sterling Vorschuß zu gewähren und der Regierung monatlich — vom 1. Juni 1951 an gerechnet bis zur endgültigen Regelung der Erdölfrage — 3 Mill. Pfd. Sterling zu zahlen. Dem Vorschlag Jacksons gemäß hatte sich die iranische Regierung bis zur Beilegung des Erdölkonflikts jeglicher Einmischungen in die Angelegenheiten der AIOC zu enthalten.
Ein derartiger Vorschlag war für die iranische Regierung unannehmbar, da er den Forderungen des Gesetzes über die Verstaatlichung der Erdölindustrie widersprach. Die bestehenden tiefgehenden Meinungsverschiedenheiten zwischen England und dem Iran führten zum Abbruch der Verhandlungen.
Da die Amerikaner die Initiative nicht aus der Hand geben wollten, entschlossen sie sich zu einer ganzen Reihe von Maßnahmen. So richtete Truman am 9. Juni 1951 ein zweites Schreiben an Mossadegh, in dem er darauf beharrte, daß die iranische Regierung die Entscheidung des Internationalen Gerichts in Den Haag zu akzeptieren habe, und schlug seinen persönlichen Berater Harriman als Berater für die dringend notwendige Lösung des schwierigen Konflikts zwischen dem Iran und England vor [131]).
Es war kein Zufall, daß gerade Averell Harriman dazu ausersehen wurde. Harriman ist einer der Großunternehmer der USA und eng mit dem größten Milliardär Rockefeller verbunden. Das Ziel der „Vermittlungen" Harrimans bestand darin, den Anteil und die Herrschaft der USA-Firmen in der iranischen Erdölindustrie zu sichern. Am 15. Juli 1951 trafen Harriman und Walter Levy — ein Experte für Erdölfragen — in Teheran ein. Die Anwesenheit der Vertreter der USA-Finanzkreise führte zu großen Protestkundgebungen in Teheran und anderen Städten des Irans. Polizei und Armee eröffneten das Feuer gegen die Demonstranten. An der Niederwerfung der Demonstrationen waren die amerikanischen Militärberater, der Innenminister, General Zahedi, und alle rechten Gruppen aktiv beteiligt. Laut Mitteilung der iranischen Presse wurden bei

[131]) „Dokumente über Erdöl", S. 285—287.

diesem blutigen Vorfall allein in Teheran ungefähr 1000 Demonstranten getötet oder verwundet. Nach den Vorverhandlungen zwischen Harriman und Mossadegh lud die iranische Regierung England zur Wiederaufnahme der Verhandlungen ein. Anfang August erschien eine englische Delegation in Teheran, an deren Spitze der Lordsiegelbewahrer Richard Stokes stand. Die Verhandlungen wurden unter Leitung Harrimans fortgesetzt. Harriman und Stokes schlugen vor, aus den amerikanischen und englischen Erdölfirmen zwei Organisationen zu bilden: eine „Aufkauforganisation" und eine „Operative Organisation". Die erstere sollte einen Vertrag mit dem Iran über ein langbefristetes Erdölabkommen schließen und eine „Internationale Gesellschaft für Versand und Verkauf des iranischen Erdöls" gründen, die „Operative Organisation" sollte für die Erkundung, Gewinnung, Verarbeitung des Erdöls usw. zuständig sein. Nach Ansicht Harrimans hatte der Iran nicht mehr Reingewinn aus dem Erdöl zu beanspruchen als die anderen Länder um den Persischen Golf.

Der neue amerikanisch-englische Vorschlag wich nur unwesentlich von dem Vorschlag Jacksons ab. Auch dieser Vorschlag von Harriman und Stokes verfolgte das Ziel, das Gesetz über die Verstaatlichung auszuschalten und dem amerikanischen und englischen Kapital den Weg zu ebnen.

In der Absicht, die iranische Delegation einzuschüchtern, sagte Harriman, daß es dem Iran nicht gelingen werde, auch nur einen Eimer Erdöl zu verkaufen, falls die iranische Regierung auf ihrem Standpunkt beharre. Harriman weigerte sich sogar, England von dem Schreiben Mossadeghs in Kenntnis zu setzen, das die iranischen Bedingungen zur Wiederaufnahme der Verhandlungen mit der englischen Delegation enthielt. Die iranische Regierung lehnte jedoch auch diesen Vorschlag ab und bestand auf der Realisierung des vom Medshlis verabschiedeten Gesetzes über die Verstaatlichung der Erdölindustrie. Nach den mißglückten Verhandlungen mit den USA und England beschloß die iranische Regierung, Sonderverträge mit den englischen Spezialisten — den bisherigen Angestellten der AIOC in Abadan — abzuschließen, um einen normalen Arbeitsablauf in den Erdölunternehmen zu gewährleisten. Auf Anordnung der englischen Regierung weigerten sich diese jedoch, mit der Iranischen Nationalen Erdölgesellschaft in Verbindung zu treten. Daraufhin beschloß die iranische Regierung, 300 englische Spezialisten des Landes zu verweisen. Das war ein harter Schlag für die Position der AIOC im Iran. Die englische Regierung wandte sich mit einer Beschwerde an den Sicherheitsrat und versuchte zu beweisen, daß das Vorgehen der iranischen Regierung gesetzwidrig sei und eine Bedrohung des Friedens und der Sicherheit in der Welt darstelle.

Die „Beschwerde" half den Engländern nicht viel. Am 3. Oktober 1951 sahen sich die englischen Spezialisten daher gezwungen, den Iran zu verlassen. Im Sicherheitsrat wurde vom 1. bis zum 19. Oktober weiter über die „Beschwerde Englands" beraten. Von den Mitgliedern des Sicherheitsrates wies der Vertreter der Sowjetunion darauf hin, daß die Verstaatlichung der Erdölindustrie des Irans eine innenpolitische Angelegenheit sei und daß — nach den Statuten der UNO — der Sicherheitsrat nicht berechtigt sei, sich in Dinge einzumischen, für die einzig und allein jeder Staat selbst zuständig sei.

Die USA dagegen unterstützten auf jede nur mögliche Weise die Vertreter Englands auf den Sitzungen des Sicherheitsrates. Die Amerikaner und Engländer fanden auch hier eine gemeinsame Sprache gegen die nationalen Interessen des iranischen Volkes. Doch das Verhalten der USA und anderer westlicher Länder zu diesem Problem führte dazu, daß der französische Vertreter am 19. Oktober 1951 den Vorschlag einbrachte, der Sicherheitsrat solle die „englische Beschwerde" so lange zurückstellen, bis der Internationale Gerichtshof in Den Haag die Frage der Zuständigkeit geklärt habe. Trotz der berechtigten Proteste von seiten der Vertreter des Irans und der Sowjetunion wurde der französische Vorschlag angenommen. Danach begab sich der Leiter der iranischen Delegation — Premierminister Mossadegh — auf eine Einladung Trumans hin nach Washington, wo zwischen ihm und Truman, Außenminister Acheson und später auch George C. McGhee, einem Berater des Staatssekretärs für die Angelegenheiten des Nahen Ostens und

Afrikas, Verhandlungen stattfanden. Die Verhandlungen mit McGhee zogen sich über 26 Tage hin. Auf einen Vorschlag von McGhee und auf die Zustimmung Mossadeghs hin erklärten sich die Amerikaner dazu bereit, einen neuen Plan bezüglich des iranischen Erdöls auszuarbeiten. Nach dem neuen amerikanischen Plan sollte eine internationale Erdölgesellschaft unter der Verwaltung der Weltbank (International Bank for Reconstruction and Development) gegründet werden. Man muß dazu bemerken, daß die Finanzkreise der USA noch einen zweiten Plan, den sogenannten Morgenthau-Plan, vorlegten, der vom Finanzminister Amerikas ausgearbeitet worden war. Danach sollte die International Bank for Reconstruction and Development 51 % der AIOC-Aktien im Namen der UNO aufkaufen und die iranische Erdölindustrie verwalten. Beide Vorschläge verfolgten im Grunde genommen das gleiche Ziel, nämlich die Beteiligung des amerikanischen Kapitals am iranischen Erdöl.

Diesen Plänen entsprechend nahm die International Bank for Reconstruction and Development über den Gesandten Pakistans Verhandlungen mit Mossadegh auf. Der iranische Premierminister stimmte der Beteiligung der Bank an der Verwaltung des iranischen Erdöls bis auf einige wesentliche Vorbehalte zu. Wie Mossadegh Anfang Dezember 1951 im Medshlis erklärte, war es schwierig, in zwei Punkten Übereinstimmung zu erzielen: erstens bezüglich der Rückkehr der englischen Spezialisten in den Iran und zweitens bezüglich des Preises für iranisches Erdöl. Mossadegh verlangte von der Bank 50 % der Einkünfte, die aus dem Verkauf des Erdöls erzielt wurden, die Bank wollte darauf aber offenbar nicht eingehen. Mossadegh sagte auf derselben Medshlissitzung: „... ich bin davon überzeugt, daß es zu keinerlei Auseinandersetzungen zwischen der AIOC und dem iranischen Volk gekommen wäre, wenn die frühere Erdölgesellschaft zur Zeit der XV. Einberufung des Medshlis den 50 % zugestimmt hätte“ [132]).

Der Vorschlag Mossadeghs hinsichtlich der Preise für das irani-

---

[132]) Die offizielle Zeitung des Schahinschah-Staates, 19. Dezember 1951.

sche Erdöl war für die amerikanischen und englischen Spezialisten unannehmbar, da er ihre Einkünfte beträchtlich schmälerte und die Interessen der Erdölmagnaten in den anderen Ländern des Nahen und Mittleren Ostens gefährden konnte.

In der Absicht, die iranische Regierung zur Annahme des anglo-amerikanischen Vorschlages zu zwingen, lehnten die USA-Regierung und die International Bank for Reconstruction and Development das Ersuchen Mossadeghs um eine Anleihe in Höhe von 120 Mill. Dollar zur Wiederaufnahme der Arbeit in der Erdölindustrie des Irans ab.

Die Erdölfirmen der USA waren nicht nur selbst aktiv an der wirtschaftlichen Blockade des Irans beteiligt, sondern brachten auch andere Länder dazu, kein iranisches Erdöl mehr zu kaufen, um auf diese Weise die Finanzlage des Irans zu verschlechtern und die Regierung Mossadegh zu zwingen, den Bedingungen der anglo-amerikanischen Erdölmagnaten zuzustimmen. Danach wäre im Iran wieder dieselbe Situation geschaffen worden, wie sie vor der Verstaatlichung bestanden hatte.

Trotz alledem verhandelte die Mossadegh-Regierung weiter mit den amerikanischen und englischen Regierungen. Am 31. Dezember 1951 trafen der Vertreter der Weltbank, H. Prudhomme, und der Vertreter der amerikanischen Erdölgesellschaft „Berber Oil Corporation", Torkild Rieber, in Teheran ein. Wie aus einer Meldung der iranischen Presse hervorging, sollten sie Informationen über die Lage der iranischen Erdölindustrie sammeln, um festzustellen, inwieweit die Schadensersatzansprüche von seiten der AIOC zu verwirklichen wären. Gleichzeitig sollten sie erkunden, in welcher Höhe die Finanzhilfe zur Wiederaufnahme der Tätigkeit der iranischen Erdölindustrie unter Leitung amerikanischer Spezialisten zu erfolgen habe. Sie hielten sich längere Zeit in Abadan auf und führten danach Vorverhandlungen mit Vertretern der iranischen und englischen Regierung in Teheran und London.

Einige Wochen später — am 11. Februar 1952 — traf eine Delegation in Teheran ein, an deren Spitze der Vizepräsident der Weltbank, Robert L. Garner, stand. Außer Prudhomme und Rieber gehörten der juristische Hauptberater der Weltbank,

Clark, und der Berater für Wirtschaftsfragen, Lincowetz, der Delegation an.
Die Verhandlungen zwischen der iranischen Regierung und der Delegation der Weltbank zogen sich bis zum 19. Februar hin, führten aber zu keinem Ergebnis [133]). Infolge des diplomatischen Drucks von seiten der USA wurden die Verhandlungen jedoch bald wieder aufgenommen und dauerten bis zum 16. März. Alle diese Verhandlungen verliefen ergebnislos.
Zu den meisten Unstimmigkeiten zwischen dem Iran und der Bank kam es in den Fragen, die die Leitung, die Aufteilung der Einkünfte und die Einstellung von Spezialisten betrafen. Die Weltbank forderte für sich unumschränkte Machtbefugnisse auf dem Gebiet der Förderung, Raffinierung und Beförderung des Erdöls sowie hinsichtlich der Einstellung von Spezialisten in der iranischen Erdölindustrie. Die iranische Regierung hatte sich dabei jeglicher Einmischungen in die Angelegenheiten der Bank zu enthalten. Die Weltbank bestand darauf, daß die Einnahmen des Irans aus seinem eigenen Erdöl nicht höher lagen als die des Iraks, Saudi-Arabiens, Kuweits und anderer Länder des Mittleren Ostens.
Die Vorschläge der Weltbank unterschieden sich also in nichts von den früheren Vorschlägen der amerikanischen Erdölmagnaten. Nach diesen mißglückten Verhandlungen schlug der USA-Gesandte im Iran, Henderson, über den Minister des Hofes, Hussein Ala — der ein bekannter Anhänger der amerikanischen Politik war — der iranischen Regierung einen neuen Erdölvertrag vor, nach welchem die amerikanischen Spezialisten die iranische Erdölindustrie verwalten und das Erdöl zu Bedingungen kaufen und weiterbefördern sollten, die für die Erdölfirmen der USA sehr günstig waren. Diesen Vorschlag unterbreitete der Stellvertreter des Staatssekretärs für die An-

---

133) Die Engländer waren gegen Verhandlungen mit dem Iran. Sie fürchteten sich vor einem Erdölabkommen, das die anderen produzierenden Länder erschüttern könnte. In diesem Zusammenhang schrieb *A. Eden:* „Wenn das iranische Öl auf dem Weltmarkt in zunehmendem Maße erscheinen sollte, ist es trotzdem unsere feste Meinung und die der AIOC, daß es besser wäre, ein Risiko auf sich zu nehmen, als ein schlechtes Abkommen zu treffen, das die anderen produzierenden Länder erschüttern würde . . .“ The Memoirs of *Sir Anthony Eden*, Band 2, Cassel 1960, S. 210.

gelegenheiten des Nahen Ostens, Südasiens und Afrikas, Bairoud, im Juni 1952 der iranischen Regierung und einigen Medshlisabgeordneten.

Um seine Position zu verstärken, verlangte Dr. Mossadegh am 13. Juli vom Schah und dem Parlament eine sechsmonatige Frist, selbständig zu regieren und den Posten des Kriegsministers einzunehmen. Als sein Wunsch nicht in Erfüllung ging, trat er zurück. Am 18. Juli ernannte der Schah Ahmed Khawam-os-Saltane zum Premier. Nach den Worten des Medshlisabgeordneten Makki gaben die Regierungen der USA und Englands ihre volle Zustimmung zur Ernennung Khawams zum Premierminister, da sie die Erdölfrage möglichst rasch geklärt haben wollten [134]).

In seiner Rundfunkansprache vom 18. Juli versprach Khawam eine baldige Lösung der Erdölfrage und versicherte, gegen die demokratische Bewegung im ganzen Lande Kriegstribunale zu bilden usw. Mit dieser Rundfunkrede verdarb er die innere Lage noch mehr [135]).

Die Ernennung Khawams zum Premierminister und seine Antrittserklärung wurden von der iranischen Öffentlichkeit mit Empörung und unter Protest zur Kenntnis genommen. Im Kampf gegen die Regierung Khawam schlossen sich alle fortschrittlichen Kräfte des Landes zusammen. Es folgten in allen Städten des Irans Demonstrationen, Protestkundgebungen und Streiks. In diesem Kampf standen die „Nationale Front" und die Tudeh-Partei eine Zeitlang nebeneinander. Ihr gemeinsames Auftreten führte zu bemerkenswerten Erfolgen. Anläßlich einer Demonstration und der darauf folgenden Kundgebung kam es am 21. Juli in Teheran zu einem bewaffneten Zusammenstoß, der vielen Menschen das Leben kostete. Obgleich Panzerspähwagen eingesetzt wurden, siegten die demokratischen Kräfte

---

134) Zeitung „Ettelaat" v. 14. Dezember 1952.

135) *Eden* schrieb: „Unsere Interpretation war anders. Ich akzeptierte nicht das Argument, daß die einzige Alternative für den Nachfolger Mossadeghs eine kommunistische Regierung war. Ich dachte, daß — wenn Mossadegh fällt — sein Platz auch gut von einer vernünftigen Regierung, mit der es möglich sein sollte, ein befriedigendes Abkommen zu treffen, eingenommen werden kann."
The Memoirs of Sir Anthony Eden, S. 201.

des Landes. Wie eine iranische Zeitung meldete, wurden ungefähr 1000 Menschen getötet oder verwundet [136]).

Die Juli-Ereignisse und die Absetzung Khawams stellten einen großen Sieg des iranischen Volkes dar und waren ein schlagender Beweis dafür, daß bei gemeinsamem Handeln aller fortschrittlichen und demokratischen Kräfte große Erfolge im Kampf gegen die Ausländer errungen werden können. Dieser Zusammenschluß existierte jedoch nur kurze Zeit. Die Anführer der nationalen Bourgeoisie und der Tudeh-Partei hatten nicht die notwendigen Schlußfolgerungen aus den vorangegangenen Ereignissen gezogen.

Die Juli-Ereignisse hätten alle fortschrittlichen Kräfte des Landes zu einer Einheitsfront zusammenschließen müssen. Nur eine solche Front wäre imstande gewesen, den endgültigen Sieg über die ausländischen Erdölgiganten davonzutragen. Doch das geschah nicht und deshalb brach die demokratische Bewegung später zusammen.

Am 22. Juli wurde wiederum Mossadegh zum Premierminister ernannt, und die amerikanische und englische Regierung waren gezwungen, erneut Verhandlungen mit der Regierung Mossadegh aufzunehmen und neuen Druck auf sie auszuüben [137]).

Am 30. August 1952 wurde Mossadegh ein Schreiben überreicht, das die Unterschriften von Truman und Churchill trug und folgende Bedingungen enthielt:

Die Frage der Entschädigung ist dem Internationalen Gerichtshof zu übergeben. Von der iranischen Regierung und der AIOC sind Vertreter zu ernennen, die die Vollmacht erhalten, Verhandlungen über die ordnungsgemäße Belieferung der Weltmärkte mit iranischem Erdöl zu führen.

Falls die iranische Regierung mit den oben angeführten zwei Bedingungen einverstanden sein sollte, würden die AIOC-Vertreter Maßnahmen ergreifen, um die für den Erdöltransport

---

136) Nach Angaben der Zeitung „Bakhtare-Emruz" v. 22. Juli 1952 wurden mehr als 90 Menschen getötet und über 800 verwundet.

137) „Wieder einmal hatte es sich erwiesen, daß sich niemand gegen Mossadegh behaupten konnte. Am 22. Juli zwang mich die Gefahr eines Bürgerkrieges, auf seine Bedingungen einzugehen und ihn wieder einzusetzen."
Mohammed Reza Pahlevi Schahinschah von Persien „Im Dienste meines Landes", Stuttgart, S. 85—86.

aus dem Iran notwendigen Mittel bereitzustellen. Die Regierung Englands würde die bestehenden Beschränkungen hinsichtlich des Warenexports in den Iran und bezüglich der im Iran zu verwendenden Geldsummen (Pfd. Sterling) aufheben, und die USA-Regierung würde der iranischen Regierung sofort 10 Mill. Dollar zur Verfügung stellen, damit diese ihre Budgetschwierigkeiten überwinden könnte.

In dem Schreiben wurde die Übereinstimmung in den Meinungen der beiden Regierungen hinsichtlich der Erdölfrage und der Lösung des Erdölproblems betont.

Die iranische Öffentlichkeit nahm das Schreiben Trumans und Churchills mit Empörung auf. Durch Demonstrationen und Kundgebungen forderte die Bevölkerung von der Regierung die Ablehnung des Vorschlages der anglo-amerikanischen Regierung und den Abbruch der Verhandlungen.

Am 16. September 1952 unterbreitete Mossadegh dem Medshlis in einem Schreiben seine Bedingungen zur endgültigen Beilegung des Erdölkonfliktes. Die iranische Regierung erklärte sich bereit, „dem Internationalen Gericht die Sache zur Klärung des Entschädigungsproblems unter folgenden Voraussetzungen zu übergeben:

1) Die Entschädigung erfolgt nur für die Unternehmen der früheren AIOC in Abadan;

2) die frühere AIOC muß ihr Einverständnis zur sofortigen Zahlung der 49 Mill. Pfd. Sterling geben, die die Gesellschaft dem Iran noch schuldet.

Diese Summe sollte in Dollarwährung entrichtet werden. In dem Schreiben wurde auch zum Ausdruck gebracht, daß — im Falle der Ablehnung dieser Vorschläge — die diplomatischen Beziehungen zu England abgebrochen würden und daß dieser Schritt ausschließlich auf das Verschulden Englands zurückzuführen sei. Die englische Regierung lehnte nicht nur die Vorschläge Mossadeghs ab, sondern begann sogleich mit Hilfe ihrer Agenten eine Verschwörung gegen die Regierung des Irans anzuzetteln. Aus diesem Grunde brach die iranische Regierung am 22. Oktober 1952 die diplomatischen Beziehungen zu England ab.

Seit dem Abbruch der diplomatischen Beziehungen zwischen dem Iran und England traten die Amerikaner noch mehr in den Vordergrund. Ende 1952 und Anfang 1953 erschien ein neuer amerikanischer Plan, nach welchem die Erdölfirmen der USA zusammen mit der AIOC eine internationale Gesellschaft bilden wollten, die für die Dauer einer langbemessenen Frist iranisches Erdöl zu — verglichen mit den Welthandelspreisen — stark ermäßigten Preisen für eine Summe von 135 Mill. Dollar kaufen sollte. Außerdem sollte die iranische Regierung der AIOC eine Entschädigung für die verstaatlichten Unternehmen und die der Company bis zum Jahre 1993 verlustig gegangenen Gewinne zahlen, d. h. bis zum Ablauf der Frist für das geltende Konzessionsabkommen vom Jahre 1933.

Die angeführten Tatsachen zeigen deutlich, daß die anglo-amerikanischen Erdölfirmen sich hartnäckig dagegen wehrten, die Verstaatlichung der Erdölindustrie des Irans anzuerkennen. Die langwierigen Verhandlungen überzeugten die Erdölgiganten davon, daß bei dem augenblicklichen Aufschwung der antibritischen Bewegung und dem Bestehen einer Regierung der „Nationalen Front“ die amerikanisch-englischen Pläne im Iran nicht zu verwirklichen seien.

Die USA und England forderten des öfteren vom iranischen Hof die Absetzung der Regierung Mossadegh und die Bildung einer neuen Regierung, die in der Lage wäre, den Plan der anglo-amerikanischen Erdölgesellschaften hinsichtlich des iranischen Erdöls zu akzeptieren. Hierbei wurden die Erdölfirmen auf jede nur mögliche Weise von den Kreisen, die gegen Mossadegh waren, unterstützt. Die Gegner Mossadeghs — schrieb die Zeitung „Prawda“ — wünschten die Gründung der „Internationalen Gesellschaft“ mit Beteiligung des amerikanischen und englischen Kapitals. Sie vertraten jedoch die Ansicht, daß dieses Vorhaben nicht verwirklicht werden könne, solange sich die Regierung Mossadegh an der Macht befände [138]).

Die Regierung Mossadegh versuchte bei der Verstaatlichung der Erdölindustrie einen Weg zu finden, der nur den Interessen der nationalen Bourgeoisie des Irans entsprach. Sie konnte keine

138) „Prawda“, 10. September 1951.

radikale Politik betreiben, da der „Nationalen Front“ die nationale Bourgeoisie, die liberalen Großgrundbesitzer, ein Teil des Kleinbürgertums der Städte und die Kaufleute angehörten, die mit dem ausländischen Kapital eng verbunden waren. Die gewaltigen Klassenunterschiede innerhalb der „Nationalen Front“ führten unvermeidlich zu Unstimmigkeiten.

Als Mossadegh beschloß, die Macht des Schahs einzuschränken, nahmen diese Unstimmigkeiten noch zu. Die Einmischung des Schahs in die Regierungsangelegenheiten, insbesondere in die Erdölfrage, zwang Mossadegh, eine Kommission aus 8 Medshlisabgeordneten zu bilden, die die gegenseitigen Beziehungen zwischen Schah und Regierung regeln sollte. Die „Kommission der Acht“ wies in ihrem Bericht darauf hin, daß „laut Verfassung die Minister und der Ministerrat für die Belange des Staates verantwortlich sind. Infolgedessen fallen die Führung der Staatsgeschäfte, sowohl auf zivilem als auch auf militärischem Sektor, und die Verantwortlichkeit dafür nicht unter die Rechte des Monarchen, sondern auf die Minister, die auch die kollektive und individuelle Verantwortung dem Medshlis gegenüber tragen“.

Die Politik der Regierung Mossadegh, deren Ziel es war, den AIOC-Besitz zu liquidieren und die Macht des Schahs einzuschränken, stieß auf den heftigen Widerstand der mit dem ausländischen Kapital und dem Hof sympathisierenden rechten Kreise. Als die vom Medshlis ernannte „Kommission der Acht“ einen Vorschlag zur Einengung der Machtbefugnisse des Schahs einbrachte, trat ein Teil der Fraktionsabgeordneten der „Nationalen Bewegung“ (die Abgeordneten der „Nationalen Front“) aus dieser Fraktion aus und bildete Anfang März 1953 die neue Fraktion „Azadi“ („Freiheit“). Die einflußreichen Vertreter der neuen Fraktion, wie Kaschani — Vertreter der Geistlichkeit — und der Abgeordnete Hajeri-Zadeh, schlossen sich mit den anderen Gegnern Mossadeghs zu einer Gruppierung gegen die Regierung zusammen und lähmten dadurch die Arbeit des Medshlis.

Unter der Losung „Schutz der Verfassung“ vertraten sie hauptsächlich die Interessen der ausländischen und einheimischen Privatunternehmer. Die Mitglieder dieser Gruppe befürchteten nämlich, daß die Forderung des Volkes nach Liquidierung des AIOC-Besitzes im Iran zur Aufhebung des Privateigentums überhaupt führen könne. Deshalb wählten sie den Weg des Kompromißlertums mit den Erdölfirmen der USA und Englands.

Die neue Gruppe bezichtigte die Regierung der Laschheit gegenüber der Tudeh-Partei und behauptete, Mossadegh führe den Iran auf einen gefährlichen Weg [139]). Alle diese „Anschuldigungen" rührten von dem Aufschwung der demokratischen und antibritischen Bewegung des iranischen Volkes und den wachsenden Widersprüche im Land her. Auf Anordnung der Regierung wurden mehrere Führer der neuen Gruppe sowie einige Generäle und höhere Offiziere der Armee und Polizei verhaftet.

Anfang August 1953 führte Mossadegh einen Volksentscheid über die Auflösung des Medshlis der XVII. Einberufung durch, um dadurch die Wühlarbeit der Anhänger der AIOC im Medshlis zu unterbinden. Das Volk trat eifrig für die Auflösung des Medshlis ein. Nach dem Volksentscheid traten die meisten Abgeordneten in den Ruhestand, und der Medshlis der XVII. Einberufung wurde aufgelöst.

Die zunehmende Verschlechterung der wirtschaftlichen und finanziellen Lage des Irans zwang die Regierung, die wirtschaftlichen Beziehungen zu den volksdemokratischen Ländern und der UdSSR zu erweitern. Zu Beginn des Jahres 1953 traf die Regierung Mossadegh mit Ungarn, Polen und anderen Ländern ein Clearing-Abkommen. Außerdem senkte die Regierung des Irans den Preis für das Rohöl — verglichen mit dem im Gebiet des Persischen Golfes üblichen Preisen — um 50 %. Sie tat das in der Absicht, die amerikanischen und japanischen Käufer wieder am iranischen Erdöl zu interessieren. Desgleichen wurden die Preise für iranische Erdölprodukte — verglichen mit den Preisen im Golf von Mexiko — um 50 % ge-

---

139) *A. Eden*, damaliger Außenminister Englands, schrieb in seinen Memoiren über seine Ansicht gegen Dr. Mossadegh folgendes: „Ich war sicher, je länger Mossadegh an der Macht bleibt, um so stärker wird die kommunistische Partei. Es war deshalb von internationalem Interesse, ihn nicht in Ruhe zu lassen." The Memoirs of Sir Anthony Eden, Band 2, Cassel 1960, S. 208.

senkt. Dieser Beschluß der Regierung blieb sechs Monate lang — beginnend mit dem 27. April 1953 — in Kraft.
Die Amerikaner fuhren fort, den Iran unter Druck zu setzen. Ende Juni 1953 richtete Präsident Eisenhower an Mossadegh ein Schreiben, in welchem er darauf hinwies, daß die USA dem Iran künftighin keine wirtschaftliche Unterstützung mehr angedeihen lassen werden, noch dessen Erdöl kaufen werden, solange der anglo-iranische Konflikt um die Verstaatlichung der Erdölindustrie nicht gelöst sei. In dem Schreiben wird darum ersucht, daß der Iran mit England über die Frage der Entschädigung des AIOC-Vermögens verhandeln solle. Eine Regelung jedoch, die sich nur auf die Zahlung einer Entschädigung für den Verlust der physischen Aktiva der verstaatlichten Firma beschränke, sei unzureichend. Der Iran habe der AIOC auch eine Entschädigung für die Einbuße des Teils der Einkünfte zu zahlen, die die Gesellschaft noch erhalten hätte, wenn die iranische Regierung das Konzessions-Abkommen nicht annulliert hätte, da dessen Frist erst im Jahre 1993 ablaufe. Der Iran dürfe nicht versuchen, durch zweiseitige Verhandlungen mit England die Art und die Höhe der Entschädigung zu bestimmen, sondern müsse die Lösung dieser Fragen einem neutralen internationalen Organ überlassen.
Das Schreiben Eisenhowers zerstörte den Liberalen die Illusionen, die sie sich hinsichtlich der USA-Hilfe gemacht hatten. Die Öffentlichkeit des Landes befürwortete deshalb die Maßnahme, daß Anfang August 1953 in Teheran eine sowjetisch-iranische Kommission gebildet wurde, die die Frage der Erweiterung der wirtschaftlichen Beziehungen zwischen beiden Ländern und der Finanzhilfe der Sowjetunion an den Iran erörtern sollte.
Auf der 5. Sitzung des Obersten Sowjets der UdSSR sagte der Vorsitzende des Ministerrats im Hinblick auf die Beziehungen zwischen dem Iran und der Sowjetunion: „Die Erfahrung aus dreieinhalb Jahrzehnten hat gelehrt, daß die Sowjetunion und der Iran an gegenseitiger Freundschaft und Zusammenarbeit interessiert sind. Die sowjetisch-iranischen Beziehungen ruhen daher auf einer festen Grundlage, wodurch alle Fragen, die sich aus den Beziehungen zwischen beiden Ländern ergeben, zur

vollsten Zufriedenheit beider Seiten gelöst werden können. Gegenwärtig werden auf Initiative der Sowjetunion Verhandlungen zur Regelung einiger Grenzfragen und beiderseitiger finanzieller Ansprüche geführt. Wir hoffen, daß die Verhandlungen einen erfolgreichen Abschluß finden werden. Vor kurzem wurde in gegenseitigem Einvernehmen ein Abkommen über die Erweiterung des Warenaustausches zwischen beiden Ländern getroffen. Von der iranischen Regierung hängt es nun ab, ob sich die sowjetisch-iranischen Beziehungen zu gutnachbarlichen Beziehungen und erweiterten wirtschaftlichen und kulturellen Beziehungen entwickeln" [140]).

Die Verhandlungen zwischen den Vertretern der Sowjetunion und des Irans beunruhigten die Amerikaner und Engländer in starkem Maße; denn gerade zu dem Zeitpunkt, da die Hilfeleistung der Sowjetunion den Iran vor der finanziellen und wirtschaftlichen Katastrophe bewahren sollte, planten die amerikanischen und englischen Regierungen mit Hilfe der Mossadegh-Gegner ein Komplott gegen die iranische Regierung.

Bereits Anfang 1953 gaben Churchill und Eden die offizielle Erklärung ab, daß die englische Regierung keine weiteren Verhandlungen mit der Regierung Mossadegh führen werde. Daraufhin erklärte Dulles, Staatssekretär der USA im amerikanischen Senat, daß „ein Militärputsch im Iran unvermeidlich ist" [141]).

Seiner Meinung nach sei „jede beliebige iranische Regierung — sofern es keine kommunistische ist — besser für uns als die augenblickliche Regierung. Es erscheint uns unmöglich, mit Mossadegh weiterhin gemeinsame Sache zu machen" [142]). Die Zeitung „New-York Post" prophezeihte bereits am 13. Juli 1953, daß die „Regierung Mossadegh noch in diesem Jahr abtreten wird", und daß „die iranische Armee, die besonders enge Beziehungen zu den USA unterhält und von diesen mit moder-

---

140) „Prawda" vom 9. August 1953.
141) Siehe Zeitung „Mardom" vom 27. August 1953.
142) *A. W. Baschkirow,* Die Expansion der englischen und amerikanischen Imperialisten im Iran. Moskau, 1954, S. 251.

nen Waffen beliefert und daran ausgebildet wird, sie zu Fall bringen wird ..." [143]).

Die Regierung Mossadegh traf nach alledem keinerlei ernsthafte Maßnahmen zur Beseitigung der Gefahr, die ihr drohte. Sie entsprach nicht den Forderungen der Volksmassen nach Durchführung demokratischer Reformen sowie nach der baldigen Lösung der Erdölfrage.

Da die Regierung Mossadegh sich die Gefahr sehr unbedeutend vorstellte, stimmte sie den Vorschlägen der Tudeh-Partei über die Bildung einer Einheitsfront und Ergreifung sofortiger Maßnahmen gegen die Verschwörer nicht zu. Das feige und unentschlossene Verhalten der Gruppe um Mossadegh kam den regierungsfeindlichen Kräften, an deren Spitze amerikanische Berater standen, sehr zustatten. Die von der Regierung betriebene Politik trug zur Schwächung ihrer eigenen Position bei. Am Morgen des 19. August wurde auf Anweisung der „Organisation für Planung" ein Scheck mit der Nummer 703352 auf die Summe von 33 643 000 Rial und den Namen des Amerikaners Edward James Dunulley ausgestellt [144]). Dieser Geldbetrag wurde Herumtreibern, Mördern und Halsabschneidern ausgehändigt, wofür sie in der Hauptstadt Unruhe stiften sollten. An demselben Tage drang ein Teil der iranischen Armee — von amerikanischen Beratern geführt — in Teheran ein, und stürzte die Regierung Mossadegh. General Zahedi wurde zum Premierminister des Irans erklärt.

Um den tieferen Sinn des Staatsstreiches vom 19. August 1953 zu erfassen, braucht man nur gründlich den Artikel zu studieren, der am 28. August in der amerikanischen Zeitschrift „United States News and World Report" erschien. Darin hieß es: „Die iranischen Offiziere und Soldaten wurden nach und nach im Gebrauch von Panzerbüchsen, Panzerspähwagen, Lastkraftwagen, Waffen und Spezialausrüstungen geübt ... Die iranische Armee und die Staatspolizei, die von den Amerikanern ausgebildet worden waren, benutzten die ihnen von den Amerikanern zur Verfügung gestellten Lastkraftwagen für ihren Ein-

143) Ebenda.
144) Zeitung „Mardom" vom 27. August 1953.

marsch in Teheran ... Mit Hilfe der Sherman-Panzer und der in den USA produzierten Waffen vertrieben sie den Premierminister Mohammed Mossadegh und rissen die Macht an sich ... nachdem der entscheidende Schlag erfolgt war, erschien General Zahedi — der frühere Chef der von den Amerikanern ausgebildeten Polizei — auf dem Plan ... die Truppen Zahedis drangen auf amerikanischen Lastkraftwagen und Panzern, mit amerikanischen Waffen ausgerüstet, in Teheran ein. Innerhalb von neun Stunden vollzogen sie den Sturz Mossadeghs und die Einsetzung Zahedis zum Premierminister."

Später, im Jahre 1955, bestätigten R. und G. Harkness in der amerikanischen Zeitschrift „Saturday Evening Post" mit ihrem Bericht über die Tätigkeit des Zentralen Aufklärungsdienstes (CIA), der von Allan Dulles, dem Bruder John Foster Dulles', geleitet wurde, daß „die Kräfte, die die Regierung von Guatemala gestürzt haben, von dieser Organisation finanziert, vorbereitet und bewaffnet worden waren ... sie trägt auch die unmittelbare Verantwortung für die Absetzung Mossadeghs im Iran" [144] a).

Drei Tage nach dem Staatsstreich vom 19. August 1953 kehrte der Schah aus Rom nach Teheran zurück. Die amerikanische und englische bürgerliche Presse reagierten freudig auf die Absetzung Mossadeghs und die Rückkehr des Schahs. So brachte z. B. die Zeitung „New-York Herald Tribune" einen Artikel mit der Schlagzeile „Washington ist begeistert über den Umsturz im Iran", und der Korrespondent dieser Zeitung, Russel, teilte mit, daß die amerikanischen und englischen führenden Politiker [145]) den Sturz Mossadeghs „mit dem Gefühl unverhohlener Erleichterung" wahrgenommen haben „... im Bewußtsein dessen, daß diese Ereignisse die gefährlich rasche Annäherung des Irans an Rußland zum mindesten aufgehalten

---

144 a) Zeitschrift „Für dauerhaften Frieden, für Volksdemokratie", 18. März 1955.

145) „Die Nachricht von Mossadeghs Sturz erreichte mich während meiner Erholungsreise mit meiner Frau und meinem Sohn auf dem Mittelmeer zwischen den griechischen Inseln. Ich schlief diese Nacht ruhig und glücklich (I slept happily that night)." So schrieb *A. Eden* über den Sturz Dr. Mossadeghs. Angef. Werk, S. 214.

haben"[146]. Das war es also, was die anglo-amerikanischen Magnaten in Wirklichkeit befürchteten und zu verhüten suchten.

Der Staatsstreich vom 19. August muß in erster Linie als Zeichen der Schwäche der nationalen Bourgeoisie des Irans und als Zeichen ihrer Unfähigkeit, aktiv am Kampf für die nationale Unabhängigkeit des Landes teilzunehmen, ausgelegt werden. Die Schwäche und Unschlüssigkeit der Regierung Mossadegh gaben ihren Gegnern die Möglichkeit, ihre Kräfte zu sammeln und die Macht an sich zu reißen und die Verwaltung des Landes in ihre Hände zu nehmen. Außerdem war auch das falsche und unüberlegte Verhalten einiger Führer der Tudeh-Partei der Regierung Mossadegh gegenüber ein schwerwiegender Fehler, der noch sehr betrübliche Folgen für die demokratische Bewegung im Iran haben sollte.

2) *Die Gründung des „Internationalen Erdölkonsortiums"*

Im Laufe weniger Jahre entwickelte sich die Erdölfrage im Iran zu einem der schärfsten politischen Probleme im Mittleren Osten. Der erbitterte Kampf der patriotischen Kräfte des iranischen Volkes zeigte im Verlauf von mehr als 2 Jahren, daß es den Erdölmagnaten trotz Erpressungen, Drohungen und wirtschaftlichem Druck nicht gelang, sich erneut in den Besitz des iranischen Erdöls zu setzen. Lediglich nach dem Staatsstreich vom 19. August 1953 nahm die Erdölfrage eine andere Wendung.

Die Politik der Regierung nach dem Staatsstreich trug den Charakter einer Militärdiktatur. Ziel des Staatsstreiches waren die Zerschlagung der demokratischen Kräfte, insbesondere die der Tudeh-Partei, die Lösung der Erdölfrage im Sinne der amerikanisch-englischen Erdölgesellschaften und nicht zuletzt die Eingliederung des Irans in den künftigen Militärblock.

Die amerikanische Regierung stellte der Regierung Zahedi in einem Zeitraum von 12 Monaten 145 Mill. Dollar zur Aus-

146) *A. W. Baschkirow*, angef. Werk, S. 252.

gleichung des Staatshaushaltes sowie zur Zerschlagung der demokratischen und linken Organisationen zur Verfügung.
Die amerikanischen Monopolisten diktierten der Regierung General Zahedis die Bedingungen zur Wiederherstellung der diplomatischen Beziehungen zu England und zur Bildung einer „internationalen Erdölgesellschaft" für Gewinnung und Verkauf des iranischen Erdöls. In der zweiten Hälfte des Oktobers 1953 weilte Herbert Hoover jr. [147]) — der Sohn des früheren USA-Präsidenten und Präsident des Verwaltungsrates einer der größten Gesellschaften zur Erkundung von Erdöl, die mit dem „Erdöl-Imperium" Rockefellers verbunden war — in Teheran. Hoover jr. war Berater für internationale Erdölfragen im State-Department der USA. Er hielt sich zur Zeit der Verstaatlichung der Erdölindustrie in Teheran auf und hatte daselbst lange Geheimbesprechungen, die sich alle um die Erweiterung des Einflusses des amerikanischen Kapitals drehten.
Der Vertreter der amerikanischen Erdölfirmen schlug der iranischen Regierung einen neuen provisorischen Plan zur Beilegung des Erdölkonfliktes vor. Wie die Zeitung „Journal of Commerce" meldete, beruhte dieser Plan auf einem Vorschlag des State-Departments, wonach faktisch jegliche Möglichkeit zur Rückkehr der Engländer in den Iran ausgeschlossen wurde. Deshalb mußte den Amerikanern zwangsläufig die führende Rolle zufallen.
Der Vorschlag des State-Departments führte in London zu der Befürchtung, daß die Amerikaner den Erdölkonflikt auf „amerikanische Weise" lösen könnten. Diese Befürchtung der englischen Geschäftskreise war insofern nicht unbegründet, als dieser Plan die Bildung eines internationalen Konsortiums vorsah, in welchem den USA-Gesellschaften die führende Rolle zugedacht war (75 % der Aktien des Konsortiums sollten auf den Anteil der Amerikaner und nur 25 % auf den Anteil der Engländer entfallen). Ein solcher Vorschlag von seiten der USA rief in den Geschäftskreisen Englands große Unzufriedenheit

---

147) „In Anerkennung seiner Verdienste wurde Hoover zum Stellvertretenden Außenminister ernannt, ohne daß er jemals vorher seine Ansichten über auswärtige Fragen öffentlich bekanntgegeben hätte . . ." *H. O'conner*, angef. Werk, S. 269.

hervor. So schrieb z. B. am 24. November 1954 die Zeitung „Financial Times“, in Übereinstimmung mit der Meinung des Ministeriums für Auswärtige Angelegenheiten Großbritanniens, daß „Verhandlungen durch Vermittlung einer dritten Seite meistens erfolglos zu verlaufen pflegen. Im gegebenen Falle ist noch zu bedenken, daß diese dritte Seite selbst ein Land verkörpert, das großen Anteil an der Entwicklung der Erdölreserven zu nehmen gedenkt, an denen England lebhaftes Interesse besitzt. Der natürliche Verlauf der Ereignisse kann durchaus dazu führen, daß die Vereinigten Staaten, wenn sie das einzige Bindeglied zwischen der iranischen Regierung und den wichtigsten ausländischen Gesellschaften bleiben, die herrschende Stellung im Iran einnehmen werden.“

Laut Mitteilung der Zeitung „Kejhan“ beanspruchten die amerikanischen Trusts Anfang Januar 1954 60 % des im Iran gewonnenen Erdöls, die Engländer aber mindestens 50 %. Ende Januar 1954 gingen die Amerikaner auf einen Kompromiß ein und schlugen den Engländern vor, sich mit 45 % zufriedenzugeben. In London jedoch beharrte man weiterhin darauf, daß die englischen Firmen zu gleichen Teilen am Handel mit iranischem Erdöl beteiligt werden sollten. Das Streben der USA-Erdölmagnaten nach Beherrschung der iranischen Erdölindustrie ergrimmte die Geschäftskreise Englands. Die Zeitung „Sunday Express“ schrieb am 31. Januar, daß „die amerikanischen Firmen die Aktienmehrheit anstreben und mit Hilfe einer der Vertragsbedingungen das Erdöl verarbeitende Werk in Abadan mit amerikanischen Spezialisten besetzen wollen ... Die Amerikaner schleichen sich an das iranische Erdöl heran. Eine neue, schändliche Etappe der Untergrabung des englischen Einflusses und Prestiges im Nahen Osten hat begonnen“.

Um sich einen großen Anteil an der iranischen Erdölindustrie zu sichern, kamen die Engländer zu dem Schluß, daß es notwendig sei, auf die Regierung des Irans entschieden Druck auszuüben. Zu diesem Zweck mußten vor allen Dingen die diplomatischen Beziehungen zum Iran wieder aufgenommen werden. Die Wiederherstellung der diplomatischen Beziehungen zwischen dem Iran und Großbritannien entsprach auch den Interessen der USA, da das unerläßlich für die Erdölverhandlungen war, bei denen die Amerikaner die Hauptrolle spielten. Auf diese Weise wurden am 5. Dezember 1953 unter der tatkräftigen Mitwirkung der Vereinigten Staaten die diplomatischen Beziehungen zwischen dem Iran und England wiederhergestellt. Trotz tiefgehender Meinungsverschiedenheiten zwischen den Amerikanern und Engländern waren die Erdölgiganten beider Länder an einer Beilegung des Erdölkonfliktes zugunsten der „westlichen Welt" interessiert. Zu diesem Zweck erschien Mitte Februar eine Kommission im Iran, bestehend aus 20 Vertretern der Erdölfirmen, die iranisches Erdöl zu kaufen beabsichtigten. Im Kommuniqué der iranischen Regierung vom 9. Februar 1954 heißt es, daß sich die Erdölkommission 10 Tage lang im Süden des Landes aufhalten werde, um an Ort und Stelle den Zustand der Erdölunternehmen zu prüfen.

Laut Mitteilung der Zeitung „Ettelaat" kamen von acht großen Erdölgesellschaften die Vertreter und Experten nach Abadan, um zusammen mit dem Berater der iranischen Regierung — dem Amerikaner Torkild Rieber — und dem kaufmännischen Direktor der Iranischen Nationalen Erdölgesellschaft, Parkhide, daselbst zu verbleiben und sich gleichzeitig mit den Produktionsmöglichkeiten der Erdölindustrie vertraut zu machen. Die Experten stellten den Wert der Erdölunternehmen des Irans, die Zahl der ausländischen Spezialisten und die erforderliche Höhe künftiger Hilfeleistungen von seiten dieser acht Erdölfirmen fest [148]).

Nach Rückkehr der Kommission wurden die Geheimverhandlungen über die Gründung eines Erdölkonsortiums fortgesetzt. Trotz des harten Kampfes zwischen den Erdölgiganten der USA und Englands um die Aufteilung des iranischen Erdöls, mußten sie infolge der innenpolitischen Lage im Iran ein Abkommen miteinander treffen. Nach diesem Abkommen wurde Anfang April 1954 das Internationale Konsortium gebildet, das sich aus den fünf größten amerikanischen Erdölgesellschaften, einer englischen, d. h. der AIOC, einer englisch-holländischen und einer französischen Erdölfirma zusammensetzte. Das Kon-

148) Siehe Zeitung „Ettelaat" vom 11. Februar 1954.

sortium wurde speziell aus solchen Erdölgesellschaften gebildet, die über 90 % der Erdölgewinnung im Mittleren und Nahen Osten verfügten und während der Regierungszeit Mossadeghs geholfen hatten, das iranische Volk am Verkauf seines Erdöls zu hindern. Das Grundkapital des Konsortiums umfaßte 250 Millionen Dollar. Die Aktien des neuen Konsortiums wurden folgendermaßen aufgeteilt: Die fünf Erdölgiganten der USA — „Standard Oil of New-Jersey", „Texas Oil Company", „Gulf Oil Corporation", „Standard Oil Co. of California" und „Socony Vacuum Oil Company" erhielten je 8 % der Aktien, d. h. also insgesamt 40 %, die AIOC erhielt 40 %, die „Royal Dutch/Shell" 14 % und die „Compagnie Française des Petroles" 6 %. Dazu muß man noch bemerken, daß sich Ende April 1955 neun Erdölgesellschaften der USA zu einer neuen Erdölfirma „The Iricon Group of Companies" zusammengeschlossen hatten, die 5 % vom Aktienanteil der amerikanischen Gruppe im Konsortium bekam [149]).

Die Beteiligung des französischen und holländischen Kapitals am Erdölkonsortium war nur ein Schachzug der Amerikaner, um dem Konsortium einen „internationalen" Anstrich zu verleihen. In Wirklichkeit sah es so aus, daß von Jahr zu Jahr „mehr Aktien der ‚Royal Dutch/Shell' in die Hände der Amerikaner übergegangen waren. Januar 1948 besaßen die Amerikaner Aktien dieser Company in Höhe von 207 000, Anfang Januar 1952 waren es schon 526 000 und im März 1953 sogar 1 436 000 Dollar" [150]).

Einen ähnlichen Einfluß besitzt das amerikanische Kapital auch in der französischen Company. Ungefähr 10 % der Aktien der

---

[149]) „Der Anteil des Pools am Konsortium betrug 5 Prozent. Wie berichtet wurde, interessierten sich neun Gesellschaften für die Übernahme von Anteilen, deren jeder eine Million Dollar kostet und den Inhaber zum Bezug von einer Million Barrel Öl im Jahr berechtigte, vorausgesetzt, daß die Ausbeute, die für 1957 vorgesehene Höhe erreichte. Bei einem Profit, der auf 85 Cent je Barrel geschätzt wird, würde die eine investierte Million jeder der beteiligten Gesellschaften jährlich einen Profit von 850 000 Dollar einbringen — gewiß kein schlechter Handel in diesen Tagen." *H. O'conner*, angef. Werk, S. 267. Die Mitglieder der „Iricon Group" waren Ende 1966 folgende 7 Gesellschaften: American Independent Oil Co., Atlantic Richfield Co., Continental Oil Co., Getty Oil Co., Signal Oil and Gas Co., The Standard Oil Co. (Ohio), Tidewater Oil Co.; „Iranian Oil Operating Co., Annual Review 1966", P. 18.

[150]) „Der kapitalistische Erdölmarkt", S. 21.

„Compagnie Française des Petroles“ gehören den amerikanischen Erdölgiganten „Standard Oil Company of New-Jersey“. Diese Tatsachen sind der eindeutige Beweis dafür, daß das Internationale Konsortium sich faktisch unter der Kontrolle des amerikanischen Kapitals befindet und jetzt die Amerikaner, und nicht mehr die Engländer, die Herrschaft über die iranische Erdölindustrie ausüben.

Nach Gründung des Konsortiums kam am 11. April 1954 eine Delegation nach Teheran, an deren Spitze ein Mitglied des Verwaltungsrates der „Standard Oil Company of New-Jersey“, O. Gordon, stand, um Verhandlungen über den Abschluß eines neuen Erdölvertrages mit dem Iran aufzunehmen. Die Verhandlungen zwischen der Delegation des Konsortiums und der iranischen Regierung wurden im Beisein des Sonderberaters des State-Departments der USA, Herbert Hoover jr., und des Gesandten Großbritanniens im Iran, Stevens, geführt. Nach viermonatigen Verhandlungen unterzeichnete die iranische Regierung im August 1954 unter dem rücksichtslosen Druck der Amerikaner und Engländer das neue Erdölabkommen mit dem Konsortium und legte es am 21. September dem Medshlis zur Begutachtung und Bestätigung vor.

Zunächst wurde eine Sonderkommission, bestehend aus 36 Abgeordneten und Senatoren, gebildet. Am 7. Oktober 1954 billigte die Erdölkommission das neue Abkommen, und am 21. Oktober ratifizierte der iranische Medshlis mit 113 gegen 5 Stimmen bei 2 Stimmenthaltungen das Erdölabkommen, das von der Regierung Zahedi und dem Konsortium daraufhin unterzeichnet wurde.

Die Regierung Zahedi ließ kein Mittel des Drucks, der Demagogie und des Terrors unversucht, um die Medshlis-Abgeordneten zu zwingen, für die Ratifizierung des Abkommens zu stimmen. Während der Abstimmung stellte es sich heraus, daß die Medshlisabgeordneten gezwungenermaßen ihre Stimme für das Abkommen abgaben. Einige Abgeordnete vermerkten das sogar auf ihren Stimmzetteln. So schrieb beispielsweise der Abgeordnete Behbahani auf den Stimmzettel: „Ich bin einverstanden. In der gegenwärtigen Situation des Landes gibt es keinen

anderen Ausweg." Der Abgeordnete Dr. Abdoh schrieb: „Da es notwendig ist, bin ich einverstanden." Der Abgeordnete Schadman schrieb: „Für die Erhaltung des Irans." Der Abgeordnete Sartippur aber schrieb: „Für die Erhaltung des Landes und gegen den Willen der Kommunisten" [151]). usw.
Gleich nachdem die iranische Regierung das Abkommen unterzeichnet hatte, zog der Kurs der früheren AIOC-Aktien an den Börsen Londons wieder an. Dazu muß man bemerken, daß der Kurs der AIOC-Aktien nach der im Jahre 1951 erfolgten Verstaatlichung der Erdölindustrie des Irans auf 5 Pfd. Sterling gefallen war. Nach dem Staatsstreich vom 19. August 1953 und während der Verhandlungen zwischen dem Iran und dem Konsortium stieg der Kurs der AIOC-Aktien auf 16 Pfd. Sterling und nach der Unterzeichnung des Abkommens durch die iranische Regierung auf 18 Pfd. Sterling und 16 Schilling an [152]).

3) *Der Erdölvertrag zwischen der iranischen Regierung und dem Erdölkonsortium und sein Charakter*

Das Erdölabkommen mit dem Internationalen Erdölkonsortium besteht aus zwei Teilen und zwei Anlagen. Der erste Teil umfaßte das Abkommen des Irans mit dem Konsortium, der zweite das des Irans mit der AIOC betr. Zahlung einer endgültigen Abfindung. Die erste Anlage umreißt das Prospektionsgebiet des Konsortiums im Iran und die zweite schlägt der iranischen Regierung die Bedingungen zur Überprüfung des bestehenden Gesetzes über die Einkommenssteuer zugunsten des Konsortiums vor.
Da die Mitglieder des Konsortiums das vorliegende Abkommen zu verwirklichen und die Erkundung, Gewinnung, Raffinierung, Transportierung des Erdöls u. a. Arbeiten aufzunehmen wünschten, begannen sie, die Produktionsgesellschaften entsprechend der niederländischen Gesetzgebung zu registrieren. Die Pro-

151) Zeitung „Kejhan", 22. Oktober 1954.
152) Siehe Zeitungen „Kejhan", 22. August und 22. Oktober 1954 und „Ettelaat", 11. August 1954.

duktionsgesellschaften wurden für die Dauer der Wirkung des gegenwärtigen Abkommens mit allen Rechten und Machtbefugnissen ausgestattet, die zur Durchführung folgender Verrichtungen innerhalb des Territoriums des Irans erforderlich sind [153]):

1) Die „Gesellschaft zur Erkundung und Gewinnung von Erdöl" („Iranian Oil Exploration and Producing Co.") besitzt alle Rechte und Vollmachten zur Durchführung folgender Produktionsvorgänge, nämlich: Erkundungsarbeiten vorzunehmen (mit geologischen, geophysikalischen oder anderen Methoden, einschließlich der zur Bestimmung der Bodenverhältnisse notwendigen Bohrarbeiten), zu bohren, Rohöl und Erdgas zu gewinnen, die Anlagen zur Herstellung von leichten Erdölprodukten und zum Entzug von Schwefelbestandteilen zu benutzen, das von ihr gewonnene Erdöl und Erdgas auf andere Weise und in dem für ihre Arbeiten erforderlichem Umfang weiterzuverarbeiten, das Erdöl, Erdgas und die daraus abgeleiteten oder hergestellten Produkte zu lagern, zu transportieren und in einer beliebigen Form zu liefern, die Verladung auf Schiffe einbegriffen.

2) Die „Gesellschaft zur Raffinierung des Erdöls" („Iranian Oil Refining Co.") besitzt das Recht und die Vollmacht zur Durchführung folgender Verrichtungen: Raffinierung und Verarbeitung des Rohöls und der Erdgase, die von der „Gesellschaft zur Erkundung und Gewinnung von Erdöl" gewonnen wurden, um aus Rohöl und Erdgas oder durch Zusatz anderer Stoffe verschiedene Produkte abzuleiten oder herzustellen und zu lagern, zu verpacken, zu transportieren und in einer beliebigen Form zu liefern, die Verladung auf Schiffe oder andere Beförderungsmittel für Rohöl, Erdgas und die davon abgeleiteten sowie hergestellten Produkte einbegriffen.

Aus dem Text des Abkommens geht klar hervor, daß sämtliche Produktionszweige der Erdölindustrie des Irans unter dem Begriff „Gesellschaft zur Erkundung und Gewinnung" zusammengefaßt werden, an deren Spitze holländische Experten stehen, und daß alle Erdöl verarbeitenden Werke unter der Be-

---

153) Siehe „Petroleum Times", 15. Oktober 1954.

zeichnung „Gesellschaft zur Verarbeitung“ geführt werden, die sich unter der Kontrolle und Leitung von amerikanischen Experten befindet. Der Iranischen Nationalen Erdölgesellschaft steht nur das Erdölproduktionsgebiet „Nafte-schah“ zur Verfügung, zu dem ein Bohrloch und eine Erdölraffinerie in Kermanschah mit einer Jahreskapazität von 150 000 t Erdöl gehören (jetzt 450 000 t).

Für die Verwaltung dieser zwei dem Konsortium unterstellten Gesellschaften sind sieben leitende Direktoren vorgesehen. Fünf davon wird das Konsortium und nur zwei der Iran stellen [154]).

Das Konsortium ist zu folgenden Maßnahmen berechtigt: Es kann Telefon- und Telegrafenleitungen legen, Rundfunkstationen, Werke, Speicher und Erdölbehälter errichten, Schiffs- und Flughäfen, Flugzeughallen, Straßen und Eisenbahnlinien bauen lassen usw.

Der Iran besitzt nicht das Recht, ohne die Zustimmung des Konsortiums Maßnahmen zum Bau von Erdöl- und Gasleitungen für den Inlandbedarf im Wirkungsbereich des Konsortiums zu treffen. Das Konsortium hat das Recht, ohne jegliche Einschränkungen über die Liegenschaften zu verfügen, die sich in seinem Betätigungsfeld befinden, und seinen Standort nach Belieben zu wechseln. Der Iran überläßt dem Konsortium alle Maschinen, Ausrüstungen, Speicher, Werke, d. h. sämtliche Anlagen der Erdölindustrie und was sonst noch dazu gehört. Im Laufe der ersten zehn Jahre seiner Tätigkeit berechnet das Konsortium eine jährliche Amortisationssumme in Höhe von 2 600 000 Pfd. Sterling für die „Gesellschaft zur Erkundung und Gewinnung“ und von 4 100 000 Pfd. Sterling für die „Gesellschaft zur Verarbeitung“.

Das Konsortium besitzt das Recht, alle in seinem Wirkungsbereich befindlichen und zur „National Iranian Oil Co.“ (NIOC) gehörigen Ländereien zu nutzen. Der Preis bzw. Pachtzins für diese Ländereien darf den Preis bzw. Pachtzins für ähnliche Ländereien in jenem Gebiet nicht übersteigen. Die erwähnten Ländereien werden im Namen der „NIOC“ (National Iranian Oil Co.) gekauft und dem Konsortium zur Ver-

[154]) Seit 1960 drei Vertreter der „National Iranian Oil Co.“ (NIOC).

fügung gestellt. Der Preis bzw. Pachtzins dafür soll innerhalb von 20 Jahren gelöscht werden.

Das Konsortium ist berechtigt, die zur Deckung des eigenen Bedarfs notwendige Menge Erdöl und Gas zu beziehen. Das Konsortium hat das Recht, das verarbeitete Erdöl und die Naphtarückstände in das Bohrloch zurückzugießen.

Die NIOC muß dem Konsortium bis zum ersten Juli eines jeden Jahres Mitteilung über den Bedarf an Erdöl und Erdölprodukten für das folgende Jahr erstatten.

Die Aktionäre des Konsortiums und der ihm unterstellten Gesellschaften sowie deren Vertreter brauchen keinerlei Steuern zu zahlen, weder die augenblicklich geltenden noch künftige zentrale oder lokale Steuern. Alle nichtiranischen Direktoren und Arbeiter des Konsortiums haben das Recht, die Hälfte ihres Gehalts bzw. Arbeitslohns der letzten 24 Monate laut Kontraktabschluß in Pfd. Sterling oder Dollarwährung aus dem Iran auszuführen.

Sämtliche vom Konsortium importierten Waren oder exportierten Erdölprodukte sind frei von Zollgebühren. Alle importierten Waren, die für die Direktoren, die Arbeiter und deren Familienangehörige zum Verbrauch bestimmt sind, können ohne jede Genehmigung und ohne Rücksicht auf das Staatsmonopol eingeführt werden, es müssen jedoch Zollgebühren dafür entrichtet werden. Die dem Konsortium unterstellten Gesellschaften besitzen das volle Recht, anderen Personen oder Gesellschaften einen Teil oder die Gesamtheit ihrer Rechte zu übertragen oder zu verkaufen. Die Angestellten des Konsortiums und deren Familien genießen volle Freiheit in bezug auf Umzug und Güterbeförderung jeder Art (Inventar, Produktionsausrüstungen, Waren usw.).

Kein Gesetz und kein Verwaltungsakt — weder direkt noch indirekt — und auch keine sonstige Maßnahme von seiten des Irans oder iranischer zentraler oder örtlicher Organe können den gegenwärtigen Vertrag annullieren, Korrekturen oder Abänderungen an ihm vornehmen oder die Tätigkeit des Konsortiums beeinträchtigen, solange der Vertrag gilt.

Alle auftauchenden rechtlichen, technischen oder geschäftlichen

Probleme, die intern nicht zu lösen sind, sollen dem Schiedsgericht übergeben werden. Beide Seiten sind verpflichtet, die Entscheidungen des Schiedsgerichtes zu respektieren.
In der Anlage Nr. 1 wird in 19 Punkten das Prospektionsgebiet des Konsortiums abgesteckt. Die östliche Länge beträgt 57°20', die westliche Länge — 45°40', die nördliche Breite — 34°30' und die südliche Breite — 26°20', d. h. es fallen darunter Teile der Provinzen Kermanschah (mit Nafte-schah), Borudsherd, Isfahan, ganz Khusistan und Fars, ein Teil von Yazd, Kerman, Belutschistan und alle Inseln des Persischen Golfes.*)
In der Anlage Nr. 2 ist das System für die vom Konsortium an die iranische Regierung zu entrichtende Einkommenssteuer erläutert, wonach der Iran sein Gesetz über die Einkommenssteuer revidieren muß.
Als Entschädigung für die „Verluste", die der AIOC durch die Verstaatlichung der Erdölindustrie zugefügt wurden, soll der Iran im Laufe von zehn Jahren einen Betrag in Höhe von 46 365 000 Pfd. Sterling an sie zahlen, davon sollen 25 Mill. Pfd. Sterling als Entschädigung gelten.
Die Frist für die Dauer des Abkommens beträgt 25 Jahre; außerdem ist eine dreimalige Verlängerung von je fünf Jahren vorgesehen, so daß das Ganze im Jahre 1994 enden würde.
Die NIOC wird mit den Nebenarbeiten betraut, d. h. ihr obliegt es, für die Sicherstellung und Durchführung folgender Dienstleistungen zu sorgen, die zur Unterstützung der Produktionsgesellschaften erforderlich sind: z. B. Instandsetzung von Wohnungen, Erhaltung von Stätten der öffentlichen Wohlfahrt, medizinische Betreuung, Überwachung der Lebensmittelversorgung, Kontrolle der Arbeitsvorgänge in Imbißstuben, Restaurants, Kaufhäusern usw., Ausbildung von Produktionsarbeitern und Technikern, Eigentumsschutz, Verbesserung der Arbeits- und Lebensbedingungen, Verkehrswesen, kommunale Wasser- und Energieversorgung u. a. kommunale Dienstleistungen.
Jahrzehntelang führten die Arbeiter einen erbitterten Kampf

*) Siehe Zeichnung Nr. 4. Das Prospektionsgebiet des Konsortiums betrug 259 000 km².

DAS PROSPEKTIONSGEBIET DES INTERNATIONALEN ERDÖLKONSORTIUMS ------
(FAST 250,000 km²)

Zeichnung Nr.4

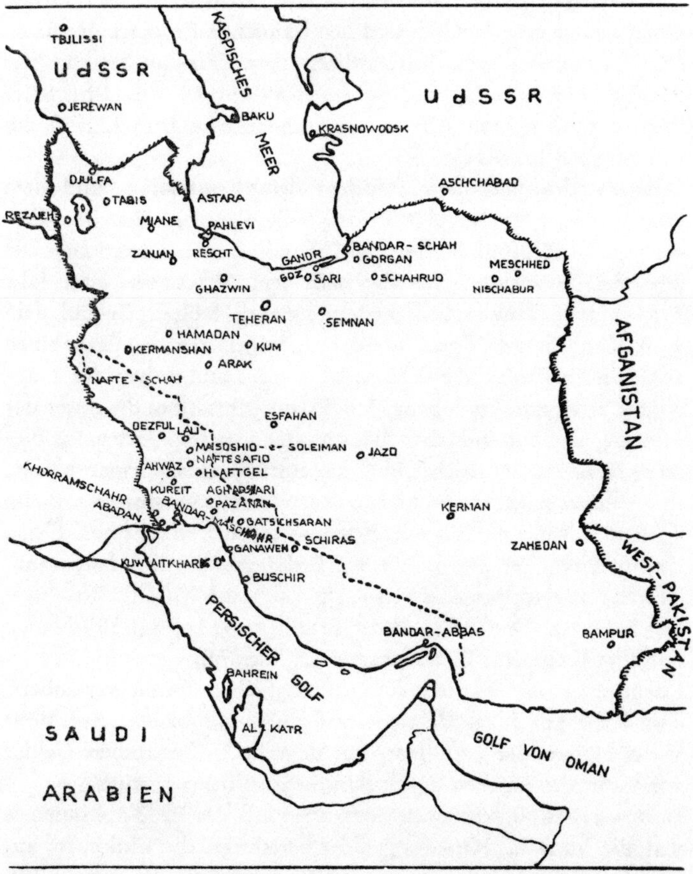

mit der AIOC um Hebung ihres Lebensstandards und um bessere medizinische Betreuung und sanitäre Einrichtungen. In dem neuen Vertrag betrauten die ausländischen Erdölgesellschaften die NIOC mit der Durchführung der oben erwähnten Aufgaben, um sich so von vornherein gegen die ständigen Angriffe zu schützen, die durch die schweren Lebensbedingungen und den Zorn und Haß der Erdölarbeiter ausgelöst wurden. Die Erdölgiganten schufen sich auf diese Weise mit der NIOC einen Puffer zwischen sich und den iranischen Erdölarbeitern.

Das Konsortium war verpflichtet, dem Iran im ersten Jahr 31 Mill. Pfd. Sterling und im zweiten Jahr 46 Mill. Pfd. Sterling zu zahlen. Laut Abkommen standen dem Iran 12,5 % des gewonnenen Erdöls zu.

Das Abrechnungssystem zwischen dem Konsortium und dem Iran erinnert sehr an das Prinzip, das zwischen den amerikanischen Erdölgesellschaften und Saudi-Arabien herrscht. Die iranische Regierung hätte also nach dem Abkommen vom Jahr 1954 höhere Einkünfte haben müssen als früher. Gemäß dem vom Medshlis gebilligten Sondergesetz gehören die Einnahmen aus dem Erdöl der Wohlfahrt des Landes und stehen der Planorganisation zur Verfügung. Die Planorganisation, die unter der Führung der ausländischen Berater stand, befürwortete aus diesem Grunde alle Projekte, die den ausländischen Firmen halfen, ihre Absatzmärkte im Lande zu erweitern. So wurde z. B. im Jahre 1955 mit einer englischen und einer französischen Firma ein Vertrag über den Bau einer Erdölleitung von Ahwas nach Teheran abgeschlossen, deren Kosten sich auf 14 Mill. Pfd. Sterling belaufen. Die Länge dieser Erdölleitung beträgt 580 Meilen und ihre Kapazität 20 000 Barrel pro Tag [155]).

Darüber hinaus wurde mit einer englischen Firma vereinbart, eine 6000 km lange Asphaltstraße usw. zu bauen. Auf diese Weise flossen die vom Iran aus dem Erdöl bezogenen Gelder wieder in die Taschen der ausländischen Firmen zurück.

In den ersten Jahren nach dem Abschluß des Erdölabkommens war die iranische Regierung nicht berechtigt, die Einkünfte aus dem Erdöl zur Ausgleichung ihres Budgetdefizits zu verwenden. Sie war daher gezwungen, bei den Ausländern Anleihen aufzunehmen, was wiederum die Einfuhr von Leihkapital in den Iran förderte. Als Beispiel hierfür können die im März 1955 vom Medshlis gebilligten Anleihen in Höhe von 150 Mill. Dollar bei den USA und in Höhe von 10 Mill. Pfd. Sterling bei Eng-

155) „Petroleum Times", Januar 1956, S. 14.

land usw. dienen. Diese Anleihen verstärken zweifellos die finanzielle und politische Abhängigkeit der iranischen Regierung.

Der Text des neuen Erdölvertrages liefert den eindeutigen Beweis dafür, daß die amerikanischen und englischen Erdölgesellschaften mit dem Iran nicht bloß einen Vertrag abschlossen, sondern dabei gleichzeitig eine vorteilhafte Konzession erwarben, die ihnen für die nächsten 40 Jahre die sichere Gewähr für die Erzielung von hohen Profiten bot[156]). Die Erdölmagnaten gaben selbst offen diesen Charakter des Vertrages zu. Der Delegationsleiter des Internationalen Konsortiums und Direktor der „Standard Oil of New-Jersey", Howard W. Page, erklärte: „Das erzielte Abkommen garantiert den Aktionären des Konsortiums Rechte in einem solchen Umfang, als besäßen sie die Erdölkonzession. Wir haben einen Kontrakt, der uns alle Rechte auf alleinige Ausbeutung und volle Verwaltung dieses Gebietes für lange Zeit einräumt" [157]).

Nach der Ratifizierung des neuen Erdölvertrages durch den Senat und nach dessen Sanktionierung durch den Schah begaben sich Ende Oktober 1954 der Finanzminister des Irans, Dr. Ali Amini, und die Vertreter des Konsortiums nach Abadan, wo sie feierlich die Kräne für die Erdölleitung in Betrieb nahmen. Somit befindet sich seit dem 30. Oktober 1954 die iranische Erdölindustrie erneut in den Händen der ausländischen Erdölgiganten.

Auf diese Weise hob der Abschluß des Erdölabkommens zwischen der Regierung Zahedi und dem Konsortium das Gesetz über die Verstaatlichung der Erdölindustrie des Irans auf und ebnete den anglo-amerikanischen Erdölfirmen den Weg zur rücksichtslosen Ausbeutung des Erdölreichtums des Landes.

Die Gründung des Konsortiums stellt nicht nur ein Übereinkommen zwischen den großen Erdölfirmen dar, sondern ist

---

156) „Auf der Basis des Produktionsniveaus, das in dem Abkommen festgelegt wurde, würden sich die Profite der Anglo aus ihrem iranischen Eigentum im Jahre 1957 auf 89,7 Mill. Dollar und die der Shell auf 26,6 Mill. Dollar belaufen. Für jede von den fünf amerikanischen Gesellschaften ergeben sich auf dieser Grundlage 15,2 Mill. Dollar und für die Franzosen 11,5 Mill. Dollar." *H. O'conner,* angef. Werk, S. 267.

157) „Journal of Commerce", 7. August 1954.

gleichzeitig ein Zeugnis für die Niederlage der britischen Politik im Iran. Der Aufschwung der nationalen Bewegung zwang die fremden Mächte, ihre Kräfte zu vereinigen. Das Erdölkonsortium stellt ein kollektives Unternehmen dar, dessen Tätigkeit von Jahr zu Jahr mehr die wirtschaftliche und politische Abhängigkeit des Irans von dem ausländischen Erdölmarkt verstärken wird.

Die Ausbeutung der iranischen Erdölquellen sowie die Arbeitsintensität hatten sich nach der Wiederherstellung der amerikanisch-englischen Herrschaft über die iranische Erdölindustrie, noch mehr erhöht. Das hat seine Ursache darin, daß die iranischen Erdölarbeiter nunmehr intensiver arbeiten müssen, um die „Schadensersatzansprüche" der AIOC zu befriedigen, den Erdölgiganten des Konsortiums den höheren Profit zu garantieren und schließlich dem Iran höhere Einkünfte zu sichern.

Über solche Absicht erklärte einer der Abgeordneten am 16. November 1954 auf einer Medshlissitzung folgendes: „Die Regierung muß der Arbeitsproduktivität mehr Aufmerksamkeit widmen. Die Arbeitsproduktivität ist unbedingt zu steigern. Während der vergangenen Jahre haben einige tausend Erdölarbeiter Geld erhalten und nicht gearbeitet, das muß jetzt nachgeholt werden ..."

Mit dem Abschluß des Erdölabkommens haben die Erdölmagnaten der USA und Englands einen zeitweiligen Sieg im Iran errungen. Die Zeitung „New-York Times" schrieb dazu, „daß der Streit um das Erdöl, obgleich er teuer zu stehen kam, sich letzten Endes doch als ‚nützlich' erweisen könnte, wenn nämlich die unterentwickelten Länder daraus lernten und einsähen, daß es entschieden zu kostspielig ist, sich fanatischem Nationalismus hinzugeben". Der Kommentator des Londoner Rundfunks, Barth, bekannte noch offener, daß „man diese Regelung treffen mußte, um den benachbarten Ländern die Lust zu nehmen, dem traurigen Beispiel Persiens nachzueifern und ebenfalls den ausländischen Besitz zu verstaatlichen" [158]).

Die Bedeutung und das Wesen des Erdölabkommens von 1954 sind den Äußerungen der führenden Vertreter der USA zu ent-

158) „Literatur-Zeitung", 17. August 1954.

nehmen. In seinem Schreiben an den amerikanischen Gesandten in Teheran hebt Eisenhower hervor, daß „das Abkommen den Vereinigten Staaten helfen wird, unsere Ziele im Mittleren Osten zu verwirklichen". Und Dulles, für den das Abkommen ein Quell „größter Genugtuung" war, betonte dabei, daß die Regierung der USA, Englands und des Irans „jetzt weitere konstruktive Schritte zur Wahrung unserer gemeinsamen Interessen in diesem Gebiet unternehmen können" [159]).

Nach Abschluß des neuen Abkommens mit dem Konsortium gab Eden, der damalige Minister für Auswärtige Angelegenheiten Englands, Anfang November 1954 folgende Erklärung im Unterhaus ab: „. . . Ich möchte hinsichtlich der 214 Millionen Pfd. Sterling, die uns von den anderen Gesellschaften und Aktionären des Konsortiums als deren Anteil zu zahlen sind, noch etwas sagen [160]). Einige glauben, daß dieser Betrag nicht genüge. Ich sage nur das eine, daß ich vor kurzer Zeit noch der Ansicht war, es würden nicht viele sein, die uns für die Hoffnung auf eine Chance unserer Rückkehr nach Abadan und die Nutzung des iranischen Erdöls, auch nur 214 Pence gegeben hätten. ... In der Tat drehte es sich darum, daß man mit Mossadegh nicht weiter verhandeln konnte. ... Wir hätten ohne die Hilfe der USA niemals im Laufe dieses Jahres, seit sich General Zahedi an der Macht befindet, in diesen schwierigen Verhandlungen zu einem Ziel gelangen können. Ich möchte behaupten, daß es für das Unterhaus keine größere Freude geben konnte als die Beendigung dieses Konfliktes . . ." [161]).

Der Erdölvertrag 1954, wie alle anderen Verträge, die zwischen den Großmächten und den abhängigen Ländern abgeschlossen wurden, ist der juristische Ausdruck für die Sicherung des hohen Profits zugunsten der großen und starken Unternehmen.

Die amerikanische und englische Presse erklärte offen, daß „die Hauptbedeutung des Abkommens strategischer Art und seine

---

159) „Prawda", 21. August 1954.

160) „Das Eigentum des Konsortiums wurde auf einen Wert von einer Milliarde Dollar berechnet. Die anderen Gesellschaften zahlten der Anglo-Iranian für ihre Anteile 600 Millionen Dollar, wovon 15 Prozent innerhalb von 18 Monaten bar zu zahlen waren und das Übrige mit 10 Cent pro Barrel." *Harvey O'conner*, The Empire of Oil, New-York 1955, (Zehn Haie im Ölmeer) Berlin 1959, S. 266.

161) Zeitung „Kejhan", 4. November 1954.

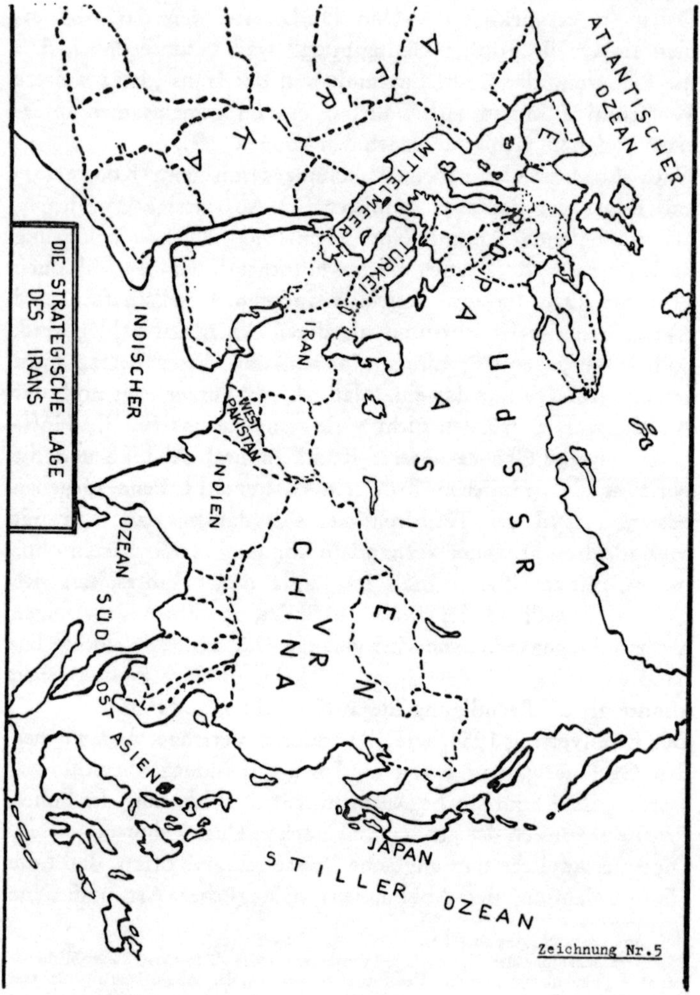

Zeichnung Nr.5

wichtigste Seite die politische ist". Die Zeitung „Financial Times" schrieb seinerzeit sogar, daß „die kommerzielle Seite des Abkommens von geringerer Bedeutung als dessen strategische Seite ist. Was den Mittleren Osten als Ganzes anbelangt, liegt die Hauptbedeutung des Abkommens in dessen strategischer Bedeutung. Es wird dazu beitragen, ein weiteres Glied in die Kette einzufügen, die sich vom Suezkanal bis Pakistan hinzieht." *)

Tatsächlich war die iranische Regierung nach dem Erdölabkommen gezwungen, dem Militärpakt beizutreten [162]).

---

*) Siehe Zeichnung Nr. 5.

162) „Das typische Beispiel in der Praxis für das, was ich meine, war das iranische Experiment, mit dem ich, wie Sie sich erinnern werden, direkt zu tun hatte. Durch die Anwendung wirtschaftlicher Hilfe gelang es uns, Zugang zum iranischen Öl zu bekommen, und wir haben jetzt in der Wirtschaft dieses Landes festen Fuß gefaßt. Die Stärkung unserer wirtschaftlichen Position im Iran hat es uns ermöglicht, seine gesamte Außenpolitik unter unsere Kontrolle zu bringen und es insbesondere zum Beitritt zum Bagdadpakt zu bringen." So wurde die amerikanische Politik im Iran von *N. Rockefeller* behauptet. „Vertrauliches Schreiben von *Nelson A. Rockefeller* an Präsident *D. Eisenhower* (Januar 1956). *H. O'conner*, angef. Werk, S. 277—278.

VI. DIE STELLUNG DER IRANISCHEN ERDÖLINDUSTRIE IN DER GESAMTEN POLITIK UND ÖKONOMIE DES LANDES

1) *Die Erdölpolitik der iranischen Regierung*

Obwohl die antibritische Bewegung in den Jahren 1950—1953 durch den Staatsstreich eine Niederlage erlitten hatte, blieben die Widersprüche zwischen dem iranischen Volk und den Erdölgesellschaften ungelöst. Die Erdölgiganten, die den Staatsstreich organisiert hatten, konnten nicht alle Erfolge des iranischen Volkes zunichte machen, sondern sie mußten einige Rücksichten üben. Die nach dem Staatsstreich an die Macht gekommene iranische Regierung war auch nicht in der Lage, das Gesetz der Nationalisierung der Erdölindustrie zu beseitigen. Außerdem wollte die Staatsführung aus der Erdölbewegung für die Festigung ihrer schwachen Position Vorteile ziehen. Während der Verhandlungen mit den Vertretern der ausländischen Erdölfirmen wurden das Prinzip der Nationalisierung und die Gründung der „National Iranian Oil Company" (NIOC) anerkannt, und es wurde der NIOC freie Hand gelassen, und man hat ihr einige Vorteile für ihre Tätigkeit innerhalb des Irans eingeräumt. Die NIOC erhielt die Raffinerie der Stadt Kermanschah, den Absatzmarkt der Erdölprodukte des Landes und 15 % der jährlichen Einkommen, die die iranische Regierung vom Konsortium bekam.

Die Verstaatlichung der Erdölindustrie und die Übergabe aller Erdölbranchen des Landes an die NIOC hatten objektiv eine große Entwicklungsperspektive für die iranische Erdölindustrie eröffnet. Diese Entwicklungsperspektive hat in der Periode der Regierung Mossadeghs begonnen und sollte gesetzlich untermauert werden. Im Jahre 1952 wurde zwar ein Statutenentwurf für die NIOC vorbereitet, aber wegen der starken Auseinandersetzungen innerhalb des Parlaments nicht gebilligt. Drei Jahre später, d. h. im Jahre 1955, hat der iranische Medshlis das Statut der NIOC gebilligt, und dadurch wurde die Tätigkeit der NIOC im Gesetz verankert.

Die Hauptparagraphen des Statuts waren folgende [163]):

Das gesamte Eigentum der früheren AIOC im Iran wurde der NIOC übergeben; die Hauptverwaltung befindet sich in Teheran, das Kapital der Gesellschaft wurde auf 10 Milliarden Rial (ca. 550 Mio. Mark) festgelegt, d. h. 10 000 Aktien zu je einer Million Rial; die Aktien sind nicht auf andere übertragbar [164]); alle industriellen und kommerziellen Operationen für Erdöl und Gas werden von der NIOC übernommen.

Die NIOC darf Abkommen schließen, im In- und Ausland ihre Filialen gründen, Eisenbahnlinien, Häfen, Flugplätze bauen, Telegraphen- und Telefonleitungen legen usw.

Die Erdölabkommen, die den Verkauf von über einer Million Tonnen Erdöl oder Erdölprodukte innerhalb eines Jahres sowie weniger als eine Million Tonnen innerhalb von fünf Jahren vorsehen, müssen vom Medshlis gebilligt werden. Die Operationen der NIOC werden von Zoll und allen Steuern (außer den direkten und indirekten Steuern des Staatsschatzes) frei sein. Weiterhin wurden im Statut folgende Organe für die NIOC vorgesehen: 1. die Hauptversammlung; 2. der oberste Rat; 3. das Direktorium und 4. das oberste Kontrollorgan.

Die Hauptversammlung wird einmal im Jahr (im Juni) eineinberufen. Sie hat das Recht, den Rechenschaftsbericht des Direktoriums sowie den des obersten Kontrollorgans mitzudebattieren und anzunehmen, die Mitglieder des obersten Kon-

163) Ettelaat, 15., 16. und 17. März 1955.

164) Das ursprüngliche Kapital der NIOC wurde auf 10 000 Millionen Rial festgelegt, d. h. auf 10 000 Aktien mit je einer Million Rial. 50 Prozent des Kapitals wurden mit beweglichen und unbeweglichen Gütern bezahlt. Alle Aktien gehörten der iranischen Regierung und sind auf andere Personen unübertragbar. Teheran Economist, 16. September 1965, S. 33.

trollorgans zu wählen, das Kapital und den Fonds der NIOC zu vergrößern usw.

Der oberste Rat besteht aus sieben Personen: dem Minister für Finanzen, aus vier Abgeordneten des Parlaments, dem Staatsanwalt des Irans und dem Leiter der Planorganisation. Der oberste Rat bestätigt die Ausgaben sowie die operativen Vorschläge der NIOC und schafft Übereinstimmung zwischen der Tätigkeit der NIOC und anderen staatlichen Institutionen. Das Direktorium besteht aus sechs Direktoren und einem Generaldirektor. Die Direktoren müssen mindestens eine zehnjährige Tätigkeit in einem Zweig der Erdölindustrie vorweisen können. Der Generaldirektor, der Chef des Direktoriums, wird vom Ministerrat und durch den Erlaß des Schahs für 4 Jahre ernannt. Die Direktoren, Angestellten und Arbeiter der NIOC dürfen keine politische Tätigkeit und Agitation ausüben, keine Zeitung herausgeben oder sich an der Redaktion von Zeitungen beteiligen. Diejenigen, die das obengenannte Verbot nicht berücksichtigen, werden von der Erdölgesellschaft ausgeschlossen. Die Angehörigen der NIOC dürfen sich nur an den Zeitungen und Zeitschriften der NIOC beteiligen.

Das Statut der NIOC war der erste Schritt zur neuen Erdölpolitik der iranischen Regierung nach dem Staatsstreich des Jahres 1953. Obwohl die iranische Regierung im Jahre 1954 ein Abkommen mit dem Konsortium abgeschlossen hat, darf man dieses Erdölabkommen nicht als neue Erdölpolitik des Irans betrachten. Jedoch bedeutet das Erdölabkommen des Jahres 1954 eine Widerspiegelung der neuen Erdölpolitik der großen ausländischen Erdölfirmen, die nach der Verstaatlichung der Erdölindustrie im Iran durchgeführt wurde. Unter dem Einfluß der antibritischen Bewegung im Iran 1950—1953 und der Verstaatlichung der Erdölindustrie im März 1951 waren die Erdölgesellschaften gezwungen, die Erdölabkommen abzuändern. Im Laufe der Jahre 1950—1952 wurden neue Erdölabkommen zwischen den Erdölgesellschaften und den Regierungen Saudi-Arabiens, Iraks, Kuweits und anderen abgeschlossen, in denen das Prinzip der fünfzigprozentigen Gewinnaufteilung berücksichtigt wurde. In dem Erdölabkommen des Jahres 1954 wurden auch die Prinzipien des Abkommens zwischen der ARAMCO und der Regierung Saudi-Arabiens festgelegt. Das obige Abkommen war von den Erdölexperten der USA vorbereitet und unter dem Druck der Erdölfirmen vom iranischen Parlament gebilligt worden. Die Entwicklung der Erdölpolitik des Irans war mit der Situation im Lande und der internationalen Lage eng verbunden. Die politische und ökonomische Situation innerhalb des Landes forderte neue Geldmittel für die Kapitalinvestitionen und Ausrüstung der Armee. Die Staatsführung des Irans brauchte für die Festigung ihrer Lage die Durchführung der ökonomischen Projekte sowie wegen der in der Intelligenz und Armee bestehenden nationalistischen Tendenzen auch das Entgegenkommen von beiden. Die Zweige der schwach entwickelten Industrie, die Landwirtschaft und der Außenhandel konnten nicht die notwendigen Geldmittel, die die iranische Regierung brauchte, beschaffen. Die einzige sichere und wachsende Geldquelle war das Erdöl. Diese Quelle hat einen jährlichen Zuwachs zwischen 12—15 % und bringt Hunderte Millionen Dollar Valuten. Aber die vorhandene Erdölindustrie befand sich unter der Herrschaft des amerikanisch-englischen Kapitals, und die ausländischen Erdölmagnaten hatten nicht die Absicht, dem Iran mehr Gewinnanteil als den anderen Erdöl produzierenden Ländern des Nahen und Mittleren Ostens zu geben. Deshalb mußte der Iran zu einem günstigen Zeitpunkt mit anderen Erdölgesellschaften neue Abkommen schließen, dadurch konnte die iranische Regierung in Zukunft mit dem Eingang neuer Geldmittel rechnen. Eine günstige Zeit war für die erdölgewinnenden Länder nach der Suez-Kanal-Krise angebrochen. Bekanntlich endete die britisch-französische und israelische Aggression im November 1956 gegen Ägypten mit einer Niederlage. Dieses Ergebnis am Suez-Kanal versetzte dem gesamten ausländischen Herrschaftssystem im Nahen Osten einen harten Schlag und schwächte die Positionen der gigantischen Erdölfirmen. Das geschah zu einem Zeitpunkt, der durch den raschen Kräftezuwachs und den stetig steigenden Einfluß der sozialistischen Staaten und durch den zunehmenden Zerfall des Kolonialsystems gekennzeichnet war. In dieser Periode sahen sich die Erdölgiganten bereits außerstande, die von den Ländern des Nahen und Mittleren Ostens eingeleiteten Maßnahmen zu unterbinden. Die geschwächten Positionen des Erdölkartells im Nahen Osten trugen zur Verschärfung der Widersprüche innerhalb der Industrieländer bei. Hierbei spielt weniger die Rivalität der Kartellmitglieder untereinander als vielmehr die steigende Konkurrenz von seiten der „outsiders", insbesondere die der Erdölgesellschaften Italiens, Japans, Westdeutschlands und der unabhängigen Erdölfirmen der USA eine entscheidende Rolle. Bis zur Mitte der 50er Jahre besaßen diese Außenseiter keinerlei Bedeutung für den Nahen und Mittleren Osten. Nach dem Scheitern der englisch-französisch-israelischen Aggression gegen Ägypten starteten sie jedoch heftige Angriffe auf die Positionen der Mitglieder des Erdölkartells. Sie trachteten danach, sich um jeden Preis eigene Erdölquellen zu sichern und boten deshalb den Ländern am Persischen Golf bedeutend mehr Sonderrechte für die Ausbeutung der Erdölquellen an. Der Aufschwung der nationalen Befreiungsbewegung und die günstige internationale Lage kamen den Ländern am Persischen Golf sehr zustatten. Nun konnten sie ihren Angriff auf die Positionen der Erdölgiganten beginnen. Diese Länder nutzten die gegebenen Umstände aus, um — sowohl zu Zwecken der persönlichen Bereicherung als auch zur Finanzierung des Entwicklungsprogramms — höhere Einnahmen aus dem Erdöl zu erzielen. Sie waren bestrebt, indirekt gegen die alten Erdölverträge vorzugehen, um ihre Einkünfte zu erhöhen. Die neue internationale und innere Lage gab dem Iran sowie den arabischen Ländern einige Möglichkeiten, um den Kampf zwischen den Erdölgesellschaften auszunutzen und neue Erdölabkommen zu schließen, die ihren Gewinnanteil erhöhen könnten.

Am 31. Juli 1957 wurde das Erdölgesetz vom iranischen Parlament gebilligt, und damit hat die iranische Regierung einen wichtigen Schritt in der Erdölpolitik unternommen. Das Erdölgesetz des Jahres 1957 sieht einige prinzipielle Möglichkeiten für die Erweiterung der nationalen Erdölindustrie des Landes vor. In seinem Buch hat der iranische Schah die Prinzipien der Erdölpolitik folgendermaßen charakterisiert: „Im Jahre 1957 hat das persische Parlament in seinem Rahmen ein Gesetz verabschiedet, das die NIOC unter anderem ermächtigte, ausländische Firmen dazu einzuladen, uns bei der Erschließung unserer Ölvorkommen zu helfen. Ich war entschlossen, bei der nun folgenden weiteren Erschließung unserer Ölvorkommen eine ganz neue Politik einzuschlagen. Zunächst einmal sollte es keine Ölkonzessionen im alten Sinne mehr geben. Alle ausländischen Firmen, die bei uns nach schwarzem Gold suchten, sollten entweder im Auftrage des persischen Staates arbeiten oder mit ihm in ein echtes Partnerschaftsverhältnis treten. Zweitens ... Natürlich konnte die NIOC auf Grund ihrer in vielen Teilen des Landes durchgeführten geologischen Untersuchungen den ausländischen Firmen ihre Unterstützung und Beratung weitgehend zur Verfügung stellen ... Drittens würde sich die persische Regierung, falls Öl in wirtschaftlich nutzbaren Mengen gefunden wurde, finanziell und durch die Stellung von leitendem Personal an der Ausbeutung beteiligen. Im nationalen Interesse Persiens legte ich auf diesen letzten Punkt besonderen Wert. Viertens war es mir klar, daß Persien ein weitaus größerer Gewinnanteil als bisher eingeräumt werden müsse. Meiner Ansicht nach hatte sich die fünfzigprozentige Gewinnaufteilung überlebt" [165]).

Die erwähnten Prinzipien wurden im Erdölgesetz in folgender Weise berücksichtigt:

— Alle iranischen und ausländischen Personen haben das Recht, an den Erdölangelegenheiten teilzunehmen; in Partnerschaft mit dem ausländischen Kapital sollen mindestens 30 % der Aktien der NIOC gehören; die NIOC kann eine Konzession für den ganzen Zyklus oder einen Teil der Erdölindustrie, wie: Schürfung, Förderung, Transportierung, Verarbeitung, Export des Rohöls und der Erdölprodukte, vergeben. Die NIOC hat das Recht, Erdölabkommen mit einer Dauer von 19 Jahren für eine Tätigkeit außerhalb des Irans mit ausländischen Gesellschaften zu schließen. Aber das Erdölgesetz verhängt ein Konzessionsverbot über $^1/_3$ des Territoriums des Landes, das im

165) *Mohammed Reza Pahlevi Schahinschah von Persien „Im* Dienste meines Landes", Stuttgart, S. 282—283.

Norden des Irans liegt. Die anderen Bezirke des Landes werden auf verschiedene Erdölzonen verteilt, wobei sich jede Zone auf höchstens 16 000 km^2 beschränkt. Die Größe der Erdölzone, die für die Ausnutzung übergeben wird, hängt von dem Grade der Beteiligung der NIOC in der Partnerschaft ab. Die privilegierenden Bedingungen werden den Gesellschaften gegeben, in denen die NIOC 50 % oder mehr Aktien erhalten kann. Die Dauer des Erdölabkommens ist auf 40 Jahre vorgesehen, wobei nach der Entdeckung wirtschaftlich nutzbarer Ölmengen 25 Jahre eine Abkommensperiode sind und die übrigen 15 Jahre jedes 5. Jahr auf Wunsch beider Partner verlängert werden. Die gemeinsame Erdölgesellschaft soll Steuern nach dem iranischen Gesetz bezahlen. Der Pachtzins hängt von der Größe des Prospektionsgebietes, dem Förderungsumfang des Öls und vom Export ins Ausland ab. Die NIOC hat das Recht, einen Teil des Pachtzinses bei der Unterzeichnung des Abkommens zu fordern. Die Gesellschaften, die mit der NIOC in Partnerschaft treten, können mit Zustimmung der NIOC den iranischen Anteil der Ausgaben für die Schürfung als Pachtzins berechnen. Dieser Paragraph gibt der NIOC den Vorteil, innerhalb der Partnerschaft bei der Schürfung nach Öl keine Geldmittel auszugeben. Die NIOC hat das Recht, von den Partner-Erdölgesellschaften zum Selbstkostenpreis plus einer gerechten Kommissionsgebühr die nötige Erdölmenge für den inneren Markt zu fordern. Falls der ausländische Partner selbständig handelt, soll der NIOC nur $^1/_8$ des Erdölgewinns zum Marktpreis übergeben und von den iranischen Einkommen abgezogen werden.

Das Erdölgesetz des Irans berücksichtigt die Interessen der iranischen Regierung und hat einige Vorzüge im Vergleich zu dem Erdölabkommen mit dem Konsortium im Jahre 1954. Das Gesetz gab der NIOC ein umfassendes Recht und viele Möglichkeiten für die Erweiterung der Erdölindustrie des Irans sowie außerhalb des Landes. Gleich nach der Bestätigung des Erdölgesetzes wurde im August 1957 ein Erdölabkommen zwischen der NIOC und der Tochtergesellschaft der staatlichen Erdölgesellschaft Italiens ENI „Agip Minerapia“ abgeschlossen, nach dem eine gemeinsame Erdölgesellschaft mit 10 Mio. Rial ursprünglichem Kapital gegründet wurde. Das Verwaltungszentrum der neugegründeten Gesellschaft unter dem Namen SIRIP (Société Irano-Italienne des Pétroles) wurde in Teheran gegründet. Die italienische Gesellschaft wurde verpflichtet, 22 Mio. Dollar in die Suche und Förderung des Erdöls zu investieren. Die erste Bohrung mußte spätestens vier Jahre nach der Unterzeichnung des Abkommens beginnen. Falls im Laufe von 12 Jahren kein Erdöl in kommerziell verwertbaren Mengen gefunden würde, sollte die SIRIP aufgelöst werden. Das Erdölgebiet der Irano-Italienischen Gesellschaft beschränkt sich auf 22 900 km² und ist in drei Erdölzonen eingeteilt: 5600 km² in der Hochebene des Irans, 11 200 km² östlich vom Zagrosgebirge, 6000 km² in der Mokranprovinz, an der Küste des Golfes von Oman [166]). Einige Monate später, d. h. am 2. November 1957, erschien die erste Veröffentlichung der NIOC in der in- und ausländischen Presse. Danach wurde die erste Erdölzone im Süden und an der Küste des Persischen Golfes freigegeben. Die Anzeige der NIOC brachte eine große Belebung in den Erdölkreisen mit sich. In kurzer Zeit hatten 57 Erdölgesellschaften den Wunsch geäußert, mit der NIOC in Partnerschaft zu treten [167]). Die Reaktion von 57 Erdölgesellschaften beweist, wie sehr die Eroberung von Erdölquellen eine große Rivalität zwischen den Erdölfirmen hervorrufen kann. Von den 57 Gesellschaften haben 10 bis zum 31. März 1958 der NIOC ihre Vorschläge über die Partnerschaft übergeben. Der günstigste Vorschlag war der Vorschlag der Pan-American Petroleum Corporation, einer Tochtergesellschaft der Standard Oil Company (Indiana). Mit der genannten Gesellschaft wurde die Iranian-Pan-American Co. (IPAC) gegründet. Ein drittes Abkommen wurde am 16. Juni 1958 mit der kanadischen Company Saphire Petroleum Ltd. abgeschlossen. Eine gemeinsame Gesellschaft unter dem Namen „Iran-Canada Oil Co.“ (IRACAN) mit 750 000 Rial ursprünglichem Kapital wurde in Teheran gegründet, deren Prospektionsgebiet

[166]) Kejhan, 16. Juli 1958.
[167]) Ettelaat, 29. April 1958.

1000 km^2 betrug. Diese letzte Gesellschaft hat ihre Arbeit im Jahre 1964 beendet und wurde aufgelöst. Im Gegensatz zur letzten war die Tätigkeit der ersten beiden Gesellschaften, d. h. SIRIP und IPAC, erfolgreich. Infolgedessen wurden im April und im Juni des Jahres 1965 sechs neue Erdölabkommen zwischen der NIOC und den folgenden Erdölgesellschaften abgeschlossen: 1. Royal Dutch/Shell, 2. Atlantic's Levan Petroleum Co. (Atlantic, Sun Oil, Union Oil and Murphy corp.), 3. Tidewater's Iranian Offshore Petroleum Co. (die Partner sind: Skelly, Superior, Sunray Dx, Kerr-McGhee, Cities Service and Richfield), 4. Le Bureau de Recherches des Pétroles, Francarep, Regie Autonome des Pétroles, Coparex und Eurafrep, 5. ein Konsortium mit Beteiligung der italienischen ENI, der indischen Oil and Natural Gas Commission und Phillips Petroleum Oil Co.[168]), 6. Deutsche Erdöl-Aktiengesellschaft Deutsche Schachtbau- und Tiefbohrgesellschaft usw.*)

Die Abkommen, die die NIOC nach dem Bestehen des Erdölgesetzes mit den ausländischen Gesellschaften abgeschlossen hat, sind einander im Prinzip gleich und waren im Rahmen des Erdölgesetzes vorgesehen. Da die Erdölabkommen zwischen der NIOC und den ausländischen Erdölgesellschaften fast ähnlich sind, nehmen wir das Abkommen zwischen der NIOC und der Pan-American Petroleum Corporation als Beispiel. Dieses Abkommen enthält — kurz gesagt — folgende bedeutenden Punkte [169]):

— Im Abkommen ist als erster Partner die NIOC und als zweiter Partner Pan-American genannt; der erste und zweite Partner werden zusammen eine gemischte Gesellschaft gründen (im genannten Abkommen — die IPAC).

— Wenn innerhalb von zwölf Jahren nach der Unterzeichnung des Abkommens keine wirtschaftlich verwertbare Produktion begonnen wird, wird das Prospektionsgebiet an den Iran zurückfallen. Falls das Erdöl für wirtschaftlich verwertbar gehalten

---

168) The Oil and Gas Journal, 26. April 1965, S. 67.

*) Siehe Beilage Nr. 3.

169) Das Abkommen über die Schürfung, Ausbeutung und den Verkauf des Öls zwischen der NIOC und der Pan-American Corporation (gebilligt vom Parlament im Juni 1958), Zollkalender des Jahres 1958, S. 38—60.

wird, wird das Prospektionsgebiet am Ende der ersten fünf Jahre um 25 % und am Ende der zweiten fünf Jahre um weitere 25 % verkleinert. Ende des 12. Jahres bleiben nur solche Teile des Prospektionsgebietes der gemischten Gesellschaft zur Verfügung, in denen wirtschaftlich verwertbare Ölvorkommen entdeckt worden sind.

— Jeder Partner ist verpflichtet, 50 % des Kapitals der gemischten Gesellschaft abzuliefern; im Direktorium der IPAC sind 50 Prozent der Direktoren von der NIOC und 50 Prozent von der Pan-American vertreten.

— Die Kontrollkommission besteht aus drei Mitgliedern. Jeder Partner ernennt ein Mitglied und das dritte Mitglied, das gleichzeitig der Chef der Kommission ist, wird von der „Schweizer Kammer für Revisionswesen" in Zürich eingesetzt.

— Jeder Partner soll nicht nur 50 % des ursprünglichen Kapitals, sondern auch 50 % der Kapitalinvestitionen für die Erweiterung der gemischten Gesellschaft zur Verfügung stellen. Jeder Partner erhält 50 % des Rohöls nach der Ausbeutung als sein Eigentum. Die IPAC hat das Recht, Bohrlöcher zu bohren, Staudämme, Talsperren, Tanks, Raffinerien, Betriebe, Wohnhäuser, Verwaltungsgebäude, Häfen, Flugplätze zu bauen, Erdölleitungen, Eisenbahnlinien zu legen, Chausseen und Brücken zu konstruieren sowie andere Objekte zu errichten, die für ihre Tätigkeit notwendig sind. Der zweite Partner stellt alle Ausgaben für die Suche nach Erdöl und für die Bohrung zur Verfügung. Diese Ausgaben werden nach der Fertigstellung eines Bohrloches dem zweiten Partner bezahlt. Falls die Bohrung nicht erfolgreich ist, werden die Ausgaben für solche Bohrungsarbeiten nach einer zwölfjährigen Periode dem zweiten Partner bezahlt.

— Die IPAC hat das Recht, staatliches Brachland, Oberflächenwasser sowie Grundwasser kostenlos für die Tätigkeit auszunutzen. Die Gesellschaft darf Sand, Steine, Kalk und andere Baumaterialien kostenlos abbauen. Das für die Tätigkeit der Gesellschaft benötigte Erdöl wird ebenso kostenlos ausgenutzt.

— Der Erdölexport der IPAC wird von allen zentralen sowie lokalen Zöllen und Steuern befreit. Alle Maschinen, Ausrüstungen, Ersatzteile, Baumaterialien, Chemikalien, Nahrungsmittel, Transportmittel und Flugzeuge sind frei von Zoll und Steuern.

— Die ausländischen Direktoren und Angestellten der Gesellschaft dürfen nach Abschluß ihrer Tätigkeit 50 % ihres Gehaltes der letzten 24 Monate in Valuten ausführen.

— Der zweite Partner hat sich verpflichtet, innerhalb von 30 Tagen einen Barbetrag von 25 Millionen Dollar zu hinterlegen [170]). Der zweite Partner muß innerhalb von 12 Jahren für die Ölsuche und Ölförderung 82 Mill. Dollar wie folgt aufwenden:

vom ersten bis zum Ende des vierten Jahres jährlich 8,5 Mill. Dollar, vom 5. bis zum Ende des 12. Jahres jährlich 6 Mill. Dollar.

— Wenn es der IPAC gelingt, im Laufe der 12 Jahre mit geringeren Ausgaben wirtschaftlich nutzbares Öl zu finden, soll sie die ersparten Summen mit der NIOC teilen.

— Der zweite Partner muß vom 13. Jahr ab folgende Pachtzinsen bezahlen:

vom 13. Jahr bis zum Ende des 17. Jahres pro km^2 400 Dollar,

vom 18. Jahr bis zum Ende des 22. Jahres pro km^2 480 Dollar,

vom 23. Jahr und in weiteren Jahren pro km^2 600 Dollar.

— Die folgenden Summen werden im Laufe der Abkommensdauer vom Bruttoeinkommen abgezogen: 25 Mill. Dollar Barbetrag, die Pachtzinsen, die Schäden während der Arbeit, die akzeptablen Summen für die Amortisation sowie die Schäden, die durch Nichtversicherung auftreten.

— Die Gewinne aus allen Erdölverkäufen werden gleichmäßig zwischen der NIOC und der Pan-American aufgeteilt. Außerdem muß die Pan-American der iranischen Regierung 50 % ihres Gewinnes im Iran als Steuer bezahlen, damit wird der

170) Die NIOC hat Anfang des Jahres 1965 als Barbetrag 185 Mill. Dollar von fünf ausländischen Erdölgruppen, mit denen sie Erdölabkommen geschlossen hat, erhalten. Die 6. Gruppe, d. h. die westdeutsche Gruppe hat auch einen Barbetrag von 5 Mill. Dollar übergeben. Teheran Economist, 26. Juni 1965.

Anteil des Irans fast 75 % der Bruttoerträge der IPAC erreichen.

— Als Dauer des Abkommens sind 25 Jahre vorgesehen, und die Abkommensfrist kann dreimal um fünf Jahre verlängert werden.

— Am Ende des Abkommens oder nach Abbruch des Abkommens wird das Eigentum der IPAC gleichmäßig aufgeteilt.

Die Erdölabkommen, die die iranische Regierung nach der Bestätigung des Erdölgesetzes vom Jahre 1957 mit den ausländischen Gesellschaften geschlossen hat, haben einige Vorteile für die künftige Tätigkeit der NIOC und die Erweiterung der Erdölindustrie des Landes [171]). Den neuen Abkommen liegt das privatwirtschaftliche Prinzip — Profit nach Kapital — zugrunde. Dieses Prinzip, obwohl es ein Privatunternehmensprinzip ist, war für die großen Erdölfirmen in ihren Beziehungen mit den rohölproduzierenden Ländern des Nahen und Mittleren Ostens inakzeptabel. Die Erdölgesellschaften verhinderten stets die Teilnahme dieser Länder an der Erdölindustrie. Die Beteiligung des Irans sowie der anderen Länder des Nahen und Mittleren Ostens an den verschiedenen Operationen der Erdölindustrie und die Partnerschaft mit den ausländischen Erdölfirmen erhöhen ihren Gewinnanteil am Erdöl. Die Beteiligung und Partnerschaft geben diesen Ländern die Möglichkeit, Erfahrungen zu sammeln, einheimische Spezialisten auszubilden, und sie schaffen eine günstige finanzielle Voraussetzung, um die Erdöleinkommen für die Gründung und Entwicklung der wichtigen technischen Grundlage auszunutzen. Obgleich die neuen Verträge im Vergleich zu der im Jahre 1951 erfolgten Verstaatlichung der Erdölindustrie im Iran zweifellos einen großen Schritt zurück bedeuten, stellen sie dennoch eine fortschrittliche

171) Das letzte Erdölabkommen wurde am 27. 8. 1966 zwischen der französischen Gesellschaft „l'Entreprise francaise des recherches et d'activités pétrolières" (ERAP) und der NIOC abgeschlossen. Das Prospektionsgebiet liegt im Südosten des Irans. Die ERAP wird jährlich 25 Mio. Franc für die Erkundung investieren. Nach der Entdeckung der Erdölvorräte darf die ERAP jährlich 35—45 % der Erdölförderung zum Kostenpreis plus 2 % Profit und Steuer von der NIOC kaufen. Das Prospektionsgebiet beschränkt sich am Ende der Erkundung auf 11 700 km². Der iranische Anteil am Profit wird 89—91,5 % betragen. „Ettelaat" und „Kejhan", 27. August 1966, „Le Monde", 31. August 1966.

Maßnahme im Kampf gegen das Erdölkartell dar. Trotz aller Mängel zeichnet sich die neue Erdölpolitik der iranischen Regierung durch ihre objektiv antiimperialistische Einstellung aus. Diese Politik stieß auf den erbitterten Widerstand der Mitglieder des Erdölkartells. Zum ersten Male in der Geschichte des Irans wurden Verträge auf der Grundlage der Gleichberechtigung der beiden Partner abgeschlossen und dem ausländischen Kapital zur Unterzeichnung vorgelegt — und nicht, wie das bisher der Fall war, von den gigantischen Erdölgesellschaften diktiert. Die neuen Erdölverträge stellen, verglichen mit dem Abkommen, das im Jahre 1954 mit dem Konsortium getroffen worden war, zweifelsohne einen entschiedenen Schritt nach vorn dar. Die neuen Abkommen sind im Vergleich zu dem erzwungenen Erdölabkommen mit den Kartellmitgliedern das kleinere Übel für die nationale Wirtschaft. Wenn früher der politische Aspekt des Erdölproblems im Iran und in den anderen Ländern des Nahen und Mittleren Ostens im wesentlichen auf die Randgebiete des Kampfes um das Erdöl, der sich innerhalb der großen Industriemächte abspielte, beschränkt blieb und der Iran und die anderen erdölliefernden Länder nur stumme Objekte für die Expansion der ausländischen Erdölfirmen waren, so wird der Iran nunmehr zu einem Faktor in der Erdölpolitik. Hierin liegt auch der Sinn der neuen Erdölpolitik des Irans begründet. Sie ist das Ergebnis des zerfallenden Kolonialsystems und der in der Welt vollzogenen Veränderungen und kann als durchaus fortschrittlich eingeschätzt werden. Außerdem ermöglichten solche Abkommen, in Zukunft wesentliche Veränderungen im Erdölabkommen des Jahres 1954 mit dem Erdölkonsortium zu erreichen.

Trotz der gegenseitigen Vorteile haben die letzten Erdölabkommen einige prinzipielle Fehler, die die Abhängigkeit der neugegründeten Erdölindustriezweige vom Welterdölmarkt vertiefen können. Obwohl die ausländischen Gesellschaften nach dem Erdölabkommen das Recht haben, Raffinerien und andere erdölverarbeitende Betriebe im Iran zu bauen, sind sie aber nicht verpflichtet, solche Schritte zu unternehmen. Angesichts der Erweiterung der Kapazität der Raffinerien in westeuropäischen

Ländern, Japan und Amerika, haben die Erdölgesellschaften den Vorzug, Rohöl statt Erdölprodukte vom Iran zu exportieren. Bekanntlich ist der Preis des Rohöls im Persischen Golf der niedrigste in der Welt (10—11 Dollar pro Tonne) und wird es auf dem Weltmarkt zum Monopolpreis (19—23 Dollar) verkauft. Die NIOC, die keine Möglichkeit für den Verkauf des Rohöls auf dem Weltmarkt hat, muß ihre 50 % Rohöl an ihren ausländischen Partner zu FoB des Persischen Golfes verkaufen, und dadurch kann sie viel weniger als ihre Partner profitieren. Das nationale Interesse des Irans erfordert es, einige wichtige Paragraphen im Erdölabkommen vorzusehen. Diese wichtigen Paragraphen sollten vor allem den Bau von Raffinerien und die Verarbeitung von 50—60 % des Rohöls im Iran sowie die Beteiligung der NIOC am Welterdölmarkt enthalten. Mit dem Aufbau neuer Raffinerien würden sich die Beschäftigung und dadurch die Kaufkraft erhöhen, der innere Markt könnte sich erweitern, neue Erfahrungen würden in der Erdölindustrie gesammelt werden, die Zahl der gelernten Arbeiter und Spezialisten würde sich vergrößern, und schließlich würde die iranische Regierung mehr Gewinn von den Erdölprodukten erhalten als vom Rohöl.

Solche Schlüsselstellung in der Erdölfrage würde mit der Erweiterung der Erdölindustrie des Irans besondere Bedeutung erlangen. Die Lösung dieser Frage wird in Zukunft nur durch einen harten Kampf gegen die ausländischen Erdölfirmen und mit dem Eindringen der NIOC in den Ölmarkt der Welt möglich sein.

In der Erdölpolitik der iranischen Regierung hat das Erdölabkommen mit dem Konsortium im Jahre 1954 keinen Niederschlag gefunden. Es muß erwähnt werden, daß für die iranische Bevölkerung nicht nur die Erdölpolitik nach dem Jahre 1957 von Bedeutung ist. Obwohl im Erdölvertrag 1954 die Verstaatlichung der Erdölindustrie und das Eigentumsrecht des Irans auf Erdölindustrie sowie Erdölvorkommen anerkannt wurde, hat man der iranischen Regierung lediglich 50 % der Erdöleinnahmen eingeräumt. Wollte man das Verteilungsprinzip der Einnahmen im Privatunternehmenssystem in Betracht ziehen, so müßten die Erdöleinnahmen nach den Kapitalanlagen verteilt werden. Zur Zeit der Unterzeichnung des Vertrages betrug das Kapital des Irans ca. 1000 Mio. Dollar (Wert der Erdölbetriebe), das des Konsortiums 250 Mio. Dollar. Außerdem gehören die Erölvorkommen ebenfalls dem Iran. Aus diesem Grunde muß die Höhe der Rente gleichfalls berücksichtigt werden. Im Erdölabkommen wurden aber weder Rente noch Kapitalanlagen berücksichtigt.

Die Ungleichheit zwischen dem Iran und dem Erdölkonsortium sowie die Verteilung der Erdöleinnahmen war für die iranische Öffentlichkeit seit den ersten Tagen des Vertrages vollständig klar. Mit der Ungleichheit der Interessen des Irans und des Konsortiums sowie mit den ungünstigen Bedingungen, die das Erdölabkommen 1954 dem iranischen Volk auferlegt hatte, stimmte die Erdölpolitik der iranischen Regierung nicht überein. Deshalb mußten die beiden Erdölgesetze zu einem Konflikt führen.

Trotz des enormen Druckes durch die entsprechenden staatlichen Organe, hat das Erdölproblem in den letzten Jahren die Aufmerksamkeit der iranischen Öffentlichkeit stark auf sich gelenkt, unterstützt durch die Veröffentlichungen sowie Agitationen der progressiven Parteien.

Der Kampf der iranischen Öffentlichkeit gegen das Erdölkonsortium, die Bedingungen der letzten Erdölabkommen sowie die internationale Lage haben das Konsortium gezwungen, den iranischen Forderungen entgegenzukommen. Die Verhandlungen über die Forderungen der iranischen Regierung haben mehr als drei Jahre gedauert. Zu guter Letzt haben sich die iranische Regierung und das Erdölkonsortium im Dezember 1966 über die folgenden Fragen geeinigt [172]).

1) Die Erhöhung des Erdölgewinns für die Jahre 1967—1968 beträgt bis 17 % jährlich,

2) die Übergabe von 20 Mio. t. Rohöl für den Export in die osteuropäischen Länder,

3) die Rückgabe eines Viertels vom Prospektionsgebiet (ca. 64 000 km²).

---

172) „Ettelaat", 13., 14., 15. und 18. Dezember 1966.

Obwohl die neue Vereinbarung mit dem Konsortium einen materiellen Vorteil für die iranische Regierung einbringt, verändert sich am Inhalt des Erdölabkommens vom Jahre 1954 überhaupt nichts [173]). Die Forderung des iranischen Volkes besteht nicht darin, die Erdöleinnahmen um einige Prozent zu steigern, sondern einen neuen Erdölvertrag abzuschließen, in dem die Verstaatlichung der Erdölindustrie, die nationalen Interessen des Irans sowie die neue Erdölpolitik der iranischen Regierung berücksichtigt werden müssen.

2) *Die Stellung der Erdölindustrie in der iranischen Volkswirtschaft*

Die Erdölindustrie spielt eine sehr bedeutende, sogar dominierende Rolle im politischen und wirtschaftlichen Leben des heutigen Irans [173a]). Mit diesem Zweig der Wirtschaft sind die staatliche Planung, der Staatshaushalt, der Außenhandel, die Innen- und Außenpolitik des Landes eng verbunden. Das Internationale Erdölkonsortium, das die Erdölindustrie in seiner Hand hat, bestimmt die Entwicklungsrichtung dieses wichtigsten und rentabelsten Zweiges der Industrie des Irans. Die Tätigkeit des Konsortiums richtet sich stets nach der Erweiterung der Erdölförderung und des Rohölexports. Die folgende Tabelle zeigt die Steigerung der Erdölproduktion seit dem Abschluß des Erdölabkommens bis zu den letzten Jahren:

Jahr	Produktion in Mio. t	Jahr	Produktion in Mio. t
1954 *)	3,5	1962	65,5
1955	16,0	1963	72,7
1956	25,5	1964	83,3
1957	35,5	1965	92,4
1958	40,6	1966	101,5
1959	45,5	1967	129,3
1960	52,0	1968	141,8
1961	58,0	1969	168,5

*) nur November und Dezember

173) Nach neuer Vereinbarung erhöht sich das jährliche Einkommen des Irans um 17 %. „Ettelaat", 11. Dezember 1966.

Wie die Tabelle zeigt, konnte das Erdölkonsortium im Laufe von 15 Jahren 1131,6 Mio. t Erdöl fördern und auf den kapitalistischen Weltmarkt liefern.*) Das Wachstum der Erdölproduktion in den letzten Jahren schwankte zwischen 11 und 15 %, und angesichts der erweiterten Nachfrage nach Rohöl sowie der Ausdehnung der Tätigkeit anderer Erdölgesellschaften im Iran wird das jährliche Wachstum höher als 15 % steigen. Trotz der raschen Erhöhung der Erdölförderung wurde die Produktion der Raffinerien durch das Konsortium erst reduziert und später wieder langsam gesteigert.

Nach dem Abkommen des Jahres 1954 hat das Konsortium bis Ende 1966 für die Erkundung neuer Erdölvorkommen, für den Bau neuer Bohrtürme sowie die Entstehung neuer Pipelines 574 Mill. Dollar ausgegeben und die Produktion von Rohöl auf mehr als 100 Mio. t gesteigert. Aber die Raffinerien, die im Jahre 1951, d. h. vor der Verstaatlichung der Erdölindustrie eine Leistung von 34 Mio. t hatten, konnten nach 15 Jahren, wie die folgenden Angaben aufweisen, nur noch 25 Mio. t Erdölprodukte verarbeiten [174]):

Jahr	Rohöl in Mio. t	Erdöl-produkte in Mio. t	davon: für den Export	für den Binnenmarkt	%-Anteil der Erdölprodukte zu dem Rohöl
1954	3,5	3,5	—	—	—
1955	15,8	7,5	6,5	1,0	47,0
1956	25,5	11,7	10,1	1,6	45,8
1957	35,5	15,7	13,8	1,9	44,2
1958	40,6	15,6	13,2	2,4	38,4
1959	45,5	16,2	13,4	2,8	35,6
1960	52,0	17,7	14,6	3,1	34,0
1961	58,0	16,0	12,4	3,6	27,5
1962	65,7	19,2	13,6	3,1	29,2
1963	72,7	20,2	13,9	3,2	27,6
1964	83,3	20,6	13,6	4,2	24,7
1965	92,4	22,0	13,8	4,6	24,8
1966	101,5	25,5	13,9	5,2	25,1
1967	129,3	26,0	18,0	6,1	21,0
1968	141,8	31,6 [174a])	21,0	7,0	22,5
1969	168,5	32,0 [174a])	22,0	7,5	18,5

*) Siehe Zeichnung Nr. 6.

174) Iranian Oil Operating Companies, Annual Review 1966, p.p. 37, 38, 40.

%- ANTEIL DES ROHÖLEXPORTS

Zeichnung Nr.6

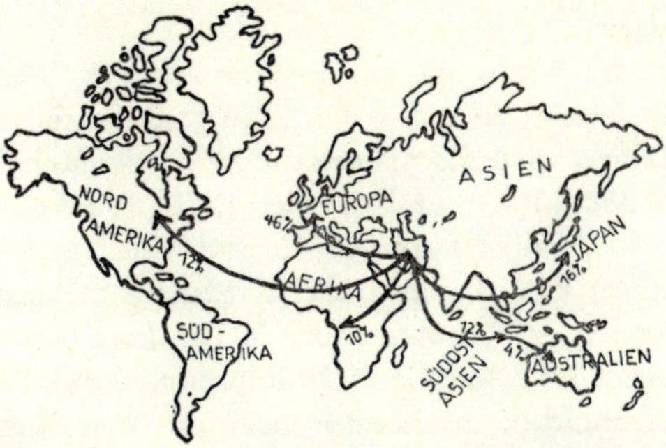

%- ANTEIL DES ERDÖLPRODUKTENEXPORTS

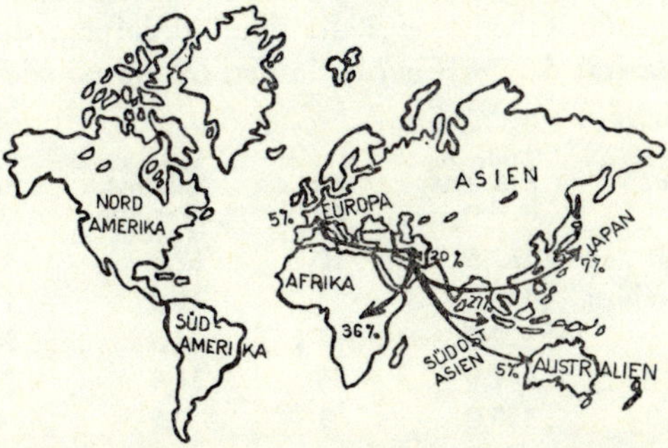

Wie die Tabelle zeigt, hat sich der Anteil der Erdölprodukte von 47 % im Jahre 1955 auf 25 % im Jahre 1966 verringert. Der jährliche Zuwachs der Erdölprodukte betrug in den letzten Jahren nur 2—3 % und der des Rohöls 14—15 %. Wenn das Tempo der Rohölförderung und der Verarbeitung des Öls so weiter geht, verringert sich der Anteil der Erdölprodukte noch mehr. Das Konsortium hat die Steigerung der Rohölförderung so festgelegt, daß die iranische Regierung nach Ablauf von

25 Jahren, d. h. nach Ablauf des Erdölabkommens des Jahres 1954 (im Jahre 1979), gezwungen wird, das Erdölabkommen zu verlängern.

Das jährliche Wachstum der Erdölproduktion beträgt gegenwärtig 14—15 %, und das der Erdölprodukte etwa 3 %. Bei diesem Tempo wird die Jahresproduktion des Rohöls bis Ende 1979 auf 380 Mio. t und die der Erdölprodukte der Erdölraffinerie in Abadan auf etwa 40 Mio. t gestiegen sein. Es ist offensichtlich, daß die iranische Wirtschaft bei dem heutigen Zuwachstempo in Zukunft nicht in der Lage sein wird, 380 Mio. t Erdöl und 40 Mio. t Erdölprodukte auf dem inneren Markt verbrauchen zu können oder auf den Weltmarkt zu liefern. Die Teilhaber des Konsortiums, die die größten Erdölgesellschaften der Welt vertreten, sind stets bemüht, in den Ländern, die Rohöl fördern, die Raffinerien auf niedrigem Niveau zu halten und die Entstehung der technischen Grundlage zu behindern. Solche Politik der Erdölgiganten der Welt gilt für alle rohölproduzierenden Entwicklungsländer.

Die folgende Tabelle zeigt die Erdölförderung, die Zahl und die Kapazität der Raffinerien in den rohölproduzierenden Entwicklungsländern [175]):

Länder	Förderung Ende 1968 in Mio. t	Zahl der Raffinerien	Kapazität der Raffinerien Ende 1966 in Mio. t	%-Anteil der Erdölprodukte zum Rohöl
Venezuela	187,5	12	67,0	35
Saudi-Arabien	140,0	3	15,8	11,3
Kuweit	120,0	3	24,5	20,4
Iran	141,8	5	31,6	22,5
Libyen	125,0	1	0,5	0,4
Irak	74,0	6	4,2	5,5
Algerien	42,5	2	2,3	5,4
Indonesien	30,0	5	13,4	44,6
Neutrale Zone	23,5	2	4,0	17,4
Nigeria [175a])	20,5	1	2,1	10,0
Abu-Dabi	24,0	—	—	—
Katar	16,5	1	0,03	0,017
Kolumbien [175a])	10,2	5	6,4	62,7

175) Die ökonomische Lage der kapitalistischen und sich entwickelnden Länder, Nr. 9, September 1967, S. 24.

Wie aus der Tabelle zu ersehen ist, müssen die Haupterdölexporteurländer wie Venezuela, Saudi-Arabien, Kuweit, der Iran usw. bis 90 % der Erdölförderung als Rohöl ausliefern. Einige andere wie der Irak, Algerien, Libyen, Nigeria, Katar und Abu-Dabi mehr als 95 % ihrer Erdölförderung.

Diese Maßnahmen der ausländischen Erdölgesellschaften verhindern die rasche Ausdehnung des Binnenmarktes und verringern die Anzahl der Industriearbeiter, die die wichtigsten Kräfte der antiimperialistischen und demokratischen Bewegung in den Entwicklungsländern sind [176]).

Außerdem sind die Produktion und der Preis des Rohöls von den Erdölgiganten abhängig, denn die Erdöltrusts senken in ihrem Interesse den Preis des Rohöls, während die Möglichkeit einer Senkung bei den Erdölprodukten geringer ist. Die geringe Möglichkeit einer Senkung des Preises von Erdölprodukten kann man so erklären, daß fast alle Raffinerien, Tankerschiffe und Verteilungsmittel in der Hand der großen Erdölgesellschaften konzentriert sind. In den Nachkriegsjahren haben die Erdölgiganten viele Raffinerien in den hochentwickelten Ländern gebaut. Die Erweiterung der Raffinerien war mit der Entwicklung des Transportwesens, mit der Mechanisierung der Landwirtschaft sowie der Petrolchemie verbunden. Die folgende Tabelle weist aus, wie die Kapazität der Raffinerien in verschiedenen Ländern gestiegen ist (Seite 186).

Wie die Tabelle zeigt, hat sich die Kapazität der Raffinerien in den kapitalistischen Ländern im Laufe von 27 Jahren fast vervierfacht. In westeuropäischen Ländern ist die Kapazität um etwa das 21- und in Japan um fast das 40fache gestiegen. Einige Entwicklungsländer wie Indien, Brasilien, Pakistan, Chile, Algerien, Marokko, Peru, Kolumbien u. a. haben in den letzten Jahren durch den Bau von Raffinerien mit der Produktion von

---

176) Die Zahl der Arbeiter der Erdölindustrie hat sich bis Ende 1961 auf 31 750 Personen verringert. Zeitschrift „Khandaniha", 16. Januar 1962. Ende 1962 betrug die Zahl der Erdölarbeiter des Konsortiums und der NIOC 44 093 Personen. Statistik der Industrie des Irans im Jahre 1341 (21. März 1962 bis 20. März 1963) S. 2. Die Beschäftigten des Konsortiums betrugen Ende 1962 etwa 33 282, 1964 — 30 708 und Ende 1966 — 28 246 Personen. Iranian Oil Operating Companies, Annual Review 1966, p. 42.

Die Zahl und Kapazität der Raffinerien in der kapitalistischen Welt (in Mio. t) [177])

Gebiete und Länder	Anfang 1941 Zahl	Anfang 1941 Kapazität	Juli 1952 Zahl	Juli 1952 Kapazität	Ende 1965 Zahl	Ende 1965 Kapazität	Ende 1968 Zahl	Ende 1968 Kapazität
Westeuropa:	126	29,8	132	88,5	140	426,6	161	636,4
England	18	6,5	17	28,9	14	63,0	22	103,6
B R D	60	3,7	32	8,3	31	80,9	34	117,6
Frankreich	10	10,7	15	23,2	18	71,4	19	85,2
Niederlande	1	1,3	2	8,5	4	31,5	7	43,6
Italien	10	4,1	32	9,37	40	103,0	38	144,3
Lateinamerika:	56	60,4	64	91,25	58	152,7	77	215,7
Venezuela	9	4,75	13	19,9	11	58,9	12	67,0
Mexiko	7	6,1	8	12,6	6	21,1	6	28,8
Argentinien	19	7,3	18	11,3	12	21,2	14	22,2
Naher und Mittlerer Osten:	9	29,5	13	61,0	29	103,9	28	114,8
Iran	3	23,1	3	33,7	5	22,2	5	31,6
Kuweit	—	—	1	1,2	2	18,0	3	24,5
Saudi-Arabien	—	—	1	7,76	1	12,8	3	15,8
Bahrein	1	2,2	1	8,2	1	10,3	1	10,3
Ägypten	2	1,0	2	2,6	3	8,6	3	8,8
Türkei	—	—	—	—	1	5,9	3	6,7
Israel	1	1,85	1	5,6	1	4,6	1	5,8
andere Länder Asiens:	32	15,6	29	19,0	56	139,0	73	217,0
Japan	17	3,3	16	4,8	36	99,7	38	134,6
Indonesien	7	9,1	6	10,5	4	13,2	5	13,4
Afrika	3	0/165	1	0/186	19	22,5	29	37,8
Australien	3	0/24	5	1,5	10	22,5	11	29,0
Nord-Amerika	614	327,8	398	586,5	316	597,5	317	676,9
Gesamt:	850	569,7	650	860,2	650	1526,0	699	1927,8

177) Kapitalistischer Erdölmarkt, S. 74, Ökonomische Lage der kapitalistischen und sich entwickelnden Länder, Nr. 9, September 1966, S. 19 und Nr. 9, September 1967, S. 24.

Erdölprodukten beginnen können [178]). Die neuen Raffinerien, die besonders in den letzten Jahren in den Entwicklungsländern gebaut wurden, befinden sich unter der Herrschaft der größten Firmen der USA und Englands (Standard Oil (J. J.), Standard Oil (Californien), The Texas Oil Co., Gulf Oil Corp., Socony Oil Corp., The British Petroleum Co., Royal Dutch/Shell). Diese Erdölgesellschaften, die den Weltölmarkt in ihrer Hand haben, herrschen auch in der iranischen Erdölindustrie. Sie sind mit aller Kraft bemüht, die Produktion der iranischen Raffinerien auf einem niedrigen Stand zu halten, weniger Erdölprodukte aus dem Iran zu exportieren, um in Zukunft die Rivalität der NIOC zu verhindern. Die Verhandlungen zwischen dem Iran und dem Konsortium über die Erweiterung der Kapazität der Raffinerien in Abadan sowie über die volle Ausnutzung der vorhandenen Kapazitäten dauern schon einige Jahre und haben bis jetzt zu keinem positiven Ergebnis geführt. Die italienischen, amerikanischen und anderen Erdölgesellschaften, mit denen in den Jahren 1957, 1958, 1965 und 1966 Abkommen abgeschlossen wurden, haben sich ebenfalls die Aufgabe gestellt, anstelle von Erdölprodukten Rohöl zu exportieren. Wenn die Herrschaft des ausländischen Kapitals in der Erdölindustrie weiterhin andauern wird, dann wird sich die iranische Regierung gezwungen sehen, auch in Zukunft die gesamte Erdölindustrie den ausländischen Erdölgiganten zu überlassen. In den letzten Jahren hat die NIOC mehrere Millionen Dollar in die Erkundung und Förderung von Erdöl sowie in die Entwicklung des Verteilungsnetzes innerhalb des Landes investiert. Die Hauptinvestitionsgebiete der NIOC sind die Erdölzone Alburs und Seradshe, die Nordprovinzen des Landes sowie das Verteilungsnetz mit der Erweiterung der Erdölleitung. Im Laufe von 10 Jahren (1956—1965) wurden 3600 km [179]) Erdölleitungen gebaut, und der innere Verbrauch der Erdölprodukte ist

---

178) Die Kapazität der Raffinerien in einigen Entwicklungsländern Ende des Jahres 1966 war folgende: Brasilien 18,5 Mio. t, Indien 17,3 Mio. t, Kolumbien 6,4 Mio. t, Peru 3,2 Mio. t, Chile 4,6 Mio. t, Pakistan 3,8 Mio. t, Algerien 2,3 Mio. t, Marokko 1,7 Mio. t. Ökonomische Lage der kapitalistischen und sich entwickelnden Länder, Nr. 9, September 1967, S. 24.

179) Teheran Economist, 21. März 1966. Siehe Zeichnung Nr. 7.

Zeichnung Nr.7

um das 4fache gestiegen. Die Steigerung des Erdölverbrauchs ist aus der folgenden Tabelle zu ersehen:

Jahr	Rohöl-förderung in Mio. t	Erdöl-produkte in Mio. t	%-Anteil der Erdöl-Produkte an Rohöl	Verbrauch des inneren Marktes in Mio. t	%-Anteil des Binnen-markt-verbrauchs an Rohöl	%-Anteil des Binnen-markt-verbrauchs an Erdöl-produkten
1950	32,5	32,5	100	1,1	2,8	2,8
1955	15,8	7,5	47,5	1,2	6,3	13,3
1960	51,0	17,7	35	4,2	8,2	23,7
1965	92,3[179a)]	23,0	24,8	5,2	5,5	22,8
1966	105,5[179a)]	25,7	24,3	5,8	5,5	22,5

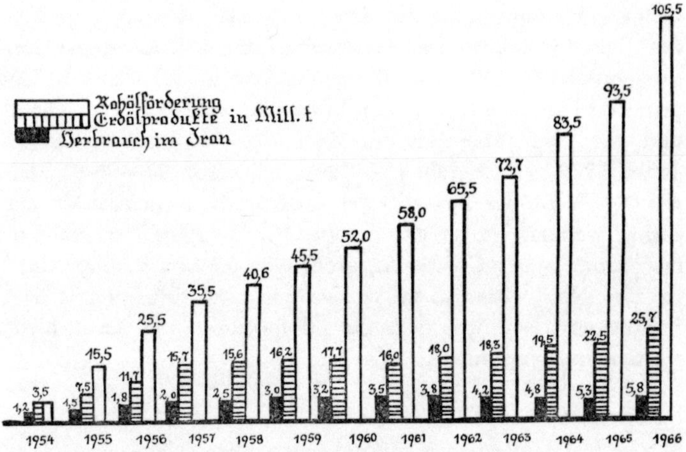

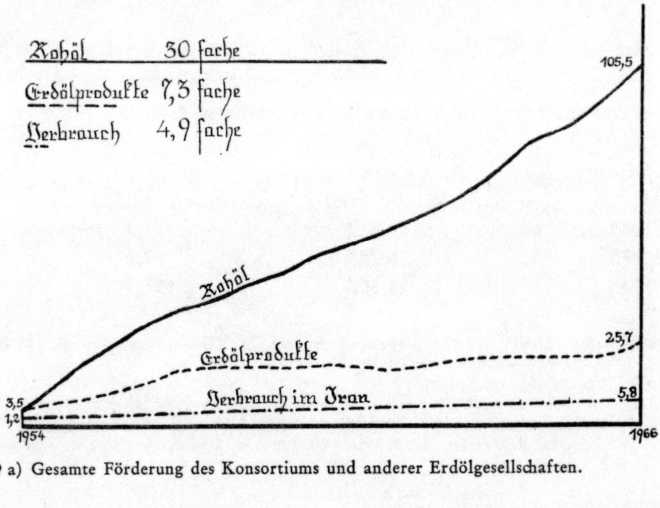

179 a) Gesamte Förderung des Konsortiums und anderer Erdölgesellschaften.

Aus der Tabelle kann man einige bedeutende Disproportionen in der iranischen Erdölindustrie ganz klar sehen. Erstens: Das Entwicklungstempo des Rohöls ist schneller als das der Erdölprodukte, und der prozentuale Anteil der Erdölprodukte an Rohöl wird von Jahr zu Jahr geringer. Zweitens: Trotz der Erweiterung des Erdölleitungsnetzes und der Erhöhung des Verbrauchs von Erdölprodukten auf dem inneren Markt, machen die Erdölprodukte aus den Raffinerien Abadans nur 5 % der Erdölförderung des Konsortiums aus [180]). Drittens: Der prozentuale Anteil des Binnenmarktverbrauchs an Erdölprodukten aus den Raffinerien in Abadan wächst relativ schnell und wird wahrscheinlich am Ende der Abkommensfrist (im Jahre 1979 + 15 Jahre Verlängerung) auf 90—95 % steigen [181]). Wenn der Zuwachs der Erdölprodukte in Abadan nur gering weitersteigt, so hat die NIOC am Ende der Abkommensdauer keine Möglichkeit, große Mengen von Erdölprodukten auf den Weltmarkt zu werfen und muß sich nur mit dem Rohölexport begnügen oder die Edölprodukte mit einem niedrigeren Preis verkaufen.

3) *Die Erdöleinkommen und die Entwicklungspläne*

Mit der Entwicklung der Erdölindustrie hat die iranische Regierung bis zum Ende 1969 folgende Einnahmen und Einkommenssteuern vom Konsortium erhalten [182]):

Jahr	Einkommen in Mio. Rial	in Mio. Dollar
1954	652	22,5
1955	6 787	92,2
1956	11 506	151,4

180) Außer Raffinerien in Kermanschah und in Alburs, die jährlich 600 000 t Erdölprodukte für den inneren Markt herstellen.

181) Siehe Zeichnung S. 189.

182) Die Analyse der Tätigkeit der operativen Gesellschaft vom Jahre 1963, S. 4; Bulletin der iranischen Zentralbank, Nr. 7/1962, S. 42; Ettelaat, 29. Juni 1965; Teheran Economist, 21. 3. 1966. Iranian Oil Operating Companies, Annual Review 1966, p. 34.

1957	15 968	207,8
1958	18 551	269,9
1959	19 686	258,7
1960	21 394	285,0
1961	22 586	288,6
1962	25 029	333,8
1963	28 349	384,7
1964	36 022	480,2
1965	38 518	513,5
1966	43 550	580,7
1967	53 685	715,8
1968	64 312	857,5
1969	72 812	957,5
Gesamt	479 809	6484,8 oder mehr als 25 Mrd. DM

Die Bedeutung der jährlichen Einkommen für die gesamte iranische Wirtschaft wird noch klarer, wenn man das Einkommen des Staatshaushalts mit dem Erdöleinkommen zusammen vergleichen kann. Zu diesem Zweck werden das Haushaltsprojekt des Jahres 1344 (21. März 1965 bis 20. März 1966) und das Erdöleinkommen vom Jahre 1966 verglichen. Im genannten Haushaltsprojekt waren folgende Einkommen vorgesehen [183]):

1) Direkte Steuer	6 665 000 000 Rial oder	6 %
2) Indirekte Steuer	22 741 000 000 Rial oder	21 %
3) Die Einkommen aus den staatlichen Monopolen und aus der Tätigkeit der Regierung	56 689 000 000 Rial oder	53 %
4) Aus den staatlichen Dienstleistungen	3 266 000 000 Rial oder	3 %
5) Die Anleihen und Hilfen	18 556 000 000 Rial oder	17 %
Insgesamt	107 917 000 000 Rial oder	100 %

Wie aus dem Projekt ersichtlich ist, bringt die Erdölindustrie 41 400 Mio. Rial oder 73 % der Einkommen, die die Regierung von den staatlichen Monopolen und der Tätigkeit der Regierung erhielt. In den gesamten staatlichen Einkommen macht der An-

---

183) Einige Worte über den Haushalt 1344 (21. März 1966), S. 8.

teil der Erdölindustrie fast 40 % aus. Wenn man die staatlichen Einkommen ohne Anleihen in Betracht zieht, dann wird der prozentuale Anteil der Erdölindustrie noch mehr erhöht (ca. 47,5 % der gesamten Einkommen).

Die Einkommen aus der Erdölindustrie wurden in den letzten Jahren unter der Planorganisation, dem Ministerium für Finanzen und der NIOC aufgeteilt. Gesetzmäßig müßte die Planorganisation 60 % der Erdöleinkommen für die Erfüllung der ökonomisch-sozialen Projekte bekommen. Aber in Wirklichkeit hat die Planorganisation nur 45 % der Erdöleinkommen erhalten. Im Haushaltsprojekt des Budgetjahres (21. März 1965 bis 20. März 1966) wurden 70 % aus den Erdöleinkommen der Planorganisation und 30 % dem Staatsschatz zur Verfügung gestellt [184]). Wie man die Einkommen künftig tatsächlich ausnutzen wird, ist eine Frage der Zukunft. Aber die Vergangenheit zeigt, daß man die Erdöleinkommen nicht richtig ausgenutzt hat. Wie die offiziellen Angaben aufweisen, bekam die Regierung bis Ende 1969 fast 6484 Mio. Dollar Erdöleinkommen. Außerdem erhielt die iranische Regierung im Laufe der letzten 15 Jahre durch den Außenhandel, Anleihen, Hilfen u. a. über 3 Mrd. Dollar ausländischer Devisen. Diese Devisen betrugen zusammen mit den Erdöleinnahmen mehr als 9,4 Mrd. Dollar. Das ist für ein Entwicklungsland wie den Iran eine beachtliche Summe. Mit dieser Summe könnten umfangreiche wirtschaftliche Maßnahmen zur Entstehung von wichtigen Produktionsbetrieben wie Hüttenindustrie und Maschinenbau eingeleitet und durchgeführt werden.

Die Idee der Ausnutzung der Erdöleinnahmen für die wirtschaftliche Entwicklung war auf Grund der sozial-ökonomischen Lage nach dem Krieg entstanden. Ende 1945 schlug die iranische Nationalbank der Regierung vor, die Gold- und Valutareserven für die Entwicklung des Landes auszunutzen. Auf Vorschlag der Nationalbank wurde ein „vorbereitender Ausschuß für die Entwicklung und Umgestaltung des Landes“ gegründet [185]).

---

184) Ebenda, S. 18.

185) Nach dem Krieg betrugen die Gold- und Valutareserven der Nationalbank des Irans 5800 Mio. Rial, d. h. fast 18,5 mal mehr als im Jahre 1941 (21. März). Der Bericht über die Einführung des zweiten Siebenjahrplanes, 1964, S. 1.

Die Planorganisation hat bis Ende 1967 drei Entwicklungspläne durchgeführt (1949—1955, 1956—1962 und 1963—1967) [185a]. Für diese Pläne hat die Regierung mehr als 320 Mrd. Rial (mehr als 16 Mrd. Mark) Kapital investiert. Außerdem wurden in den letzten 15 Jahren von privaten Unternehmern mehr als 300 Mrd. Rial Kapital investiert. Die gesamten staatlichen und privaten Investitionen haben die Bruttonationalproduktion auf 535 Mrd. Rial (26,75 Mrd. Mark) erhöht. Dementsprechend stieg das Pro-Kopf-Einkommen von 120 Dollar (480 Mark) im Jahre 1953 auf ca. 250 Dollar im Jahre 1967 [186]).

4) *Die Erdöleinnahmen und der Außenhandel*

Mit der Entwicklung der Erdölindustrie verbreiteten sich von Jahr zu Jahr die wirtschaftlichen Beziehungen zwischen dem Iran und den Industrieländern. Die Erdöleinkommen haben direkten Einfluß auf die Erweiterung des Außenhandels und auf die Ausdehnung des Binnenmarktes. Der iranische Außenhandel, insbesondere der Import sowie die Zahlungsbilanz sind von dem Erdölexport und Erdöleinkommen abhängig. Die Tabelle auf Seite 194 zeigt den Export des Landes und den Anteil des Erdöls im Gesamtexport (in Mio. Rial):
Während vor 50 Jahren der Anteil der landwirtschaftlichen Produkte mehr als 90 % des Gesamtexports ausmachte, ist er in den letzten Jahren auf weniger als 10 % gesunken. Nun macht der Erdölexport fast das 6—7fache des gesamten übrigen Exports aus, und sein Anteil wurde von 3,8 % im Jahre 1913 auf 88,6 % im Jahre 1966 erhöht. Der Gesamtexport des Erdöls ist im Jahre 1966 auf 92 Mrd. Rial gestiegen, und das ist fast 8 mal mehr als die anderen Exportwaren zusammengenommen. Diese Tatsache beweist die einseitige Entwicklung der iranischen Wirtschaft und die Abhängigkeit des Landes vom Weltrohstoffmarkt. Die einseitige Entwicklung der Wirtschaft hat den Iran

186) Zeitschrift der Industrie- und Bergbaukammer, Mai 1967, Teheran Economist, 26. August 1967.

Jahr	Export außer Erdöl	Erdöl und Erdölprodukte	Gesamtexport	%-Anteil des Erdöls und der Erdölprodukte im Gesamtprodukt
1913	437,8	18,01	455,81	3,8
1914	362,3	33,7	396,0	8,5
1918	115,4	155,5	270,9	57,4
1920	137,3	233,8	371,1	63
1925	514,7	544,7	1 059,4	51,8
1930	458,8	1 004,9	1 463,7	63
1935	659,4	1 296,3	1 955,7	66,2
1940	939,9	1 313,6	2 253,5	58,2
1945	1 707,06	5 611,7	7 319,36	76,6
1950	3 562,8	22 184,4	25 747,2	85
1955	8 033,7	9 405,2	17 438,9	54
1956	7 930,6	15 908,8	23 839,4	66
1957	8 352,9	19 297,8	27 650,7	69
1958	7 942,0	22 859,5	30 801,5	74
1959	7 701,0	49 549,8	57 150,8	86
1960	8 359,9	51 500,0	59 859,9	86
1961	9 600,0	55 679,4	65 279,4	85
1962	8 630,9	60 828,1	69 459,0	87,5
1963	9 661,8	67 239,5	76 901,5	87
1964	11 485,2	74 850,0	86 335,2	87,8
1965	13 559,9	89 215,0	102 774,0	86,8
1966	11 815,0	92 066,0	103 881,0	88,6

in ein Rohstoffanhängselland verwandelt, und der heutige Iran ist ein billiger Rohstoffhersteller, besonders von Erdöl, für die hochentwickelten Industrieländer geworden.

Die Bedeutung der Erdölindustrie ist für die iranische Wirtschaft so groß, daß die rasche Erweiterung des Imports ohne die Erdöleinnahmen unvorstellbar wäre. Die nächste Tabelle spiegelt die Bedeutung der Erdöleinkommen für den Außenhandel deutlich wider.

Wie aus der Tabelle zu ersehen ist, hat sich der prozentuale Anteil der Valuten vom Export jährlich verringert, d. h. er ist von 28,8 % im Jahre 1947 auf 12 % im Jahre 1966 gesunken. Im Gegenteil zu den Exportvaluten ist der prozentuale Anteil

Jahr	Erdöl-einkommen in Mio. Rial	ges. Erdöleinkommen und Export-Valuten in Mio. Rial	%-Anteil des Erdöleinkommens zum Import	Import in Mio. Rial	Valuten vom Export in Mio. Rial	%-Anteil der Valuten vom Export zum Import
1947	4 705,5	1 353,6	28,8	934,4	2 288	19,8
1950	6 242,4	1 971,2	31,0	1 784,8	3 756	28,5
1956	20 081,3	6 720,0	33,4	11 506,4	18 226,4	57,2
1958	33 578,5	6 472,5	19,3	18 551,3	25 023,8	55,2
1960	44 825,1	7 920,0	17,6	21 394,3	29 314,3	47,7
1962	41 906,0	6 157,5	14,7	25 029,8	31 187,3	59,7
1964	56 789,0	8 614,0	14,9	36 020,0	44 634,0	63,5
1966	73 644,0	8 861,0	12,0	43 550,0	52 311,0	59,1

der Erdöleinkommen im gleichen Zeitraum von 19,8 % auf 59,1 % gestiegen [187]).

Die Bedeutung der Erdölindustrie wird noch klarer, wenn man den Anteil und die Stellung der Erdöleinnahmen in der Zahlungsbilanz des Landes betrachten kann. Die Zahlungsbilanz von 10 Jahren (1954—1963) zeigt, daß von 5494 Mill. Dollar Valuteneinkommen 2923 Mill. Dollar oder 53,4 % aus der Erdölindustrie gewonnen wurden. Aus der Zahlungsbilanz des Jahres 1966 ist folgendes zu ersehen (in Mill. Dollar) [188]):

Einkommen:		%-Anteil zum ges. Einkommen	Zahlung:	
Erdöl	591,5	54,5	Import	952,2
Valutenverkauf der Erdölgesellschaften	111,7	10,3	Service	138,4
Warenexport	138,6	12,7	Zurückzahlung der ausländischen Anleihen und Zinsen	41,0
Ausländische Anleihen	146,6	13,5		
Service	86,2	7,9		
Ausländische Investitionen	11,3	1,1		
Insgesamt	1058,9	100	Insgesamt	1031,6

187) In der Broschüre „Rôle de l'industrie pétrolière dans l'économie iranienne" wurde der %-Anteil der Erdöleinnahmen im gesamten Valuteneinkommen folgenderweise gegeben: 1954 — 14 %, 1960 — 56 %, 1966 — 65 %. Tabelle VI.

188) Aus dem Bericht der Iranischen Zentralbank, Teheran Economist, 26. August 1967, S. 12.

Wie die Zahlungsbilanz zeigt, machten die Valuteneinkommen von der Erdölindustrie fast 65 % der gesamten Valuteneinnahmen des Irans aus. Wenn der Entwicklungsprozeß der iranischen Wirtschaft wie in den letzten Jahren weitergeht [189]), dann werden verschiedene Zweige der Ökonomie weiterhin viele Jahrzehnte von der Erdölindustrie, das bedeutet von den Erdöleinnahmen abhängig bleiben. Obwohl die verschiedenen Zweige der iranischen Wirtschaft von der Erdölindustrie abhängig sind, ist dieser wichtige Zweig selbst durch das Angebot des Rohöls sowie durch die Produktionsmittel für die Förderung, Verarbeitung und den Transport von den großen Industrieländern abhängig. Solche vielseitige Abhängigkeit ist eine wirtschaftliche und logische Folge der Herrschaft der ausländischen Erdölgiganten in der iranischen Erdölindustrie.

5) *Die iranische Erdölfrage und ihre günstige Lösung*

Der Sieg der Alliierten im zweiten Weltkrieg, die Bildung einer Reihe unabhängiger Staaten sowie die Verschärfung der inneren Widersprüche trugen sehr zur Stärkung des nationalen Widerstandes gegen die AIOC im Iran bei. Unter diesen Umständen führte der Kampf des iranischen Volkes im Frühjahr 1951 zur Verstaatlichung der Erdölindustrie des Landes. Die Verstaatlichung der iranischen Erdölindustrie war ein sehr großer Erfolg des Volkes. Er bedeutet den historischen Sieg der Volksmassen und der nationalen Bourgeoisie über die englischen Erdölgiganten, die den Iran ein halbes Jahrhundert lang ungestraft ausgebeutet hatten. Die nationale Bourgeoisie des Irans vermochte diesen Kampf nicht zu Ende zu führen. Die Regierung Mossadegh versuchte nicht einmal, die für den Iran sehr wichtige Agrarreform durchzusetzen und verhielt sich unentschlossen gegenüber dem Einfluß der großen ausländischen Banken und Firmen, da ein bedeutender Teil der nationalen Bourgeoisie selbst mit dem Feudalbesitz und dem ausländischen Kapital liiert war. Deshalb war die iranische Bourgeoisie außer-

[189]) Erdölindustrie 15 %, Industrie 12 % und Landwirtschaft 4 %.

stande, die Volksmassen im Kampf gegen die Erdölgiganten, den Despotismus und die Überreste des Feudalismus im Lande zu einer Einheitsfront zusammenzuschließen. Da die Regierung Mossadegh die Interessen der nationalen Bourgeoisie vertrat, hätte sie vor allen Dingen den Großgrundbesitz zugunsten der Bauernschaft liquidieren und den Weg zur Entwicklung und Festigung der Wirtschaft des Landes und zur Erweiterung des Inlandmarktes freimachen müssen, was wiederum zur Erhöhung des inländischen Verbrauchs an Erdölprodukten geführt und die Abhängigkeit der iranischen Erdölindustrie vom ausländischen Markt allmählich aufgehoben hätte. Die Regierung der „Nationalen Front" hätte sofort alle ausländischen Berater, die die Armee und die Wirtschaft des Irans in ihren Händen hielten, des Landes verweisen müssen. Die Regierung Mossadegh tat aber weder das eine noch das andere. Da sich die nationale Bourgeoisie ihrer Schwäche bewußt war, versuchte sie, von außen her Unterstützung zu erhalten. Die Führer der „Nationalen Front" gaben sich der Illusion hin, daß die amerikanischen Firmen an einer Hilfeleistung dem Iran gegenüber, an der Lösung des Erdölproblems und der Entwicklung des Landes — und dadurch auch an der Stärkung der ökonomischen und politischen Position der nationalen Bourgeoisie — interessiert seien. Die dreijährige Erfahrung nach der Verstaatlichung der Erdölindustrie hat gelehrt, daß die iranische nationale Bourgeoisie in einer Zeit, in der sich der Kampf um Absatzmärkte und Rohstoffquellen zuspitzt, und die gigantischen Erdölgesellschaften sich nur mit dem höheren Profit zufriedengeben, keine wirtschaftliche Hilfe von den führenden Industriemächten ohne Bedingungen zu erwarten hat.

Der Kampf des iranischen Volkes gegen die AIOC war eine gewaltige Woge der nach dem zweiten Weltkrieg im Nahen und Mittleren Osten entstandenen antibritischen Bewegung. Man kann ohne weiteres behaupten, daß sich vom Jahre 1951 bis zum August 1953 eine ganze Front gegen die englische Herrschaft gebildet hatte, zu der neben den werktätigen Massen auch eine solche bedeutende Kraft wie die nationale Bourgeoisie gehörte. Unserer Meinung nach stützte sich die Bourgeoisie —

mit Mossadegh an der Spitze — in der ersten Periode des Kampfes um Verstaatlichung (Ende 1950 — Sommer 1951) auf die Volksmassen und nutzte den Kampf der Bevölkerung um Verstaatlichung der Erdölindustrie für ihre eigenen Interessen aus.

Nach dem im Jahre 1954 getätigten Abschluß des Erdölvertrages mit dem Konsortium entwickelte sich die iranische Erdölindustrie mit schnellen Schritten. Diese Entwicklung vollzog sich jedoch einseitig und vertiefte die Abhängigkeit der iranischen Wirtschaft vom Weltmarkt. Heutzutage sind Wirtschaft, Finanzen und Außenhandel des Landes weitgehend von der Erdölindustrie und den Einnahmen daraus abhängig. Eine Fortdauer dieser Lage wird verhängnisvolle Folgen für die gesamte Wirtschaft und die künftige Entwicklung des Landes haben. Welche Maßnahmen müssen getroffen werden, um die wirtschaftliche Situation des Irans zu ändern und eine günstige Lösung der Erdölfrage zu finden?

Eine Untersuchung der iranischen Wirtschaft und Erdölindustrie ergibt, daß folgende Maßnahmen erforderlich sind, um die oben angeführten Ziele zu erreichen:

1) Bekanntlich handelt es sich beim Iran um ein Entwicklungsland, das bislang keine moderne technische Grundlage besitzt, d. h. keine Schwerindustrie mit Maschinenbau und Werkzeugmaschinenbau, die für die Erdölindustrie unbedingt notwendig sind. Der Iran verfügt auch nicht über genügend Tanker, um das Rohöl und die Erdölprodukte auf den Weltmarkt bringen zu können [190]). Der Iran besitzt keine eigene Schiffswerft und auch nur eine unzureichende Anzahl von Spezialisten für die einzelnen Zweige der Erdölindustrie. Deshalb braucht der Iran zur Schaffung einer eigenen technischen Grundlage eine finanzielle, wissenschaftliche und technische Unterstützung von außen. Die Schaffung einer technischen Grundlage verringert nicht nur die Abhängigkeit der iranischen Erdölindustrie vom ausländi-

190) Entsprechend dem im Jahre 1959 von der Regierung bestätigten Plan ist für die nächsten zehn Jahre vorgesehen, die Gesamttonnage der Tankerflotte des Irans auf 500 000 Bruttoregistertonnen zu erhöhen. Vier von den Tankern waren in Holland und Frankreich bestellt worden und schwimmen bereits zwischen dem Iran und Europa (die in Holland gebauten Tanker besitzen jeder etwa 32 000 BRT, die in Frankreich gebauten etwa 53 000 BRT).

schen Markt, sondern beschleunigt gleichzeitig die Industrialisierung des Landes und die Mechanisierung der Landwirtschaft, erhöht die Einnahmen der Bevölkerung und erweitert den Binnenmarkt, wodurch günstige Voraussetzungen für eine grundlegende Änderung der sozialen Verhältnisse im Iran geschaffen werden. Die Erfahrung der letzten dreißig Jahre hat gezeigt, daß die großen Industrieländer dem Iran keine Unterstützung angedeihen ließen. Deshalb wurde der Iran gezwungen, die wirtschaftliche und technische Hilfe von den sozialistischen Ländern zu erhalten. Der vom Iran im Oktober 1965 in dieser Richtung unternommene Schritt und der Abschluß eines günstigen Vertrages zwischen der sowjetischen und iranischen Regierung über den Bau eines komplexen Stahlwerkes mit einer Jahresproduktion von 600 000 t Stahl sowie die Errichtung eines Maschinenbauwerkes sind eine erste und ernsthafte Maßnahme zur Schaffung einer technischen Grundlage des Landes [191]).

2) Die Schaffung einer technischen Grundlage ist eine fortschrittliche Erscheinung in der Politik des Irans, reicht aber nicht aus, um die Erdölindustrie vom ausländischen Absatzmarkt unabhängig zu machen. Eine solche einseitige Bindung nur mit dem westlichen Erdölmarkt birgt daher mannigfache Gefahren in sich, die in der Welt, besonders im Nahen Osten an der Tagesordnung sind, wie z. B. der wachsende arabische Nationalismus, militärische und politische Konflikte usw., die sich zweifellos negativ auf das Einkommen des Irans aus dem Erdöl und dadurch auch auf die wirtschaftliche und finanzielle Situation des Landes auswirken können. Um solche Gefahrenmomente auszuschalten, muß der Iran einen neuen Absatzmarkt

---

191) Am 5. Oktober 1965 wurde zwischen den Regierungen des Irans und der UdSSR ein Vertrag über den Bau einer Stahlgießerei und einer Maschinenfabrik abgeschlossen. Die Jahresproduktion dieser Werke wird in der ersten Etappe 500 000 bis 600 000 t Stahl und 25 000 bis 30 000 t Maschinen betragen. In der zweiten Etappe soll die Stahlproduktion auf 1,2 Millionen t pro Jahr erhöht werden. Die finanzielle und technische Hilfe wird der Iran von der UdSSR erhalten und ihr dafür Erdgas und Ware liefern. „Ettelaat", 6. 10. 1965. Im Jahre 1966 wurden 17,9 Mrd. m^3 Erdgas im Iran gefördert, davon 14,3 Mrd. m^3 verbrannt. „Teheran Economist", 21. Oktober 1967, S. 12. Die Kapitalinvestition für das Eisenhüttenwerk betrug 350 Mio. Dollar und für die 1100 km Gasleitung 400 Mio. Dollar. „Kejhan", 21. November 1966. Siehe Zeichnung Nr. 8.

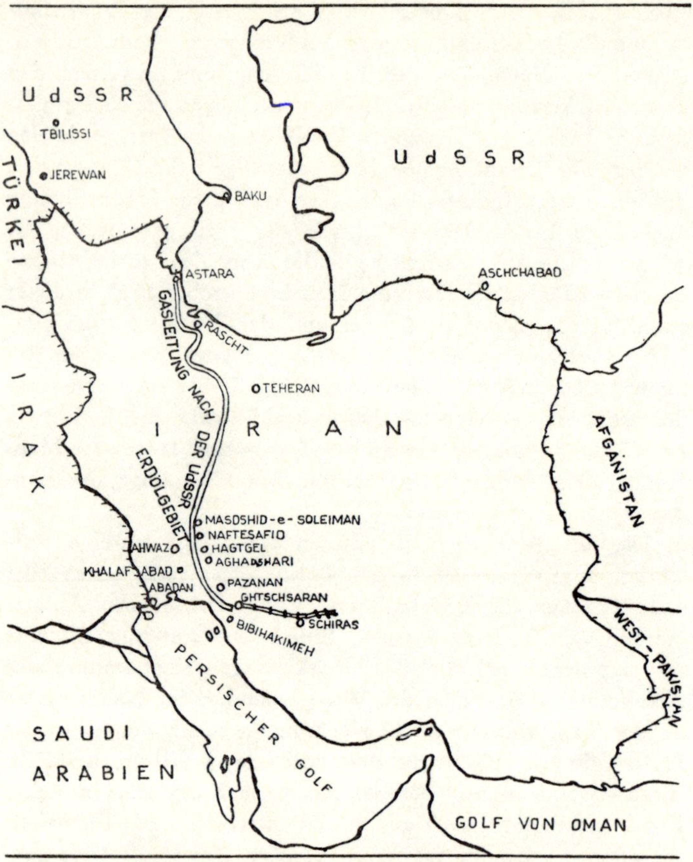

DIE FUNKTIONIERENDE ( ) UND IM BAU BEFINDLICHE ( ) GASLEITUNG

Zeichnung Nr.8

für sein Erdöl und seine Erdölprodukte finden. Die sozialistischen Länder sind ein solcher beständiger Markt. Dieser Markt liegt in der Nähe des Irans. Wie bekannt, ist das Kaspische Meer bereits seit einigen Jahren durch Kanäle mit anderen offenen Meeren verbunden. Über das Kaspische Meer kann der Iran seine Erdölprodukte in die Ostsee und ins Weiße Meer, ins

Schwarze Meer und damit auch ins Mittelländische Meer befördern. Hauptziel des Irans müssen die Länder um die Ostsee wie Finnland, Schweden, die BRD, Dänemark, Norwegen, die DDR, Polen und die UdSSR sowie die Länder um das Schwarze Meer wie Rumänien, Bulgarien sein [192]).

Fast sieben Monate im Jahr können die Erdölprodukte über das Kaspische Meer, die Wolga und den Don befördert werden.*) Zu diesem Zweck dürfen Tanker mit einer Tonnage bis zu 12 000 BRT benutzt werden. Die Fahrt von den iranischen Häfen (Pahlevi, Nowschahr) bis zu den Baltischen Häfen dauert 12 Tage. Für den Iran wird es günstig sein, eine Erdölaktiengesellschaft mit Beteiligung der Länder um die Ostsee sowie um das Schwarze Meer zu gründen. Eine solche Gesellschaft kann zusammen mit der NIOC in den Nordprovinzen des Landes, insbesondere in der Umgebung von Teheran und vom Kaspischen Meer tätig sein, wo es große Gas- und Erdölvorräte gibt. Eine solche Aktiengesellschaft verleiht der iranischen Regierung die Möglichkeit, mit geringen Kapitalinvestitionen die Erdöllagerstätten auszubeuten, das Erdöl zu verarbeiten und die Erdölprodukte auf neue Absatzmärkte zu exportieren [193]). Die Einnahmen aus dieser Zusammenarbeit müssen zur Erweiterung der technischen Grundlage verwendet werden, darunter zur Schaffung von Zweigen der Petrolchemie [194]).

Um die technische Grundlage im Lande zu schaffen, hat der Iran außer dieser finanziell-technischen Hilfe der sozialistischen Länder ein beachtliches Einkommen aus der Erdölindustrie. Die Einnahmen der iranischen Regierung aus dem Erdöl

---

192) Nach dem Transitvertrag, der am 25. April 1965 zwischen dem Iran und der Sowjetunion abgeschlossen wurde, ist ein Transitweg über die Wolga und den Don festgelegt worden. Dieser Transitweg gestattet es den Iranern, ihre Waren in einem Zeitraum von 10—15 Tagen in die europäischen Länder zu liefern, was dem Iran 20—30 % der Kosten einsparen hilft, die für eine Beförderung vom Süden des Landes aus notwendig wären. „Teheran Economist" vom 8. Mai 1965, S. 29, 52.

*) Siehe Zeichnung Nr. 9.

193) Der Bau der 1100-km-Gasleitung (in Betrieb seit 28. 10. 1970), durch die jährlich 10 Mrd. m^3 Erdgas vom Südiran in die Sowjetunion fließen werden, kann ein großer und praktischer Versuch für den Erdölexport in dieser Richtung sein.

194) Mit Hilfe der USA-Petrolchemiegesellschaften baut die NIOC in Abadan, Bandar Schahpur und auf der Khark-Insel drei große Petrolchemiewerke. Diese wichtigen Werke werden bis 1970 in Betrieb genommen. Die gesamte Kapitalinvestition betrug 250 Mill. Dollar.

DIE EXPORTMÖGLICHKEITEN DES ERDÖLS UND DER ERDÖLPRODUKTE DURCH DIE UdSSR

Zeichnung Nr. 9

wachsen jährlich weiter. Wie vorauszusehen ist, werden die Einkommen aus der Erdölindustrie bis 1970 eine Milliarde Dollar jährlich überschreiten. Eine kluge nationale Politik könnte diese Einkommen in erster Linie für die Entstehung

und Entwicklung der technischen und wissenschaftlichen Grundlage im Iran ausnutzen.
Außer in den sozialistischen Ländern muß die NIOC auch in den Entwicklungsländern Asiens sowie Afrikas einen weiteren Erdölmarkt finden, um die Position der Erdölgiganten zu schwächen.

3) Zur Durchführung des oben erwähnten Planes muß eine wichtige Veränderung in der Verteilung der Erdölindustrie vollzogen werden. Die jetzige Verteilung der Erdölindustrie ist für den Iran ungünstig, weil sie sich vorwiegend im Südwesten des Irans, d. h. weit entfernt von den Industrie- und Kulturzentren des Landes, befindet. Auch vom strategischen Standpunkt aus gesehen entspricht sie nicht den Interessen des iranischen Volkes. Deshalb muß der Iran nach und nach einen großen Teil der Erdölindustrie in das Zentrum und den Norden des Landes verlegen und vor allen Dingen an den Ufern des Kaspischen Meeres neue Erdölzentren schaffen.

4) Im Kampf gegen die ausländischen Erdölgiganten, insbesondere gegen die Mitglieder des Konsortiums, wurde der Iran zu einem der Organisatoren und Mitglieder der OPEC [195]).
Diese Organisation entstand im Kampf gegen die gemeinsame Offensive der großen Erdölgesellschaften. Der Initiator dieses gemeinsam geführten Kampfes war die arabische Liga, die im Jahre 1955 die „Erdölbehörde" ins Leben rief. Jahrelang trat die „Erdölbehörde" für eine gesamtarabische Erdölpolitik und ein Bündnis mit dem Iran und Venezuela — später auch mit Indonesien — ein. Anfangs nahmen diese Länder an den Beratungen teil und tauschten ihre Meinungen aus. Im Jahre 1960 sahen sie sich gezwungen, sich zu einer besonderen Organisation zusammenzuschließen. Anlaß für ihren Zusammenschluß war die Senkung der Erdölpreise, die von den Erdölgiganten (im September 1959 und August 1960) durchgeführt wurde [196]).

---

195) OPEC — Organisation of Petroleum Exporting Countries. Folgende Länder gehören dieser Organisation an: Venezuela, Iran, Irak, Saudi-Arabien, Kuweit, Katar, Libyen und Indonesien.

196) Die Erdöl liefernden Länder des Nahen Ostens büßten infolge der von den Erdölfirmen durchgeführten Preissenkung für Erdöl in den Jahren 1959/1960 mehr als 250 Mill. Dollar ein.

Trotz ihrer Vereinigung in der OPEC kam es zwischen den acht Erdöllieferanten immer wieder zu Unstimmigkeiten, da jedes Land sich nur für seine eigenen Interessen einsetzte. So ist es nicht verwunderlich, daß sie nach sieben Konferenzen kaum nennenswerte Erfolge im Kampf gegen die ausländischen Erdölgesellschaften (die Mitglieder des internationalen Erdölkartells) erzielten. Die Mitglieder der OPEC kämpften um höhere Einnahmen aus dem Erdöl, eine Rente aus dem Prospektionsgebiet und Senkung der Produktionskosten, um Nichtzulassung von eigenmächtigen Preissenkungen für Erdöl und Erdölprodukte seitens der Erdölgesellschaften, für eine rationelle Ausnutzung der Erdölreserven und des Erdgases, um das Recht auf Kontrolle der Produktions- und Verwaltungsleitung der ausländischen Gesellschaften usw. Bisher haben sie jedoch lediglich eine Rentenerhöhung von einigen Cent durchgesetzt [197]). Der Kampf der Erdöl liefernden Länder wird nur dann von Erfolg gekrönt sein, wenn die Unstimmigkeiten innerhalb der OPEC überwunden und die Erdölarbeiter in einer Organisation zusammengefaßt werden. Nur ein gemeinsames Handeln der OPEC und der Arbeiterorganisationen der Mitgliedsländer der OPEC vermag die mächtigen Erdölgesellschaften zu zwingen, den Erdöl liefernden Ländern grundlegende Zugeständnisse zu machen.

5) Der Erdölvertrag mit dem Konsortium wurde unter anomalen Bedingungen unterzeichnet, und aus diesem Grunde muß ein neuer Vertrag abgeschlossen werden, der mit dem Verstaatlichungsgesetz der Erdölindustrie im Einklang steht und die Interessen des Irans entsprechend berücksichtigt [198]). Das nationale Interesse des Irans erfordert es, einige wichtige Paragraphen im Erdölabkommen vorzusehen. Diese sollten vor allem das Raffinieren von 50—60 Prozent des Rohöls im Iran sowie die Beteiligung der NIOC am Weltölmarkt enthalten.

197) Die Mitglieder der OPEC forderten von den Erdölgiganten 11—12 Cent (44—48 Pfennig) pro Barrel als Rente. Aber nach dreijährigen Verhandlungen werden die Erdöltrusts den produzierenden Ländern nur 4,5 Cent pro Barrel zahlen. „Ettelaat“, 3. 2. 1964, „Kejhan“, 16. 8. 1964.

198) „Das iranische Volk hat noch nicht vergessen, unter welchen Bedingungen die iranische Regierung zur Unterzeichnung des Erdölvertrages mit dem Konsortium gezwungen wurde. In diesem Vertrag sind selbst unter den damaligen Bedingungen die Rechte und Interessen des Irans außer acht gelassen worden.“ „Ettelaat“, 6. Oktober 1966.

6) Um die großen Aufgaben, die vor der Erdölindustrie und der Wirtschaft des Landes überhaupt stehen, bewältigen zu können, braucht der Iran eine neue, demokratische Gesellschaftsordnung. Die heutige totalitäre Ordnung kann einige Erfolge erringen, wird aber später ein Hindernis für die weitere rasche Entwicklung des Landes und die schöpferische Tätigkeit des Individuums. Die demokratische Gesellschaftsstruktur schafft eine breite Arena für alle Schichten der Bevölkerung und die rasche Beseitigung der Rückständigkeit im Iran.
Die iranische Erdölindustrie befindet sich in den Händen der ausländischen Erdölgiganten, und ihre Abhängigkeit führt zur Verschärfung der Widersprüche zwischen dem iranischen Volk und den ausländischen Gesellschaften. Diese Widersprüche können zugleich die Verschärfung der anderen sozialen Widersprüche, die Vertiefung des Differenzierungsprozesses der politischen Gruppierungen begünstigen. Dieser Prozeß kann eine neue Voraussetzung für die Veränderung der Gesellschaftsordnung im Iran werden. Die Veränderung in den internationalen Beziehungen unserer Zeit sowie der Entwicklungsprozeß innerhalb des Landes zeigen, daß die Herrschaft der großen ausländischen Erdölgesellschaften in der iranischen Erdölindustrie zu Ende gehen muß. Für den Iran, der die industrielle und wissenschaftlich-technische Revolution nebeneinander in kurzer Zeit durchführen soll, spielt die Erdölindustrie eine sehr große Rolle. Die Erdölindustrie kann nur dann eine große Rolle spielen, wenn sie sich im großen und ganzen in den Händen der Iraner befinden wird.
Je besser die Erdölfrage gelöst wird, desto schneller geht die Erweiterung der gesamten Wirtschaft voran. Die günstige Lösung der Erdölfrage wird die Möglichkeit schaffen, die mittelalterlichen Überreste in kurzer Zeit zu beseitigen, entscheidende soziale Reformen durchzuführen, eine technische Grundlage zu schaffen und die Naturreichtümer zur Hebung des Lebensstandards des iranischen Volkes zu nutzen.

Beilage Nr. 1: Die Tochtergesellschaften und Partner der AIOC — seit 1955 British Petroleum Co. Ltd. (BP)

Die Namen der Gesellschaften	Jahr der Gründung	Kapital	%-Anteil der AIOC (BP)
First Exploitation Co.	1903	1,250 Mio. Pfd. St.	100
BP Co. in der Schweiz	1909	5 Mio. Schw. Fr.	—
Anglo-Egypten Oilfields Co.	1911	1,808 Mio. Pfd. St.	—
Iraq Petroleum Co. (ex-Turkish Oil Co.)	1911	83,5 Mio. Pfd. St.	23,5
D'Arcy Exploitation Co.	1914	1 Mio. Pfd. St.	100
British Tanker Co.	1915	4 Mio. Pfd. St.	100
Oilimport-Austria	1915	120 Mio. Öst. Schill.	—
Refining Co. England	1917	2 Mio. Pfd. St.	100
Refining Co. Scotland	1919	4 Mio. Pfd. St.	100
Refining Co. Australia	1920	0,850 Mio. Pfd. St.	50
BP-India	1920	1,2 Mio. Pfd. St.	100
Société industrielle Belge des Pétroles	1920	92,5 Mio. Bel. Fr.	50
Société Générale des Pétroles	1921	5248 Mio. alt-Fra. Fr.	100
Khanagin Oil Co.	1925	1 Mio. Pfd. St.	100
African Oil Co. (für Ost und Süd)	1928	3,5 Mio. Pfd. St.	—
Refining Co. Haifa	1936	1 Mio. Pfd. St.	100
Mosul Petroleum Co. Ltd.	1936	10 Mio. Pfd. St.	23,5
Basrah Petroleum Co. Ltd.	1936	9,150 Mio. Pfd. St.	23,5
Syrian Petroleum Co.	1936	4,850 Mio. Pfd. St.	23,5
BP-Kuwait Ltd.	1934	—	50
Qatar Petroleum Co.	1936	9,999 Mio Pfd. St.	23,5
Palestine Petroleum Co.	1937	1,620 Mio. Pfd. St.	23,5
New Zealand Petroleum Co.	1946	2,5 Mio. Pfd. St.	49
Chemical Co. Scotland	1947	5 Mio. Pfd. St.	100
Middle East Pipeline	1947	10 Mio. Pfd. St.	60,9
Abu Dhabi Marine Areas, Ltd.	1937	—	66,67
Oman Petroleum Development	1937	0,150 Mio. Pfd. St.	23,5
Petroleum Development (Trucial Coast) Ltd.	1937		23,5

und viele andere Gesellschaften.

Beilage Nr. 2: Die Erdölgebiete der ausländischen Ölgesellschaften im Nahen und Mittleren Osten

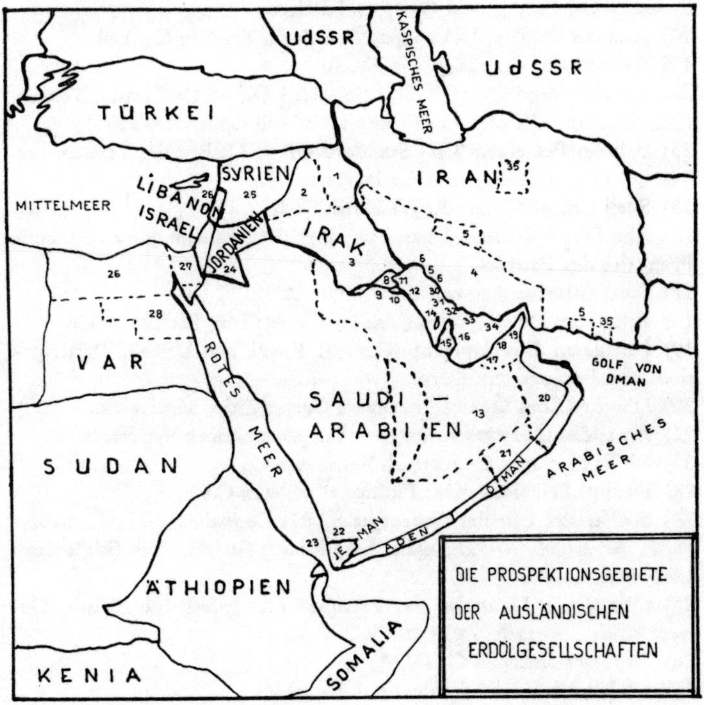

Zeichnung Nr. 10

1) Iraq Petroleum Co., Ltd.: British Petroleum Co., Ltd., Royal Dutch/Shell, Compagnie Française des Pétroles, Standard Oil Co. N-Y, Socony Mobil Oil. Co.
2) Mosul Petroleum Co., Ltd., dieselbe wie Nr. 1
3) Basrah Petroleum Co., Ltd., dieselbe wie Nr. 1
4) Iranian Oil Participants, Ltd., das Internationale Erdölkonsortium
5) Société Irano-Italienne des Pétroles, SIRIP
6) Iran Pan American Oil Co., IPAC

7) BP (Kuwait) Ltd. und Gulf Kuwait: British Petroleum Co. und Gulf Oil Corp.

8) American Independent Oil Co.: Phillips Petroleum Co., Signal Oil and Gas Co., Ashland Oil and Refining Co. und die anderen USA-Co.

9) Getty Oil Co.: J. Paul Getty und andere

10) Arabian Oil Co., Ltd.: Japan Petroleum Trading Co. Ltd.

11) Arabian Oil Co., Ltd.: wie Nr. 10

12) Arabian American Oil Co.: Standard Oil of California, Texaco, Inc., Standard Oil of N-Y, Socony Mobil Oil Co. (ARAMCO)

13) Bahrein Petroleum Co.: Standard Oil of California, Texaco, Inc.

14) Qatar Petroleum Co.: Iraq Petroleum Co.

15) Shell Co. of Qatar: Royal Dutch/Shell

16) Abu Dhabi Marine Areas, Ltd.: British Petroleum und Compagnie Française des Pétroles

17) Dhabi Marine Areas, Ltd.: wie Nr. 16

18) Petroleum Development (Trucial Coast): Iraq Petroleum Co.

19) Petroleum Development (Oman): Royal Dutch/Shell, Participations and Explorations Corp.

20) Dhofar-Cities Service Petroleum Corp.: Cities Service Co.

21) American Overseas Investment Corp.: American Syndicate

22) BP Exploration Co.: British Petroleum Co.

23) Phillips Petroleum Co.: Phillips Petroleum Co.

24) Société des Pétroles Concordia SARI: Deutsche Erdöl AG, Geberhardt & König — Deutsche Schachtbau GmbH, die Schliemann Mineralöl GmbH.

25) Compagnie Libanaise des Pétroles: Libanesisch-französisch, Gewerkschaft Elwerath

26) Phillips Petroleum Co (USA)

27) ENI (Italia): Ente Nationale Idrocarburi

28) Pan American Oil Co. (USA)

29) Farise Petroleum Co. (FPC)

30) Dashtestan Offshore Petroleum Co. (DOPCO)

31) Iranian Marine International Oil Co. (IMINOCO)

32) Iranian Offshore Petroleum Co. (IROPCO)

33) Lavan Petroleum Co. (LAPCO)

34) Persian Gulf Petroleum Co. (PEGUPCO)

35) NIOC und ERAP

Beilage Nr. 3: Die Erdölabkommen mit den ausländischen Gesellschaften (1957—1966)

Datum	Die Namen der gegründeten Erdölgesellschaften	Die Namen der ausländischen Gesellschaften	ursprüngliches Kapital Mill. Dollar	Prospektionsgebiet km²
1957	Société Irano-Italienne des Pétroles (SIRIP)	ENI (Ente Nationale Idrocarburi)		22 900
1958	Iranian-Pan American Oil (IPAC)	Pan American	25	16 000
1964	Farise Petroleum Co. (FPC)	ERAP/SNPA (Bureau de Recherches des Pétroles, Francarep, Regie Autonome des Pétroles, Coparex and Eurafrep	27	5 800
1964	Dashtestan Offshore Petroleum Co. (DOPCO)	Shell	59	6 036
1964	Iranian Marine International Oil Co. (IMINOCO)	Phillips Petroleum Co., India's Oil and Gas Commission AGIP (Italia)	34	5 759
1964	Iranian Offshore Petroleum Co. (IROPCO)	Tidewater, Skelly, Superior, Sunray, Kerr-McGhee, Cities Service, Richfield	40	2 250
1964	Lavan Petroleum Co. (LAPCO)	Atlantic, Union Oil, Sun Oil, Murphy Corp.	25	8 000
1965	Persian Gulf Petroleum Co. (PEGUPCO)	Deutsche Erdöl-AG, Deutsche Schachtbau, Gelsenberg, Preußag, Gewerkschaft Elwerath, Scholven-Chemie, Wintershall-AG	5	5 150
1966	NIOC und ERAP	l'Entreprise française des recherches et d'activités pétrolières	30 bis 40	11 700

Beilage Nr. 4: Die Erdölgebiete im Südwesten, die Anzahl der produktiven Bohrlöcher und ihre jährliche Förderung

Gebiete	Anzahl der produktiven Bohrlöcher 1966	Förderung (in Mill. Barrel) 1962	1963	1964	1965	1966
Agha-Dschari, Karandsch, Marun, Faris	48	281,3	286,6	317,8	329,1	329,5
Gatschsaran	23	104,9	130,7	163,9	185,7	235,5
Haftgel	13	48,6	47,0	43,3	38,0	34,2
Bibihakimeh	9	—	—	1,9	14,0	25,7
Pazanan	4	—	—	5,2	6,6	20,8
Ahwaz	17	11,9	35,4	49,2	60,7	62,3
Masdsched-e-Soleiman, Lali	29	17,1	17,5	16,7	14,3	12,3
Nafte-Safid	13	11,3	10,0	8,3	8,5	9,8
Khark-Insel	3	—	—	0,3	3,0	3,2
Ramschir	2	—	—	—	—	1,5
Rage-Safid	3	—	—	—	—	1,4
Gesamt	164	475,1	527,2	605,9	659,9	736,2
in Mill. schw. Tonnen		63,5	70,5	81,1	88,5	98,8

LITERATURVERZEICHNIS

Aaronowitsch, S., Das britische Monopolkapital (Übersetzung aus dem Englischen), Moskau 1956

Abdullajew, Z., Die Verstärkung der Expansion der USA im Iran in den Jahren zwischen 1921—1927, Werke des Instituts für Geschichte und Philosophie der Akademie der Wissenschaften der Aserbaidshanischen SSR, Band IV, 1954

Andreaßjan, R. N., Eljanow, A. J., Nahost, Erdöl und Unabhängigkeit, Moskau 1961

Achundow, B. I., Zur Frage des ausländischen Kapitals in der Erdölindustrie Bakus in der Periode vor der Revolution, Berichte der Akademie der Wissenschaften der Aserbaidshanischen SSR, Nr. 242, 1953

Awsenew, M. A., Der anglo-amerikanische Kampf um das Erdöl nach dem zweiten Weltkrieg, Moskau 1954

Babakhodshajew, A. H., Mißerfolg der englischen Politik in Mittelasien und im Mittleren Osten, Moskau 1962

Baschkirow, A. W., Die Expansion der englischen und amerikanischen Imperialisten im Iran, Moskau 1954

Baskin, W. S., Die Erdölmonopole im Nahen und Mittleren Osten, Moskau 1957

Bobynin, N. N., Persien, seine wirtschaftliche Lage und sein Außenhandel (1901—1923), Tbilissi 1923

Brooks, M., Öl und Außenpolitik (Oil and foreign policy), Übersetzung aus dem Englischen, Moskau 1949

Daneschwar, A., Ein halbes Jahrhundert der ökonomischen Sklaverei, Teheran 1950

Daneschwar, A., Die Erdölintriganten, Teheran 1952

Dalemont, Etinne, Das Erdöl, Teheran 1963

Djamalzadeh, Mohammed-Ali, Unermeßlicher Schatz oder die Lage der iranischen Wirtschaft, Berlin 1917

Eden, Anthony, Sir, The Memoirs of Sir Anthony Eden, Band 2, Cassel, 1960

Elwell-Sutton, L. P., Das iranische Öl (Persian Oil, a study in power politics, London 1955), Moskau 1956

Eskandari, Abbas, Das Erdöl und Bahrein, Teheran 1952

Fateh, Mostafa, 50 Jahre Erdölindustrie im Iran, Teheran 1956
Farmanfarmajan, Manutschehr, Einige Bemerkungen über das Erdöl, Teheran 1954
Fedorow, W., Unsichtbares Reich, Moskau 1961

Prof. Girschman, Khark-Insel, Teheran 1963

Dr. Homajunfar, Erdöl in der Welt und im Iran, Teheran 1945

Ilinski, G. N., Agrarverhältnisse des Irans am Ende des 19. und zu Beginn des 20. Jahrhunderts, in: Veröffentlichungen des Orientalischen Instituts der Akademie der Wissenschaften der UdSSR, Band VIII, Moskau 1953
Iwanow, M. S., Die Industrie im heutigen Iran, Bericht der Leningrader Universität, Nr. 5, 1951
Iwanow, M. S., Grundriß der iranischen Geschichte, Moskau 1952

Karpow, N., Die Wirtschaft des gegenwärtigen Persien, Moskau 1928.
Korobejnikow, I. I., Der Iran, Wirtschaft und Außenhandel, Moskau 1954

Lenin, W. I., Der Imperialismus als höchstes Stadium des Kapitalismus, Berlin 1962
Dr. Lees, D. H., Das Erdöl im Mittleren Osten, Teheran 1947
Lessani, A., Das schwarze Gold oder das Unglück des Irans, Teheran 1950
Litten, W., Persien von der „penetration pacifique" zum Protektorat, Berlin-Leipzig 1920

Macciocchi, Maria, Der Iran im Kampf (Persia in lotta, Roma 1952), Übersetzung aus dem Italienischen, Moskau 1953
Makki, Hossein, Kurzer Abriß über das politische Leben Ahmed Schah Kadshars, Teheran 1944
— Die 20jährige Geschichte des Irans, Teheran 1946
— Das „schwarze" Buch, Teheran 1944
Manukjan, A. A., Kazarez, K. N., Der kapitalistische Erdölmarkt, Moskau 1953
Marille, Pierre, Ein Roman aus dem Osten (über d'Arcy-Konzession), Teheran 1963
Melikow, O. S., Die Errichtung der Reza-Schahs Diktatur im Iran, Moskau 1953

Melikow, O. S., Die Errichtung der Reza-Schahs Diktatur im Iran, Moskau 1961
Millspaugh, A., Americans in Persia, Brookings-Institution, Washington 1946
Miroschnikow, L., Die englische Expansion im Iran, Moskau 1961
Mohadsher, Gholam-Ali, Die Schürfung des Erdöls im Iran, Teheran 1963
Mohit-Tabatabai, M., Ein Blick auf Khusistan, Teheran 1963

Nurizadeh-Buschehri, Ismail, Ein Blick auf den Iran und den Persischen Golf, Teheran 1944

O'*conner, H.*, Zehn Haie im Ölmeer (The Empire of Oil), Berlin 1959

Palukaitis, I. I., Die ökonomische Entwicklung des Irans, Moskau 1965
Pahlevi, Mohammed Reza, Im Dienste meines Landes, Stuttgart 1961
Petrow, M. P., Der Iran — physiko-geographischer Umriß —, Moskau 1955
Dr. Pirnija, Hossein, 10 Jahre Bemühungen um Erlangung und Erweiterung der Rechte des Irans im Erdöl (1942—1952), Teheran 1952

Sawrjew, D. S., Der Iran und die Weltkrise, Tbilissi 1935
Schimi, Reza, Die Organisation der wirtschaftlichen Betriebe, Teheran 1942
Smekhow, J. M., Erdölförderung der kapitalistischen Länder, Moskau 1953
Sobozinski, L. A., Persien, statistiko-ökonomischer Umriß, St. Petersburg 1913

Tigranow, L. F., Von sozial-ökonomischen Verhältnissen Persiens, Tbilissi 1905

Wilson, Arnold, Sir, South West Persia, London 1941

Zahedi, A., Die iranische Industrie nach dem Krieg, Teheran 1945
Zischka, Antoine, Ein geheimer Krieg um das Erdöl, Teheran 1947

— Das Internationale Erdölkartell (The International Petroleum Cartel, Washington 1952), Moskau 1954
— Kurzer Bericht vom IV. Internationalen Erdölkongreß in Rom, Moskau 1955
— Dokumente über Erdöl, Band I, Teheran 1952
— Sammelband für Gesetze und Bestimmungen des Medshlis
— Die Erdölindustrie im Iran, Teheran 1964
— Geographisches Wörterbuch des Irans, 5. und 6. Band
— Die Prinzipien der Erdölindustrie, Teheran 1964
— Geschichte des Erdöls, Teheran 1963
— Ein Blick auf die Erdölgebiete, Teheran 1961
— Ein Blick auf die Erdölgebiete, Teheran 1964
— Die ersten 10 Jahre (1954—1964), Teheran 1965
— Die Analyse der Tätigkeit der Operativen Gesellschaften des Konsortiums der Jahre 1960, 1962, 1963 und 1964, Teheran
— Die Operationen der NIOC, Teheran 1963
— Ausgabe der Erdölgesellschaft, Nr. 3, 1960, und Nr. 6, 1961
— Abadan, Teheran 1964
— Alburs und Seradshe, Teheran 1959
— Die Nachrichten der Erdölindustrie, Nr. 41, April 1965, Nr. 48, Juli 1966
— Die Ausbeutung des Ahwaz-Erdöls, Teheran 1963
— Veränderung und Entwicklung auf der Khark-Insel, Teheran März 1966
— Catalitik Nr. 1 der Abadan-Raffinerie, Teheran 1962
— Die Erdölleitungen und Rejstelle, Teheran 1963
— Einige Worte über den Haushalt, Teheran 1965
— Bericht über die Erfüllung des zweiten Siebenjahrplanes, Teheran 1964
— Zollkalender der Jahre 1959 und 1960
— Statistical Yearbook, United Nations, 1951, 1962, 1963
— Rôle de l'industrie pétrolière dans l'économie iranienne, 1967
— Iranian Oil Operating Companies, Annual Review 1966
— Technisch-ökonomische Kennziffern der Erdölindustrie der kapitalistischen Länder, Moskau 1940
— Der gegenwärtige Iran, Moskau 1957
— Der Nahe und Mittlere Osten, Moskau 1962
— Die englischen Monopole, Moskau 1955
— Wirtschaft und Außenhandel des Irans, Moskau 1949
— Der Außenhandel der kapitalistischen Länder, Moskau 1952

Zeitschriften:

Teheran Economist, ökonomische Epoche, Wirtschaft und Handel, Kaweh, Bulletin der Planorganisation, Bulletin der Nationalbank des Irans, Bulletin der Zentralbank, Zeitschrift des Obersten Rates der Wirtschaft, Khandaniha, Rowschanfekr, Omide Iran, Teheran-Moßawwar, Die Frage der Wirtschaft, Erdölwirtschaft, Novoje Vremja, Weltwirtschaft und die internationalen Beziehungen, The Oil and Gas Journal, Petroleum Press Service, World Petroleum, Petroleum Times, Times, Petroleum Management, Financial Times, usw.

Zeitungen:

Ettelaat, Kejhan, Iran, Dad, Iranema, Mardom, Setareh, Bakhtare-Emruz, Die offizielle Zeitung des Schahinschah-Staates, Bessuje-Ajendeh, Nowide-Ajandeh, Razm, Zafar, Ghiame-Iran, Farman, Prawda, Iswestija, Krasnaja Zwezda, Literaturzeitung, usw.

NAMENREGISTER